MW01228797

Zwei Welten
Zweiter Teil
Berufsausbildung und
Re-Germanisierung
Carsten Todtmann

Oscar Todtmann editores

© OT editores, C.A.

Caracas, Venezuela 2020

email: oteditores@gmail.com
twitter: @oteditores
facebook: www.facebook.com/OscarTodtmannEditores

Zwei Welten

Carsten Todtmann

Zweiter Teil
Berufsausbildung und
Re-Germanisierung

*Für
Benjamin
und
Christoph,
zwei Welten*

Bevor wir uns selbst sahen, um uns zu erkennen, um zu wissen, wer wir sind, bevor wir das Alter erreicht hatten, um die Frage über Identität zu spüren, und Mittel besaßen, sie zu formulieren, bevor diese unselige Frage gestellt war, wurde uns die Antwort gegeben: „Wir sind Teil des Abendlandes."

Als wir eine Kolonie waren, waren wir eine europäische Kolonie, eine geographische Expansion des europäischen Kulturkreises. Als wir Republiken gründeten, taten wir es aus europäischen Gründen, mit europäischen Methoden, auf europäischen Werten basierend. Unsere Befreier schwangen in Europa hergestellte Schwerter und sie deklamierten europäische Konzepte, Gefühle, Stimmungen und Ideale.

Heute sind unsere Länder Familienteil des Abendlandes. Sprache und Kleidung, Schule und Friedhof bestätigen es. Politische Institutionen, wissenschaftliche Aktivitäten, individuelle Wünsche, sie alle beweisen unsere Familienzugehörigkeit. Besonders die Schrift – jene Ebene der menschlichen Entwicklung, in der das Selbstbewusstsein Verb wurde – bestätigt endgültig, zu welcher Familie wir gehören

Abhängigkeit, Unterentwicklung widerlegen nicht die kulturelle Zugehörigkeit. Armer Verwandter bleibt Verwandter. Außerdem haben wir alle entschieden, dass die fundamentale Aufgabe dieser Generation die Weiterentwicklung ist, und – genau – unsere Pläne und unsere Ziele weichen in diesem Sinne kein Komma vom abendländischen Ideal ab. Der Entwicklungsabstand wird in der Familie geschlossen.

Europa ist unsere Essenz und unser Sein.

Amen.

Jedoch … Nein. Kein jedoch. Die Antwort auf die vorhergehende Frage über unsere Identität ist nicht diskutierbar: Wir gehören zum Abendland.

J.M. Briceño Guerrero, *Discurso salvaje*

Die beste Bildung findet ein gescheiter Mensch auf Reisen.

Raymond Chandler

Im traurigen Monat November war's,
Die Tage wurden trüber,
Der Wind riß von den Bäumen das Laub,
Da reist ich nach Deutschland hinüber.

Und als ich an die Grenze kam,
Da fühlt ich ein stärkeres Klopfen
In meiner Brust, ich glaube sogar
Die Augen begunnen zu tropfen.

Und als ich die deutsche Sprache vernahm,
Da ward mir seltsam zumute;
Ich meinte nicht anders, als ob das Herz
Recht angenehm verblute.

Heinrich Heine. *Deutschland ein Wintermärchen*

Ich dachte auch kurz an meinen Cousin
Den frechen Heinrich Heine
Der kam von Frankreich über die Grenz
Beim alten Vater Rheine.

Ich mußte auch denken, was allerhand
In gut hundert Jahren passiert ist
Daß Deutschland inzwischen glorreich geeint
Und nun schon wieder halbiert ist.

Wolf Biermann, *Deutschland ein Wintermärchen*

9

Das ist ein weiser Vater,
der sein eigenes Kind kennt.

William Shakespeare

I ch hatte in Caracas an einer amerikanischen Schule meinen Highschool-Abschluss gemacht, war achtzehn Jahre alt, und mein Vater lag in Deutschland im Krankenhaus. Mutter hatte darauf bestanden, dass ich ihm beistehen solle, und ein Flugticket gekauft. In ihrem neuen Wagen fuhr uns Renate Wittig, die zu meinem Leidwesen die beste Freundin meiner Mutter war, zum Flughafen. Nach einer längeren, tränenreichen Umarmung ließ meine Mutter mich endlich los. Ich versprach, gleich nach meiner Ankunft in Hamburg anzurufen, verabschiedete mich kurz von Renate, winkte noch einmal am Gateway und saß bald darauf auf dem mir bestimmten Fensterplatz in der kein Jahr alten Douglas DC-8-63. Die Stewardessen führten ihren Standardsketch mit Schwimmwesten und Masken auf, und schon hob das große Flugzeug ab. Immer wieder erstaunt es mich, wenn ein Flieger abhebt und damit der Anziehungskraft der Erde widerspricht. Eigentlich nichts Besonderes, wenn ich bedachte, dass einen Monat zuvor Armstrong bis zum Mond geflogen war und ihn sogar betreten hatte. Ich schaute noch einmal sehnsuchtsvoll auf die von der untergehenden Sonne beschienene Gebirgskette, die Caracas von der Küste der Karibik trennt.

Bald durften wir uns, das Angebot der Getränke war vielfältig, etwas zum Trinken aussuchen. Kurz darauf wurde mit richtigem Besteck ein ausgezeichnetes Abendessen serviert. Damals war man noch nicht der Meinung, dass man damit ein Flugzeug entführen könnte. Nachdem ich gut gespeist hatte, verließ ich meinen Sitzplatz, um einige Bekannte, die ich am Counter beim Einchecken getroffen hatte, aufzusuchen.

11

Ich sah, dass sie sich schon im hinteren Teil des Flugzeugs versammelt hatten, und hier ging es zu wie in einer rauchverqualmten Kneipe. Alle hatten bereits eine Dose Bier oder einen Drink in der Hand, quatschten lauthals miteinander und schäkerten mit den Stewardessen, die heutzutage, politisch korrekt, Flugbegleiterin heißen.

Viele der Versammelten waren in meinem Alter und hatten vor, in Europa zu studieren. Außer venezolanischen Abiturienten waren auch einige Humboldtschüler dabei, die ich seit meiner Konfirmation kannte. Das Flugpersonal, darunter ein Freund von mir aus La Florida, meinte, wir sollten uns ruhig selbst an den zur Verfügung stehenden edlen Getränken bedienen, sodass ich erst recht spät zu meinem Sitz zurückfand und dort sofort einschlief. Nach einem guten Frühstück und neun Stunden Flugzeit – Stunden, die im Fluge vergangen waren – landeten wir auch schon in Amsterdam.

Der Flieger mit seinen zweihundert Sitzplätzen war zur damaligen Zeit eines der größten Passagierjets der Welt. Im venezolanischen Volksmund hatte man ihn den „Koloss" getauft, und er gehörte zur Flotte der staatlichen venezolanischen Fluggesellschaft VIASA. Sie galt eine Zeit lang als die modernste und größte Fluggesellschaft Südamerikas. Die großzügige Bewirtung bei einem niedrigen Flugpreis verdankten wir der chaotischen Wirtschaftspolitik des Landes. Wie so oft in der venezolanischen Geschichte entfalten die Politiker unternehmerischen Ehrgeiz, sobald sich die Staatskasse durch Erdöleinnahmen füllt. Daraufhin gründen sie dann die verschiedensten Unternehmen. Diese staatlichen Unternehmen haben aber den Nachteil, dass sie bald der Vetternwirtschaft, Bürokratie und Korruption zum Opfer fallen. Statt einen Gewinn zu erzielen, fallen sie eher früher als später der Staatskasse zur Last. So löste sich auch VIASA, nach einer glanzvollen Anfangszeit, in Luft auf, als angesichts des fallenden Erdölpreises die Staatskassen mal wieder leer waren.

Etwas benebelt verabschiedete ich mich von meinen Saufkumpanen und lief durch den riesigen Amsterdamer Flughafen. Nach einer längeren Wanderung fand ich meinen Anschlussflug nach Hamburg. Wieder hatte ich einen Fensterplatz und schaute nun hinunter auf die Heimat meiner Eltern. Erstaunt stellte ich fest, dass anders als in Venezuela, wo man lange unbevölkerte Landschaften überfliegt, sich nun alles, was ich unter mir erblickte, dem Eingriff von Menschenhand verdankte. So sah ich ständig Dörfer, Städte, Felder in exakten geometrischen Abmessungen, selbst die Wälder hatten akkurate Grenzen, und alles war von einem dichten Verkehrsnetz durchzogen.

Damals wie heute, wenn ich in Deutschland ankomme, fühle ich mich wie ein Ausländer. Obwohl ich mich, anders als in Venezuela, nun unter „gleichartigen" Menschen befinde. Am Hamburger Flughafen empfing mich zu meiner Überraschung mein Vater! Eigentlich hatte ich meinen Vetter Roland Matthies* erwartet, der schon seit einiger Zeit eine Banklehre in Hamburg absolvierte. Vaters Willkommen war kurz. Er umarmte mich flüchtig, und schon rannte er los, sagte noch, ich solle mich beeilen, der Bus würde in ein paar Minuten abfahren und der nächste erst in einer Viertelstunde. Wie ich bald mitbekommen würde, entwickelte mein Vater in Deutschland eine Vorliebe für das Studium von Fahrplänen.

* Dieses Zeichen weist darauf hin, dass die Person oder eine Begebenheit im ersten Band von *Zwei Welten* ausführlicher beschrieben wurde.

Endlich im Bus fragte ich ihn, wieso er nicht im Krankenhaus sei. Zuhause nahmen wir an, er sollte operiert werden. Er erzählte mir etwas konfus, dass die Operation verschoben wurde, er sich den Tag aus dem Krankenhaus freigenommen habe, wo er schon seit einigen Tagen ein Bett hüte und auf die Operation warte. Auf meine Frage, wann die den stattfinden würde, erzählte er, wie er durch seine Freunde den Klinikplatz bekommen hatte, und man würde ihn, damit die Operation nicht so teuer sei, irgendwann dazwischenschieben. In der Zwischenzeit müsse er ständig im Krankenhaus anwesend sein. Die Diagnose und Operation, die ein Professor Doktor Schießmichtot – seinen richtigen Namen habe ich vergessen – vornehmen wollte, hörte sich abenteuerlich an. Mein Vater litt schon länger unter furchtbaren Schmerzen in der Nierengegend. Der Professor Doktor wollte festgestellt haben, dass die *Arteria renalis*, was mein Vater mir mit Nierenarterie übersetzte, verstopft sei, und man würde einen Teil davon durch einen „Plastikschlauch", wie mein Vater es nannte, ersetzen.

13

Seine geplante Operation klang noch gruseliger, als er mir erklärte, der Chirurg müsse, um an die Arterie, die zur Niere führte, heranzukommen, seine Bauchdecke aufschneiden und den Magen herausnehmen. Nach Verlegung der künstlichen Arterie würden sie den Magen wieder an gewohnter Stelle platzieren. Ich stellte mir vor, wie die Maskierten bei meinem Vater in der Bauchhöhle rumwurschtelten, und mir wurde ganz schummerig. Ich merkte aber, dass er dies nun so durchziehen wollte. Es schien mir nicht ratsam, ihn durch Fragen, ob man das Ganze nicht anders lösen könne oder ob er nicht eine zweite Meinung einholen wolle, zu verunsichern.

Wir näherten uns langsam der Stadtmitte, Vater wechselte das Thema und begann mich auf Verschiedenes, das wir im Vorbeifahren sahen, aufmerksam zu machen. Ich war auf Anhieb von Hamburg angetan und empfand, was die Franzosen ein Déjà-vu nennen. Dieses Gefühl, alles schon einmal erlebt und gesehen zu haben. Harry Mulisch meint in seinem Roman *Siegfried*: „Offenbar trägt der Mensch in seinen Genen auch Städte und Landschaften, die er selbst nie besucht hat".

Als der Bus vor dem Hotel Reichshof anhielt, stiegen wir aus und sofort erschien ein Page, der meinen Vater mit Namen begrüßte und sich um meinen Koffer kümmerte. Auch der schick uniformierte Türsteher begrüßte meinen Vater herzlich und schwang für uns die Drehtür. Wir betraten die hohe, luxuriöse Eingangshalle und gingen zur Portiersloge. Hier wurden wir von den Portiers ebenso herzlich begrüßt. Vater stellte mich als seinen Filius vor, und nach etwas Smalltalk übergaben sie mir einen Zimmerschlüssel mit Anhänger. Ich erkannte diesen sofort als einen derjenigen wieder, die vor Jahren zuhause von meiner Familie zum Karnevalsfest verwendet wurden*. Vater meinte, ich solle auf mein Zimmer gehen, mich vom Flug erfrischen und ihn in einer halben Stunde im Speisesaal treffen.

Der bejahrte, aber schöne Fahrstuhl wurde von einem uniformierten Fahrstuhlführer bedient, der mich auch gleich fragte, ob ich der junge Todtmann sei, die Ähnlichkeit sei ja nicht zu leugnen, und fuhr mich bis zum dritten Stock. Auch der mit schöner Teppichware ausgelegte Gang war nobel, das Zimmer war klein, dafür aber hell. Ein mit Daunendecke bezogenes Bett stand in der Mitte, und vom großen Fenster aus sah man auf die Kirchenallee und den riesigen Hauptbahnhof. Ich musste Vater recht geben, dass die anderen Nobelhotels der Stadt vielleicht schönere Aussichten haben, der Reichshof aber bietet durch seine Lage die besten Verkehrsverbindungen.

Mein Koffer lag schon auf einem dafür vorgesehenen Hocker und ich duschte mich in der etwas engen Duschkabine des kleinen Badezimmers. Erfrischt und gepflegt angezogen, fuhr ich mit dem netten Fahrstuhlführer wieder zur Eingangshalle. An einer gediegenen Sessellandschaft vorbei, in deren Hintergrund ich den Eingang zu einer klassischen Bar wahrnahm, ging ich zum Speisesaal. Dieser übertraf alles, was ich bisher vom Hotel gesehen hatte, und strahlte durch seine einheitlich durchgestaltete Innenausstattung der zwanziger Jahre Wohlbehagen und intimes Ambiente aus. Er wurde von einem riesigen Kronleuchter erhellt, und drei der Wände waren mit edlem Holz getäfelt, auf der zweiten Etage durch verschiedene asymmetrische Buntglasfenster durchbrochen. Die vierte Wand war mit Marmor ausgekleidet, wie auch eine elegante Säule in der Mitte des Saals. Rechts vom Eingang führte eine Marmortreppe zu den *Chambres Séparées* im oberen Stock.

Als ich den Saal betrat, kam sofort der Oberkellner auf mich zu, verbeugte sich leicht und sagte, ich müsse wohl der junge Herr Todtmann sein. Man würde mich erwarten, und er bat mich, ihm zu folgen. Wir stiegen die Treppe hinauf, und erreichten ein größeres Séparée, dessen offenes Buntglasfenster nun eine neue Aussicht auf den Saal bot. An einem schön gedeckten Tisch saßen schon mein Vater und Herbert Langer. Die kleine Saalkapelle hatte seit meinem Eintreten die Melodie von „La Paloma" gespielt, und als Erstes sagte Herbert Langer zu mir, es sei das einzige spanische Lied, welches die da unten spielen konnten, und dass sie es mir zur Ehre darboten. Ich klatschte höflich, als sie die Melodie beendeten, doch forderte Herbert mich auf, sofort damit aufzuhören, sonst würden die drei Musiker noch eine Gehaltserhöhung verlangen. Als ich ihm nun die Hand geben wollte, meinte er, ich solle das sein lassen, es wäre eine schreckliche, da unhygienische Sitte. Er hatte sich

15

Speisesaal, Hotel Reichshof.

eine riesige Serviette um seinen kurzen, stämmigen Hals gebunden, die seinen ganzen umfangreichen Bauch bedeckte. Obwohl ich noch zu jung war, als er uns in Caracas mit seiner ersten Frau besucht hatte, kannte ich doch seine exzentrischen Allüren aus Geschichten meiner Mutter. Er hatte sie schon damals um eine Tischdecke statt einer Serviette gebeten. Meine Großmutter, die wir Enkel Abuelita* nannten und bei der er wohnte, hatte extra weiches Toilettenpapier für ihn gekauft, doch bat er sie um festeres Papier, das nicht so fusseln würde.

Er sagte mir, er habe für mich eine Tomatensuppe als Vorspeise bestellt, da Vater ihm verraten hatte, dass ich sie gerne mochte, und als Hauptgericht ein schönes Steak mit Sauce Béarnaise und jungem Gemüse geordert. Das Fleisch sei zarter als bei uns in Venezuela, habe aber nicht den so herzhaften Geschmack wie die riesigen, leckeren Steaks, die er in Caracas genossen hatte. Während ich mir die köstliche Suppe schmecken ließ, teilte er sich mit meinem Vater eine Gänseleberpastete und Toast, dazu wurde ein frischer Weißwein serviert. Danach bekamen er und mein Vater je eine Scholle. Ich bewunderte, wie der Oberkellner mit einer Hand den Teller mit der Scholle hielt und mit der anderen mit Löffel und Gabel die Fische filetierte und die sauberen Gräten, wie von einer Katze abgeleckt, auf einem Nebenteller entsorgte. Daraufhin kam schon mein Steak und mir lief das Wasser im Mund zusammen. Als Herbert aber meine Portion sah, rief er im Jammerton aus, man wolle ihn ruinieren! Das Steak sei viel zu groß! Es wären ja weit über 250 Gramm! Der Ober widersprach schüchtern und meinte, es übersteige nicht das vorgeschriebene Gewicht. Darauf erlebte ich eine neue Exzentrizität von Herbert. Der Ober wurde losgeschickt, eine Waage zu holen. Ich musste mich nun gedulden, bis er mit dem geforderten Gerät zurückkam, und mein Steak landete auf der Waage. Es waren 300 Gramm! Herbert rechnete nun meinem Vater vor, was bei den vielen Gästen, die ein Steak bestellten, ein Unterschied von 50 Gramm ausmachen würde. Wenn er nicht ständig aufpasse, würden die Köche ihn noch pleite kochen. Endlich bekam ich mein etwas abgekühltes Steak zurück, doch schmeckte es immer noch hervorragend, wie auch der schwere Rotwein, den der Sommelier mir einschenkte.

17

Herbert fragte nun, was ich vorhätte und wann ich mit meiner Lehre anfangen würde. Mein Vater machte ihm aber ein Zeichen, welches mir nicht entging, worauf er sich an einen Lehrling wandte, der am Abräumen war, und ihn bat, mir noch einen „Reichshof-Eisbecher" zu bringen. Wir sprachen dann von Vaters Operation, und Herbert fand es albern, dass mein Vater in der Klinik ein Bett warm halten müsse, bis da endlich mal was passiere. Er würde den Professor Doktor, mit dem er offenbar befreundet war, etwas auf die Füße treten, damit dieser einen genauen Operationstermin angab, so ginge es ja nicht weiter. Bis dahin könne mein Vater mir Hamburg zeigen und Verwandte besuchen. Als der Lehrling mit dem „Reichshof-Eisbecher" erschien, fragte Herbert ihn, woraus dieser denn bestehe, worauf dem Armen nichts einfiel. Entrüstet verfiel Herbert nun in eine ausführliche Beschreibung, während der Lehrling und ich die schmelzende Nachspeise betrachteten. Er erläuterte, dass der Eisbecher aus tropischen Früchten, Sahne und den drei klassischen Eissorten bestünde, die da wären: erstens Vanilleeis, woran man „erschmecken" könne, ob der Patissier sein Handwerk verstehe. Fast genauso wichtig sei das Schokoladeneis, und beides, die Vanille und der Kakao, stammten aus der Heimat der anwesenden Gäste, deswegen auch die tropischen Früchte dazu. Die dritte Eissorte bestünde aus Erdbeeren, die einzige Frucht, die zu den anderen zwei passe, obwohl man sie seiner Meinung nach auch weglassen könne, da im Grunde nur die zwei ersterwähnten Sorten als wirkliche Kunst des Speiseeises galten. Alle anderen Sorten seien dummerhaftige Spielereien. Er ermahnte nun den Lehrling, immer in der Küche nachzufragen, was er dem Gast servieren würde. Nach diesem Vortrag konnte der Lehrling sich verdrücken und ich mich endlich meinem Eis zuwenden. Es war und bleibt das beste Eis, das ich je genascht habe. Nach dem Essen meinte Herbert, dass wir den Kaffee und einen Kognak bei ihm zuhause einnehmen könnten, er habe dort auch ein paar schöne Monte Cristo-Zigarren.

Es dauerte ewig, bis wir endlich die Hotelgarage erreichten, da Herbert sich auf dem Weg dorthin mit allen möglichen Angestellten unterhielt und mich als Oscars Sohn vorstellte. Als ein Renault 4 aus dem Garagenfahrstuhl rollte, stiegen wir zu meiner Verblüffung in diesen kleinen Wagen ein. Den Fahrersitz hatte man gemäß Herberts körperlichen Dimensionen angefertigt, sodass nur noch ein Mitfahrer hinter dem Beifahrer Platz fand. Herbert fuhr gemütlich und langsam, und Vater machte nun wieder auf Reiseführer. Ich bewunderte das Hotel Atlantic, von dem ich so viel gehört hatte, und die Außenalster. Bald erreichten wir Altona, und Vater erzählte, dass es bis zu Bismarcks Zeiten zur dänischen Krone gehörte. Hier hätte mein Ururgroßvater Carsten, als erster Todtmann, aus Altenwerder kommend, eine Weinhandlung gegründet*. Schließlich erreichten wir Herberts Anwesen an der Elbchaussee. Wir bogen durch eine Einfahrt in einen mit alten Eichen umgebenen Weg und fuhren bis zu einem großen, roten, zweistöckigen Reetdach-Haus. Hier führte Herbert uns in sein großzügiges Wohnzimmer im zweiten Stock, dessen Panoramafenster einen Blick auf eine Wiese, auf der drei Holsteiner Kühe grasten, die Elbe und den gegenüberliegenden Petroleumhafen erlaubten. Er sagte noch zu meinem Vater, er könne sich von dem Kognak und den Zigarren bedienen, er kenne sich ja aus, er selbst werde sich etwas ausruhen. Ich sollte ihn an diesem Tag nicht mehr wiedersehen.

Wir machten es uns vor dem großen Fenster mit dem schönen Blick gemütlich, rauchten unsere Zigarren und schwenkten den edlen Kognak in unseren Gläsern. Vater erzählte mir nun, dass dieses Anwesen der Familie seit 1919 gehörte, als die Gegend noch nicht zu den vornehmsten Hamburgs gehörte. Herberts Vater hatte es erworben, und es war damals ein landwirtschaftlicher Betrieb, der das Hotel mit Früchten, Gemüse, Eiern und Blumen versorgen sollte. Heute stünden noch einige Gewächshäuser mit Blumen fürs Hotel auf dem Gelände. Dank dieser und der Kühe konnte Herbert sein Anwesen in Hamburgs teuerster Gegend weiterhin als landwirtschaftlichen Betrieb deklarieren und einiges an Steuern sparen. Auch das Haus bot Steuervorteile, da es unter Denkmalschutz stand. Herbert liebte es, sich mit seinem Buchhalter Steuertricks auszudenken. Da Vater spürte, dass ich aufmerksam zuhörte, während wir unsere köstlichen Zigarren genossen, fuhr er fort zu erzählen. Das jetzige Reetdach-Haus war früher eine Scheune. Vor dem Krieg stand auf dem Grundstück noch ein großes Herrenhaus, welches er noch kennengelernt hatte. Es wurde jedoch während des Zweiten

Herbert Langer und seine Mutter Martha.

Weltkrieges zerstört, auch auf das Hotel sei damals eine Bombe gefallen. Das Feuer, das daraufhin ausbrach, konnte dank des hoteleigenen Brunnens rasch gelöscht werden. Weiter erzählte er mir, dass Herberts Vater, Anton Emil Langer, einen guten Riecher fürs Hotelgeschäft hatte. So kaufte er 1902 das leerstehende Grundstück gegenüber dem heutigen Hauptbahnhof, als er erfuhr, dass dieser erbaut werden sollte. Er und seine Frau besaßen damals schon 27 kleinere Hotels und Pensionen auf der Reeperbahn, die sehr gut liefen. Er hatte eine vorteilhafte Beziehung zu Albert Ballin, Hamburger Reeder und einer der bedeutendsten jüdischen Persönlichkeiten des deutschen Kaiserreichs. Unter seiner Leitung wurde die Hamburg-Amerikanische Packetfahrt-Aktien-Gesellschaft (HAPAG) zur größten Schifffahrtslinie der Welt. Viele der Passagiere, die auf die Schiffe seiner HAPAG-Linie warteten, brachte er in Langers Hotels unter.

Ballin half auch bei der Planung des Hotels Reichshof, das 1910 fertiggebaut wurde und damals mit seinen 500 Betten das größte Hotel Deutschlands war. Auf meine Frage, ob Herberts Eltern noch lebten, erzählte mein Vater, dass Herberts Vater, gerade mal 64 Jahre alt, 1928 gestorben sei. Seine Mutter, die alle Madame nannten, führte das Hotel dann bis vor ein paar Jahren alleine weiter. Inzwischen habe sie sich aber zurückgezogen und komme nur noch einmal in der Woche vorbei, um Herbert auf die Finger zu schauen. Madame habe Qualität besessen, zum Beispiel habe sie in den schweren Zeiten des Nationalsozialismus Menschlichkeit bewiesen und im Hotel Juden versteckt, während sie in der Teestube mit den Gestapokerlen Karten spielte und die treue Anhängerin des Regimes mimte. So konnte sie auch eventuelle Durchsuchungen des Hotels abwenden.

Wir schwiegen eine Weile, nippten an unseren Kognaks, schauten in die Dämmerung und sahen, wie auf der Anlage des Petroleumhafens am gegenüberliegenden Elbufer die Lichter angingen. Ich fragte Vater, der in Erzähllaune war, ob Herbert denn eine Familie habe. Er sei doch damals nach Caracas mit seiner Frau gekommen. Ja, er habe aus dieser Ehe eine Tochter etwa in meinem Alter. Er habe sich jedoch von seiner ersten Frau scheiden lassen und Ingeborg geheiratet, mit der er auch mal in Caracas war, sie besuche zurzeit aber gerade ihre Mutter. Ingeborg sei um einiges jünger als Herbert und habe als Hostess gearbeitet. Als ich neugieriger wurde, meinte Vater, es sei nun an der Zeit, aufzubrechen.

Wir hatten unsere Zigarren zu Ende geraucht, tranken den letzten Schluck aus unseren Gläsern und verließen das Haus. Ich fand es irgendwie ungezogen von Herbert, uns bis hierher zu verschleppen, um dann plötzlich einfach zu verschwinden, aber da Vater sich nichts daraus machte und gut gelaunt war, sagte ich nichts. Wir wanderten auf dem mit alten Eichen umgebenen Weg zum Ausgang des Grundstückes und von dort zur Elbchaussee. Nachdem wir sie überquert hatten, führte Vater mich zu einer etwas vom Gebüsch versteckten steilen Treppe. Diese Treppe, die, wie er mir sagte, Himmelsleiter heißt und 126 Stufen hat, sei er oft als Kind mit Herbert zur Elbe hinuntergestiegen*.

Als wir das Elbufer erreichten, liefen wir durch eine romantische Gasse, zwischen niedlichen kleinen Häusern und den dazugehörigen gepflegten Kleingärten, die bis ans Ufer reichten. Vater berichtete, dass jene Häuser Lotsen, Schiffskapitänen und anderen Seeleuten gehörten, die hier ihren Lebensabend verbrachten. Aber immer mehr reiche Schnösel zögen jetzt zur Erbpacht in diese Häuser. Auch Herbert habe eines für sich erworben. Es war ein lauer Abend und wir spazierten schweigend bis zum Ende der Gasse und erreichten eine Straße, in der wir einen Bus zurück zum Hotel nehmen konnten.

An der Rezeption erklärte mein Vater, dass er keine Lust habe, wieder in die Klinik zu fahren, und der Portier überreichte ihm einen Zimmerschlüssel. Vater fragte, ob es eines der großen Zimmer sei, und als der Portier dies bejahte, sagte er, er wolle lieber eines der kleinen Zimmer haben. An mich gerichtet meinte er, dass man eine Freundschaft niemals ausnützen dürfe. Dann schlug er vor, noch einen Happen zu essen, bevor wir uns zur Ruhe legten. Obwohl ich vom Flug und dem Tag mit all seinen Neuigkeiten müde war, gefiel mir sein Vorschlag. Er führte mich zur Bar, wo er von Barkeeper Wilhelm Kruse herzlich begrüßt wurde. Dieser fragte auch gleich, ob er seine Operation gut überstanden hätte. Als Vater ihm erklärte, dass sie verschoben worden sei, entgegnete er, dann habe Vater ja noch Glück gehabt und könne ein schönes Glas Bier gebrauchen. Vater stellte mich vor, und nach etwas Smalltalk bestellte er zum Bier noch zwei Stramme Max, und wir setzten uns an einen der kleinen Tische. Er wählte einen in einer Ecke, von der man die ganze Bar überblicken konnte. Die Bar ist wohl das Hauptjuwel in der Krone des Reichshofs. Seit einiger Zeit steht sie mit ihrem liebreizenden Jugendstil unter Denkmalschutz. Leider ist Wilhelm Kruse heute nicht mehr dabei. Er hatte 1933 im Hotel Reichshof angefangen und ging nach 50 Jahren in Pension. Ihm beim Ausüben seines Berufs zuzuschauen, wie er mit seinem silbernen Cocktail-Shaker umging, langsam Bier zapfte und Gespräche führte, war ein Erlebnis. Ein von ihm gern gesehener Gast gewesen zu sein, ein Privileg. Es gab kein Getränk, das er nicht kannte, keinen Cocktail, den er nicht mixen konnte. Mich verblüffte er gerne mit seinen Kenntnissen der lateinamerikanischen Getränke. Durch ihn lernte ich Tequila und Margarita aus Mexiko, Pisco Sauer aus Peru, Caipirinha aus Brasilien und Mojito aus Kuba kennen. Er erklärte mir, dass sowohl Argentinien wie auch Chile ausgezeichnete Weine herstellen und der Rum aus Venezuela zu den besten gehört. Vater habe ihm mal eine Flasche Rum von der Hazienda El Palmar* mitgebracht, der es durchaus mit einem guten Brandy aufnehmen könne.

Obwohl Kenner behaupten, dass das Bier in Venezuela von guter Qualität ist, hatte ich bisher nur wenig Gefallen an diesem Getränk gefunden. Doch dieses langsam gezapfte Bier von Peter Hüttmann sollte meine Einstellung ändern. Auch der Stramme Max war mit seinem Spiegelei über fein gewürfeltem Holsteiner Katenschinken und auf einer Scheibe Schwarzbrot, nebst einer Salzgurke, liebevoll angerichtet und schmeckte vorzüglich. Als wir fertig gespeist hatten, waren wir uns einig, dass wir beide müde seien, und gingen auf unsere Zimmer. Als ich im Bett lag, dachte ich mir, dass mein Urlaub, nur durch Vaters baldige Operation getrübt, sich recht gut anließ; unter den Motto „Anfang gut, Ende gut" schlief ich in meinem angenehmen Bett glücklich ein.

Reichshof Bar.

Die nächsten Tage verbrachten mein Vater und ich gemeinsam. Nach einem ausgiebigen Frühstück unternahmen wir Ausflüge, bei denen mich mein Vater durch seine Heimatstadt führte und mir viel über seine Jugend erzählte. So besuchten wir den malerischen Vorort Blankenese, liefen durch dessen schmale Gassen mit den engstehenden kleinen Häusern und schauten uns das etwas außerhalb des Dorfes am Piepers Dieck liegende große Anwesen seiner Großeltern an. Auch die ganz in der Nähe gelegene Villa seiner Eltern an der Godoffroystraße besahen wir uns über eine das Grundstück begrenzende Hecke*. Obwohl das Haus noch stand, hatte man es renoviert und zu zwei Luxuswohnungen umgebaut, später sollte noch ein Neubau den ausgedehnten schönen Garten verschandeln. Godoffroy, erzählte Vater, war ein hanseatischer Kaufmann hugenottischer Abstammung, der sich im 20. Jahrhundert im damals noch dänischen Dockenhuden eine von einer wunderbaren Parkanlage umgebene riesige Villa errichten ließ. Heute ist die Anlage als Hirschpark bekannt. Etwas weiter zur Stadt hin befindet sich der größere Jenischpark mit dem Ernst Barlach Haus. Beides solle ich auf jeden Fall besuchen, was ich auch tat, als er im Krankenhaus lag. Das Barlach-Museum mit den Werken des großen Meisters hat mich beeindruckt, und ich sollte es noch oft besuchen.

Danach wollte er mir einen Weg zeigen, den er als Kind hinunter zur Elbe genommen hatte, um dort zu baden. Wir kamen aber nicht weit, da ein aufgeregter Hausbesitzer sich uns schimpfend in den Weg stellte. Wir würden Hausfriedensbruch begehen, und er drohte sogar mit einer Anzeige. Vater gackerte ihn daraufhin wie ein Huhn an und imitierte seinen empörten Gesichtsausdruck. Als wir uns lachend entfernten, meinte er, die Zeiten hätten sich wohl geändert, auch hier in Blankenese hatten die feinen Pinkel Häuser erworben, der Wert der Grundstücke sei folglich gestiegen und hatte die toleranteren Originaleinwohner vertrieben. Er führte mich daraufhin in Sagebiels Fährhaus, welches neben einer ausgezeichneten Karte einen wundervollen Blick auf die vierzig Meter tiefer liegende Elbe mit den vorbeifahrenden Schiffen bietet. Dort erzählte er allerlei aus seiner in Blankenese verlebten Kindheit, und bevor wir wieder den zierlichen Bahnhof der Stadtbahn erreichten, liefen wir noch an dem kleinen Kino vorbei, in dem er mit seinem Stief-Großvater Fleury Overmann* seinen ersten Film gesehen hatte: *Schneewittchen.*

Auf der Fahrt zurück in die Stadt beobachtete ich, wie Jugendliche, wenn die Bahn an den Stationen ihr Tempo drosselte, die Türen öffneten und hinaussprangen, bevor der Zug vollkommen anhielt. So machte ich es auch, als wir den Bahnhof von Altona erreichten: Ich öffnete die Tür, und als ich meinte, der Zug hätte sein Tempo genügend gedrosselt, sprang ich auf den Bahnsteig. Bei der Landung drohte ich mit Schwung auf den Rücken zu fallen, konnte mich aber, sportlich wie ich damals war, noch schnell umdrehen und einen katastrophalen Aufprall mit meinen Händen und einer heftigen Liegestütze abwenden. Nachdem ich mich wieder aufgerichtet hatte und meine brennenden Handflächen abrieb, bekam ich plötzlich vor versammeltem Publikum einen Schlag auf den Hinterkopf, und Vater brüllte über den ganzen Bahnsteig: „Dummer Junge, musst schon in die richtige Richtung springen!"

Verärgert lief ich mit ihm zum Bahnhof hinaus. Wieder einmal hatte mein Vater es geschafft, mich öffentlich in Verlegenheit zu bringen. Er bemerkte meine schlechte Laune, entschuldigte sich und meinte, er hätte sich erschrocken und sein „Klaps" sei Ausdruck der Erleichterung gewesen, dass mir nichts passiert sei. Ich erwiderte, dass er mich immer wieder peinlichen Situationen aussetze. Beim Mittagessen in Sagebiels Fährhaus zum Beispiel, als ich ihn leise fragte, wo sich die Toilette befände, habe er durch das ganze Lokal gerufen: „Das Klo? Da musst du in Richtung Eingang gehen!", woraufhin ich mich zwischen all den Gästen, die mir nachschauten, auf den Weg machen musste.

Er ging darauf nicht weiter ein, sondern führte mich, nicht weit vom Bahnhof entfernt, zum Altonaer Museum für Kunst- und Kulturgeschichte. In dem schönen alten Gebäude gab es allerhand über Schifffahrt zu sehen, doch ließ er mir kaum Zeit, das Ausgestellte zu betrachten, lief in eine weitere Halle und hielt vor einem großen, glasbedeckten Holzkasten. Voller Stolz zeigte er auf eine zur Schau gestellte weiße Gebirgslandschaft, mit der ich wenig anfangen konnte. Auf dem angebrachten Hinweisschild las ich: „Modell einer eiszeitlichen Landschaft am Rand der Island-Eisgletscher von Emmy Mercedes Todtmann". Da ich Vaters Faible für selbst weit entfernte Verwandte kannte, fragte ich ihn scheinheilig, ob wir mit Mercedes Todtmann verwandt seien.

„Natürlich, sie ist meine Tante Emmy und deine Großtante, eine weltbekannte Gletscherforscherin!", sagte er stolz und erzählte nun, dass sie und ihre Schwester Tony sich nach der Scheidung seiner Eltern um ihn gekümmert hätten. Er bewohnte damals ein eigenes Zimmer in dem Haus, welches sie von ihrem Vater Emil* geerbt hatten. Und ich erinnerte mich an die Geschichte, dass Emil alle Liebhaber seiner Töchter mit Hilfe eines Saufgelages vertrieb und beide deswegen nie heirateten. Immer, wenn mein Vater damals im Internat freibekam und die Zeit nicht mit Herbert verbrachte, blieb er bei seinen ledigen Tanten. Emmy hatte einen Doktorgrad in Geologie, bestand aber auf dem Fräulein vor ihrem Titel, da damals viele Frauen einfach den Titel ihres Ehemannes übernahmen. Fast jedes Jahr reiste sie nach Island, um dort die Gletscher zu studieren. 1956, schon fast siebzigjährig, hatte sie auch Venezuela besucht und war damals mit der noch im Bau befindlichen Drahtseilbahn auf einer offenen Lastgondel in 4.000 m Höhe gefahren, um die pleistozänen Vereisungsspuren der andinen Kordilleren zu erforschen. Die Tanten erwarteten uns zum Abendbrot, schloss mein Vater seine Ausführungen, vorher könnten wir uns im Hotel noch etwas frisch machen.

Nachdem wir uns ausgeruht und umgezogen hatten, trafen wir uns in der Hotelhalle und liefen dann zur Außenalster. Wir betraten dort einen Anlegesteg am Hotel Atlantic. Vater schaute auf den Fahrplan, meinte dann, wir könnten uns auf eine Bank setzen und in aller Ruhe noch eine Zigarette rauchen. Der Ausblick auf den großen See mit den vielen Segelbooten mitten in der Stadt erinnerte mich an Vaters Ausspruch, als wir im Bus vom Flughafen in die Stadt fuhren: „Hamburg hat, anders als die anderen großen Städte Europas, keine Sehenswürdigkeiten, die man unbedingt gesehen haben muss, Hamburg ist als Ganzes genommen sehenswert."

Als ich fand, es wäre langsam Zeit aufzubrechen, um pünktlich bei den Tanten anzukommen, legte eine Barkasse an. So lernte ich eine angenehme Art kennen, sich in Hamburg fortzubewegen. Fünf Stationen später, nachdem das Boot die Alster mehrmals überquert hatte, stiegen wir an der Streekbrücke aus. Wir liefen nicht weit und erreichten bald die Blumenstraße in Winterhude.[1]

[1] Der vornehme Stadtteil Winterhude wurde von eine m Ahnen der venezolanischen Dichterin Claudia Sierich gegründet. In meinem Verlag erschien 2016 *Sombra de paraíso* mit Gedichten von ihr. Der Juwelier Johann Friedrich Bernhard Sierich, dem man nachsagte, dass er eine goldene Hand besaß, kaufte 1839 das Sumpfgebiet an der Außenalster und legte es trocken, um dann die Grundstücke teuer zu verkaufen. Heute trägt die Sierichstraße seinen Namen. Diese Einbahnstraße ist ein Unikum der Hansestadt, da sie ab 12 Uhr mittags die fahrbare Richtung wechselt.

Die Blumenstraße mit den eng beieinanderstehenden zwei- bis dreistöckigen klassizistischen Hausfassaden deutet auf gediegenen Wohlstand alteingesessener Hamburger Familien hin. Mein Vater zeigte auf eines der schönen Häuser und erzählte mir, dass die Künstlerin Gertrud Goldschmidt, die unter dem Namen „Gego" Weltruhm erlangte, hier aufgewachsen war, bevor sie vor den Nazis nach Venezuela flüchten musste.

So liefen wir langsam bewundernd durch das Viertel, bis wir das dreistöckige Haus erreichten, das einst meinem Urgroßvater Emil Todtmann gehört hatte. Als Erstes lief Vater durch das untere Stockwerk und führte mich in den Garten, der bis zum Rondeelkanal reichte. Hier hatten wir einen schönen Blick auf die Gärten und die Rückansichten der ansehnlichen Häuser. Vater erzählte, wie er Mutter, als er sie kennenlernte, mit dem Ruderboot, das an einem kleinen Steg festgebunden lag, zu einem Ausflug bis zu dem Rondell gerudert hatte, das dem Kanal seinen Namen gibt. Später habe er dann sehr an den durch den Ausflug verursachten Blasen gelitten.
– An deinen zarten Händen?, fragte ich.
– Nein, am Hintern!

Lachend kehrten wir ins Haus zurück und stiegen bis in den dritten Stock, wo uns eine kleine, energisch aussehende Frau die Tür öffnete. Freudig umarmte sie meinen Vater, und nachdem sie ihn gehörig abgeknutscht hatte, nahm sie auch mich in die Arme. Vater machte mich nun mit Frau Jantzen bekannt, die seit Ewigkeiten die Haushälterin der Tanten und eine vorzügliche Köchin war. Sie sprach ein drolliges Deutsch, bei dem es sich, wie Vater mir später erklärte, um Missingsch handelte, ein Gemisch aus Hoch- und Plattdeutsch, das in etwa so klang: „Wat? Tut sich nich an mir erinnern? Lass dir ankieken, als ick toletzt gekiekt hab, det Gor, wars ja noch lütt, aber hat sich scho recht plietsch macht! Da weden sich die Tanten abaa freun, rin in die Bude! Hab Oscar dein Lieblingsspeise gemacht, muss nun aba wieder rin in die Küch, die Kartüffeln schälen", und damit schob sie uns plappernd durch einen langen dunklen Flur in ein geräumiges Zimmer.

Zwei große Fenster boten hier eine Aussicht auf die Häuserzeile der gegenüberliegenden Straßenseite. Die anderen Wände waren bis zur hohen Decke vollgestopft mit Büchern. Die zierliche Tony kam, als wir eintraten, auf uns zu, und man konnte ihr die Freude über unseren Besuch ansehen. Auf einem großen Sofa, das mit Fellen bedeckt war, saß, ebenfalls in etwas Fellartiges gekleidet, Tante Emmy und sah aus wie eine Eskimosquaw. Wenn Tony mit meinem Vater gewisse Gesichtszüge teilte, hatte Emmy den runden Kopf von seinem Bruder Richard Victor* und wie fast alle Todtmanns eine Schneidezahnlücke. Sie strahlte uns mit der gleichen Freude an wie ihre Schwester, entschuldigte sich aber, nachdem wir sie begrüßt und umarmt hatten, dass sie nicht aufgestanden war, sie sei während ihrer letzten Islandreise auf einem Gletscher ganz dumm ausgerutscht und habe sich eine Rippe angeknackst. Emmy und Tony, die ich − wie mein Vater − nun auch mit Tante ansprach, da Großtante etwas umständlich gewesen wäre, hatten ihr ganzes Leben zusammen verbracht. Selbst der Tod würde sie nicht scheiden, da sie 1973, beide am gleichen Tag, in einem Altersheim starben. Emmy war die Abenteuerlustige, Tony die Häusliche. Tony liebte die klassische Musik und spielte selber sehr gut auf dem Flügel, welcher sich auch in dem Zimmer befand. Sie war ausgebildete Masseurin und zweimal sollte ich das Privileg haben, dass sie mir meine gesamte Muskulatur, teilweise recht schmerzvoll, wieder zurechtrückte.

Nachdem wir ausführlich von der Verwandtschaft in Venezuela erzählt hatten, bat uns Frau Jantzen zum Essen. Im schön eingerichteten Esszimmer setzten wir uns an einen liebevoll gedeckten Tisch. Als Vorspeise wurde auf einer Scheibe Schwarzbrot ein mit Zwiebel- und Apfelringen angerichtetes Matjesfilet serviert, dazu gab es für meinen Vater und mich ein kleines Gläschen eiskalten Korn. Ich betrachtete misstrauisch den roh aussehenden Fisch, etwas, was ich noch nie gegessen hatte, aber schon nach dem ersten Bissen schmeckte er mir vorzüglich. Die Tanten schauten zu, als wir dann Rouladen mit Petersilienkartoffeln bekamen, und Tony brachte uns eine Flasche Saint-Emilion Grand Cru 1964 aus dem Hause Château de Lescours, dessen Weine ihr Vater Emil besonders schätzte. Nachdem er das Etikett laut vorgelesen hatte, entkorkte Vater die Flasche mit fachmännischer Sorgfalt, goss etwas davon in sein Glas, schaute es eine Weile an und probierte leicht schmatzend einen Schluck, bevor er unsere Gläser füllte. Die Zeremonie stieß bei den Tanten auf große Freude und war ein willkommener Anlass, um Anekdoten über die Weinhändler der Familie zu erzählen. Ich erinnere mich so genau an den Namen des Rotweins, da mein Vater Frau Jantzen bat, ihm das Flaschenetikett aufzuheben. Als ich mal wieder zu Besuch bei den Tanten war, gab sie mir auch tatsächlich das Etikett. Ich habe es dann einrahmen lassen und meinem Vater zu Weihnachten geschenkt.

Zuletzt servierte uns Frau Jantzen Rote Grütze, die mir ebenfalls unbekannt war. Sie wurde mit einer leckeren cremigen Vanillesoße begossen, aber für meinen Vater brachte Frau Jantzen eine Zuckerdose und sagte: „Er mag es, wenn die Grütze etwas knirscht."

Der Abend verging mit angenehmer Unterhaltung und Emmy erzählte von ihrer Reise nach Venezuela. Sie lud mich ein, bald wieder vorbeizukommen, um mir die Dias zu zeigen. Wie ich dann feststellen sollte, war sie eine begabte Fotografin. Außer unseren schneebedeckten Berggipfeln und den damals noch existierenden Gletschern hatte sie schöne Landschaftsbilder und einige pittoreske Eigenschaften der Bevölkerung gut getroffen. Ich würde die Tanten in den nächsten Jahren noch des Öfteren besuchen. Besonders gegen Ende des Monats, wenn bei mir Ebbe in der Kasse herrschte, meldete ich mich und genoss Frau Jantzens Küche.

Obwohl die Tanten früher regelmäßig in die Oper gegangen waren, war es ihnen inzwischen zu anstrengend geworden. Sie hatten aber ihr Staatsopernabonnement nicht rechtzeitig gekündigt, sodass es noch für eine Spielzeit gültig war. Daraufhin luden sie mich ein, mit Frau Jantzen die Aufführungen zu besuchen. Es war ein Riesenglück, diese Chance zu bekommen. Schon alleine das elegant gekleidete Publikum zu bestaunen, war es die Sache wert. Obendrein noch die aufwendigen Bühnenbilder – zur *Zauberflöte* glitt sogar eine Heißluftballonattrappe mit den singenden Darstellern über die Bühne. Doch insbesondere der Genuss, diese Musikgattung kennenzulernen, machten die vier Opernbesuche zu einem bleibenden Ereignis. Auch Frau Jantzen genoss die Abende in der Oper. Allerdings fand das steife Hamburger Publikum ihre Kommentare in ihrem drolligen Dialekt – „Wunerbar!" und „Det war nun doch etwas zu schrill, oder wat meinst du?" – als störend und zischte uns ein paarmal an. Sie hätte wohl besser zum früheren italienischen Opernpublikum gepasst, das ja laut klatschend und rufend die Sänger dazu aufforderte, eine Arie nochmals zu wiederholen, und sich dabei mitgebrachtes Essen und Wein schmecken ließ.

Wir besuchten auch Vaters Kusine Hildegard Friederichsen, die mit ihrem Mann Paul Humann und ihrem Sohn Klaus in einem schönen Haus in Klein Flottbek lebte. Hier sollte ich in Zukunft oft zu Gast sein und auch mehrmals übernachten. Hildegard erinnerte mich sehr an meine Tante Renate*, mit der sie aufgewachsen und befreundet war. Sie erzählte auch gerne von der Zeit, als meine Mutter nach dem Krieg bei ihren Eltern wohnte. Ihr Sohn Klaus war ein Jahr älter als ich und wir sollten beide die gleiche Ausbildung absolvieren und später im Verlagswesen unser tägliches Brot verdienen.

Am nächsten Tag fuhren wir vom Hauptbahnhof aus zwanzig Minuten mit der Stadtbahn nach Reinbek raus, ein bis auf den Sitz des Rowohlt Verlags nicht weiter erwähnenswerter Ort. Das moderne, gläserne Verlagshaus aber ist sehenswert. Nicht weit vom S-Bahnhof entfernt erstreckt es sich über ein großes, von Wald umgebenes Gelände. In der hellen Empfangshalle meldete sich mein Vater bei der Empfangsdame an. Während wir warteten, betrachteten wir die großen Schwarzweißfotos der Verlagsautoren, die in der Halle hingen. Die meisten waren mir unbekannt, doch Vater nannte mir stolz ihre Namen, darunter Kafka, Tucholsky, Musil; die Amerikaner Hemingway, Roth, Updike; die Franzosen Sartre, Beauvoir, Camus und der Russe Nabokov. Außer Hemingway und Kafka sagten mir die Namen damals nicht viel.

31

Edgar Friederichsen.

Bald erschien eine junge Frau, stellte sich als die Sekretärin von Edgar Friederichsen vor und führte uns in ihr Vorzimmer im zweiten Stock, wo sie uns die Tür zu Edgar Friederichsens Büro öffnete. Er empfing uns freundlich, und sein helles Eckbürozimmer mit schönem Blick auf den Wald ließ erkennen, dass er eine höhere Position in dem Verlag genoss. Bei etwas Smalltalk erklärte mir Vater, dass Edgar sein ältester Vetter und Hildegards Bruder sei. Edgar wiederum erinnerte sich – wie auch Hildegard zuvor – an die Zeit, als meine Eltern nach dem Krieg bei seinen Eltern gewohnt hatten. Dann fing mein Vater zu meiner Verwunderung an, über Luftballons zu reden, die mit Büchern in die DDR geflogen waren. Edgar wurde auf einmal ernst und erwiderte, der Verlag habe deswegen Unannehmlichkeiten gehabt. Doch bevor er davon weiter erzählen wollte, bat er mich, zu seiner Sekretärin zu gehen und den Vertrag zu unterschreiben, er würde sich inzwischen mit meinem Vater unterhalten. Ich hatte das Gefühl, dass er mich nicht dabeihaben wollte, und setzte mich auf Einladung der Sekretärin an ihren Schreibtisch. Daraufhin gab sie mir einige Seiten, die ich auch brav unterschrieb. Ich dachte, es handelte sich um irgendwelche Verlagskonditionen, die ich für unsere Buchhandlung unterschreiben sollte, und fühlte mich geehrt, dass mein Vater mir diese Aufgabe überließ. Als ich ihr die Papiere zurückgab, sagte sie: „Willkommen im Rowohlt Verlag! Wir sehen uns dann ja Anfang September wieder."

Was sie damit meinte, war mir nicht ganz klar, aber bevor ich weiter darüber nachdenken konnte, kamen mein Vater und Edgar schon aus dem Büro und sagten, wir würden jetzt zum Mittagessen fahren und meinen Vertrag feiern. Ich saß nun hinten in Edgars großem Audi und grübelte über den Ausdruck „meinen Vertrag"! Vater, wieder in Fremdenführer-Laune, erzählte mir, dass wir gerade durch den Sachsenwald zum früheren Gut von Bismarck fuhren. Diese Gegend hatte Bismarck vom Kaiser für seine Verdienste geschenkt bekommen. Doch ich hörte kaum zu. Irgendwie wurde ich das Gefühl nicht los, dass Vater etwas in die Wege geleitet hatte, von dem er mir nichts gesagt hatte. Wir aßen vorzüglich im gemütlichen Forsthaus: Rehrücken mit Preiselbeeren und eingelegten Birnen mit Kartoffelkroketten als Beilage. Während des Essens wurde mir Edgar immer sympathischer. Mir gefiel seine einfache, vornehme Art, mit der er offen und freundlich alle Menschen, die ihn umgaben, behandelte. Nach dem Essen meinte er, dass er wegen der Situation im Verlag zurzeit ziemlich beschäftigt sei und ob es uns etwas ausmache, gleich vor Ort die S-Bahn zu nehmen, die uns zur Stadt zurückbringen würde. Selbstverständlich störte uns das nicht.

Während der halbstündigen S-Bahnfahrt hatten Vater und ich folgendes Gespräch:

– Das hat ja prima geklappt, jetzt kannst du im September bei Rowohlt anfangen. Ich gratuliere!

– Wie bitte?

– Nun, deine Lehre, du hast ja den Vertrag unterschrieben, oder etwa nicht?

– Welchen Vertrag?

– Na, den Lehrvertrag.

– Ich soll einen Vertrag unterschrieben haben?

– Ja, was denn sonst? Liest du eigentlich nicht, was du unterschreibst?

– Nee, ich dachte, es wäre etwas, das ich für dich unterschreiben sollte.

– Du kannst doch nicht etwas unterschreiben, ohne es zu lesen! Also, du hast einen zweijährigen Lehrvertrag als Verlagsbuchhändler unterschrieben, den du nach bestandener Prüfung mit einem Kaufmannsgehilfenbrief abschließen wirst. Es war gar nicht so einfach, dich da unterzukriegen. Eine Lehrstelle bei Rowohlt gilt als eine der begehrtesten im Buchhandel. Jedes Jahr bewerben sich Hunderte um eine Lehre. Nach einem strikten Auswahl- und Prüfungsverfahren werden nur knapp ein Dutzend genommen. Ich habe mir bei Edgar den Mund fusselig reden müssen, damit die dich nehmen. Nicht mal die Prüfung musst du machen, würdest sie ja auch höchstwahrscheinlich nicht bestehen. Das Gespräch mit Edgar war ganz schön anstrengend, er hielt gar nichts davon, seine Position als Geschäftsführer ins Spiel zu bringen, und meinte, ich solle ihm nicht mit der venezolanischen Unsitte der Beziehungen kommen. Nur als ich ihn aufs Innigste um den Gefallen bat, mir zu helfen, und als Argument vorbrachte, dass ich ja auch ein guter Kunde des Verlags sei, hat er versprochen, es zu versuchen.

– Dennoch hast du mein Vertrauen missbraucht, wie kommst du dazu, mir einfach so eine Lehre anzudrehen? Wer hat dir erlaubt, mir, ohne

vorher etwas zu sagen, so einen Müll aufzuhalsen? Du rufst deinen Edgar an und sagst ihm, ich hätte kein Interesse an seiner Lehre! Du hättest mich ja vorher fragen können, ob ich eine machen will!
– Ich habe dich ein paarmal gefragt, ob es dir in Deutschland gefällt und ob du dir vorstellen könntest, eine Zeit lang hierzubleiben, und du hast das immer freudig bejaht.
– Aber von einem Lehrvertrag und zwei Jahren hast du nie etwas gesagt!
– Ja, ich wusste auch bis heute nicht, dass er den Vertrag ermöglicht hat, eigentlich hatte ich nur vor, ihn zu besuchen und dir den Verlag zu zeigen und ihn eventuell nochmals darum zu bitten.

Unser Gespräch wurde immer heftiger, mir kamen die Tränen und ich fühlte mich wie ein Sklave verraten und verkauft. Vater wurde auch immer trauriger, er hörte nicht auf, weiter zu argumentieren. Ich sei ja gerade erst achtzehn, es seien doch nur zwei Jahre, und ich hätte dann eine Ausbildung. Als ich wieder von meinem Agrarstudium anfing, meinte er, dass ich nach der Lehre machen könne, was ich wolle, er würde mich auch immer unterstützen. Dann begann er über seine Gesundheit zu reden und versuchte es mit seinen typischen pessimistischen Szenarien. Was alles passieren könnte, wenn er frühzeitig starb und ich keine Ausbildung hätte. Er meinte noch, dass ich schon im Dezember für zwei Wochen nach Caracas kommen könne, er hatte Edgar nämlich darum gebeten, dass ich an der Silberhochzeit teilnehmen dürfe, und da könne man ja das Ganze nochmals bereden. Ich wurde das Gefühl nicht los, dass meine Eltern dies alles schon vorher besprochen hatten. Schließlich willigte ich halbherzig ein. Bis Dezember, dachte ich mir, könnte ich ja ruhig in Deutschland bleiben und dann wäre *finito la comedia*.

Nachdem ich mich etwas beruhigt hatte, fragte ich ihn, was es mit den Luftballons auf sich hatte. Er erzählte, der Rowohlt Verlag habe dem Verteidigungsministerium vor einiger Zeit eine hohe Auflage extraleichter Bücher verkauft, die das Ministerium an Luftballons gehängt und bei günstigem Wind in die DDR hatte fliegen lassen. Das Ganze wurde vor Kurzem bekannt und habe Rowohlts gepflegtem Links-Image sehr geschadet. Es sei dann zu einem Zwist zwischen Lektorat und Vertriebsleitung gekommen. Es sah ganz danach aus, so meinte Edgar jedenfalls, dass Heinrich Maria Ledig-Rowohlt eine Art salomonische Lösung vorschwebe, in der er sich sowohl vom Leiter des Lektorats als auch vom Leiter des Vertriebs trennen wolle. Auf jeden Fall müsse Edgar aufpassen, dass der Orkan ihn nicht auch erfasse, da er ja als Geschäftsführer der Herstellung die speziell dafür angefertigten Bücher in Druck gegeben hatte.[2]

[2] Mehr über die Bücher von Rowohlt und die Luftballons findet man ausführlich und gut recherchiert in: *Die Affäre Rowohlt* von Dieter E. Zimmer, DIE ZEIT/Feuilleton, Nr. 39, 26.08.1969.

Es vergingen noch ein paar angenehme Tage, in denen wir Hagenbecks Tierpark und verschiedene Museen besuchten. Wir machten die obligatorische Alster- wie auch eine Hafenrundfahrt mit. Der Hafen hatte es mir besonders angetan, und als wir an der riesigen Werft von Blohm und Voss vorbeischipperten, erzählte Vater, dass diese teilweise mit venezolanischem Kapital gegründet wurde*. Besonderen Gefallen aber fand ich an der auf Eichenpfählen erbauten Speicherstadt mit ihren Lagerhäusern in neugotischer Backsteinarchitektur. In ihnen wurden hauptsächlich Kaffee, Kakao, Tee, Gewürze und Teppiche gelagert – Waren, die mich nostalgisch von meiner Heimat, aber auch von fernen Ländern träumen ließen.

Vater wurde ein paar Tage später tatsächlich operiert. Ich erspare dem Leser die Details, die ein Krankenhausaufenthalt mit sich bringt. Der Professor Doktor meinte aber, es sei ein voller Erfolg gewesen. Der sollte allerdings nur ein paar Jahre anhalten, da der „Schlauch", der einen Teil der *Arteria renalis* ersetzte, sich dann auch wieder verstopfte.

Während Vater sich im Krankenhaus aufhielt, bat mich eines Morgens ein Page des Hotels, ihn in Herbert Langers Büro zu begleiten. Dort teilte mir Herbert mit, dass sich eine größere Reisegruppe angemeldet habe und er mein Zimmer brauche. Er schmunzelte, als er mein erschrockenes Gesicht sah. Er ließ sich Zeit, bevor er dem Pagen die Anweisung gab, mir zwei andere Zimmer zu zeigen. Ich solle sie mir anschauen, wieder in sein Büro kommen, wir würden dann zusammen mittagessen und alles Weitere klären. Der Page führte mich nun durch mehrere Gänge in den hinteren Teil des Hotels, bis wir einen kurzen dunklen Flur erreichten, der auf jeder Seite vier Zimmertüren aufwies. Er erklärte mir, dass diese Zimmer von Lehrlingen und Praktikanten, die von außerhalb kämen, bewohnt seien, und öffnete eine der Türen. Wir traten in ein kleines Zimmer, in dem sich ein Bett und ein Schrank befanden. Aus einem Fenster konnte man auf einen kleinen Platz schauen. Toilette und Bad, die ich mit den anderen Flurbewohnern teilen müsste, befanden sich am Ende des Flurs. Er ergänzte, dass das Zimmer den Vorteil habe, über ein Fenster mit Tageslicht zu verfügen. Das andere Zimmer, welches er mir zeigen sollte, habe zwar ebenfalls Fenster, aber sie öffneten sich auf einen trüben Schacht. Ich bat ihn, mir auch jenes zu zeigen, und wunderte mich, als wir in den Teil des Hotels mit den Büroräumen zurückgingen. Als wir die Treppe bestiegen, dachte ich, er würde mich wieder in Herberts Büro führen. Doch er stieg noch ein Stockwerk höher. Oben angekommen öffnete er die Tür und erklärte, dass sich in diesem Stockwerk die Verwaltung des Hotels befinde. Zu meiner Überraschung führte er mich in ein Büro, wo uns eine Sekretärin sagte, wir könnten ruhig durchgehen, man würde uns schon erwarten. Dieses Büro war halb so groß wie das von Herbert. Darin saß ein kleiner, energisch aussehender Mann an seinem Schreibtisch, der sofort aufstand und auf mich zukam. Er begrüßte mich zackig und fragte mich als Erstes, wie es meinem Onkel Richard Victor gehe. Dann fing er an, von meinem Onkel Richard zu schwärmen, er sei ein guter Freund und ein Meister der Buchführung, weswegen er ihn als versierten Kollegen sehr schätze. Er übergab daraufhin dem Pagen einen Schlüsselbund und sagte mir, dass dieses Zimmer ehedem Madames gewesen sei, sie benütze es aber nicht mehr. Sie pflegte sich dort auszuruhen und umzukleiden, wenn sie noch eine Abendgesellschaft empfangen musste. Für den Fall, dass es sehr spät wurde, blieb sie auch manchmal über Nacht. Zum Abschied sagte er mir noch, dass ich – falls ich mich für das Zimmer entscheiden sollte – dort keinerlei Besuch empfangen dürfe, vor allem keinen Damenbesuch.

Das Zimmer, in das mich der Page nun führte, war geräumig und mit Teppichware ausgelegt. An einer Wand stand zur Raummitte hin ein großes Bett und daneben ein schöner alter Schreibtisch. Zwei der Wände waren ganz von cremefarbenen Wandschränken eingenommen, einer davon war innen komplett mit Spiegeln getäfelt. An der vierten Wand stand in der Mitte ein großer, eiserner Heizungskörper, über dem ein Regal aus Marmor befestigt war. An dessen beiden Seiten befanden sich zwei hohe, verzierte Milchglasfenster, deren Flügel, als der Page sie öffnete, fast an eine gegenüberliegende Wand stießen. Wie er vorausgesagt hatte, konnte man nur in einen düsteren Schacht blicken. Also kaum Tageslicht und keinerlei Besuch. Doch wurde dieser Umstand wettgemacht durch ein großes, marmorgetäfeltes Badezimmer mit riesiger Badewanne. Und noch etwas fiel mir angenehm auf: Auf dem Nachttisch stand ein Telefon!

Wir gingen zurück zu dem Chefbuchhalter und offenbar Herrn über den Verwaltungstrakt des zweiten Stocks. Ich teilte ihm mit, dass ich mich für Madames Zimmer entschieden hätte, worauf er mir eine Latte von Verhaltensregeln mit auf den Weg gab und mir immer unsympathischer wurde. Er sagte dann noch, dass die Telefonistinnen, die unten an der Treppe an einer riesigen Telefonanlage rumstöpselten, Anweisung hätten, ihm jegliche Widrigkeit zu melden. Monate später sollte mir eine von ihnen, als sie des Nachts Feierabend hatte und im Bürotrakt niemand mehr arbeitete, einen angenehmen Damenbesuch abstatten.

Wieder bei Herbert machten wir zwei uns auf den Weg zum Mittagessen. Es sollte aber anders ausfallen als die bisherigen in seinem Séparée. Wir stiegen die Treppe hinunter zum Parterre, gingen dann aber nicht in Richtung Esszimmer, sondern noch einen Stock tiefer und erreichten die mir bisher unbekannte Kantine, wo die Arbeiter und Angestellten des Hotels aßen. Hier begrüßte er an einer langen Theke, von der aus man in eine Großküche sah, die in der Schlange Stehenden mit einem herzhaften „Mahlzeit!". Obwohl alle Herbert sofort den Vortritt lassen wollten, machte er von diesem Privileg keinen Gebrauch, und wir stellten uns ans Ende der Schlange. Nun fing er an, das Essen in der Kantine lauthals zu loben. Nirgendwo auf der Welt könne man für den Preis so gut speisen! Als wir nun dran waren, bekamen wir von den Frauen, die hinter der Theke an riesigen Töpfen standen, als Erstes einen Schöpflöffel öliger, brauner Suppe. Die Nächste klatschte uns einen leicht hellblau schimmernden, wässrigen Kartoffelmus auf den Teller, dann kam noch etwas undefinierbares, zerkochtes Gemüse dazu und obenauf ein Stück durchgebratenes Fleisch. Zum Abschluss wurde das Ganze mit reichlich fettiger brauner Soße übergossen.

Wir nahmen an einem der vielen langen Tische Platz, an dem schon mehrere vom Hotelpersonal saßen. Herbert fing an zu essen und ließ es sich schmecken! Er hörte nicht auf, das Essen zu loben, und verschlang es, als hätte man ihm noch nie etwas so Gutes aufgetischt. Mich kostete es aber ziemliche Überwindung, es hinunterzubekommen. Es schmeckte genauso grauenhaft, wie es aussah, und ich war verzweifelt, als Herbert mich auch noch aufforderte, mir einen Nachschlag zu holen, der – wie er wieder laut betonte – kostenlos sei. Ich wunderte mich, wie es in einem Hotel zwei so unterschiedliche Küchen geben konnte. Oben wurde mit das beste Essen von Hamburg zubereitet und ein Stockwerk tiefer das wohl erbärmlichste der Stadt. Später erfuhr ich, dass die Angestellten sich schon ein paarmal beschwert hatten, worauf Herbert sich ein paar Tage in der Kantine blicken ließ und sich laut lobend das Aufgetischte schmecken ließ, oder wenigstens so tat.

Als wir die Kantine verließen und wieder das Parterre erreichten, sagte mir Herbert, ich solle meine sieben Sachen holen und umziehen. Ich könne Madames Zimmer haben, bis ich etwas Besseres gefunden hätte. Außerdem könne ich solange kostenlos in der Kantine essen. Ich bedankte mich artig und tat wie angeordnet.

Der Leser mag entschuldigen, dass ich so ausführlich vom Hotel Reichshof berichtet habe. Es liegt daran, dass ich nie ein besseres Zimmer gefunden habe und die nächsten zwei Jahre bei Herbert Langer zu Gast war. Was meinen vermeintlichen Urlaub, der sich in eine Lehrzeit verwandelt hatte, bis auf das Essen um einiges angenehmer machte. Ich brauchte nie sauber zu machen, dafür kam die große, korpulente, blonde Ernie, die mich jeden Morgen mit einer Tasse Kaffee weckte und meine Wäsche, in Cellophan verpackt, aus der Hotelreinigung mitbrachte, um sie in den Schrank einzuordnen. Sie sagte mir auch, wie das Wetter sein würde und wie ich mich anzuziehen hätte. Wenn sie von den Telefonistinnen gehört hatte, dass ich erst sehr spät nach Hause gekommen war, befahl sie mich in ein von ihr vorbereitetes Schaumbad. Noch Jahre später, wenn ich mal wieder in Hamburg war, besuchte ich sie und war auch Trauzeuge ihrer Tochter, da diese einen Palästinenser heiraten wollte. Das Standesamt verlangte für ihn einen Übersetzer ins Englische, obwohl er ausgezeichnet Deutsch sprach und nur wenig Englisch. Aber offenbar sind die Bürokraten auf der ganzen Welt alle gleich.

Ich besuchte nun regelmäßig meinen Vater im Krankenhaus. Nach der Operation sah er eine Zeit lang gar nicht gut aus. Einmal lag er völlig aufgedunsen in seinem Bett, sein Gesicht ähnelte dem einer englischen Bulldogge. Wie so oft, wenn Ärzte nicht mehr weiterwissen, wurde er daraufhin mit Cortison behandelt, und einige Tage später ging es ihm wieder besser. Immer mehr kam mir das Ganze wie ein experimentierfreudiger Versuch vom Professor Doktor vor. Inzwischen war der Professor auch nicht mehr so gut auf meinen Vater zu sprechen. Bei einer Visite mit mehreren Studenten verschiedener Nationalitäten hatte Vater gesagt: „Sie erinnern mich an Hagenbeck und seine Völkerschau!" Was er als Witz meinte, kam bei dem humorlosen Professor aber nicht gut an. Dennoch verlor Vater nie seine gute Laune und empfahl mir verschiedene sehenswerte Orte, wie das Chilehaus und die Hamburger Innenstadt, die ich noch unbedingt aufsuchen sollte, ehe ich bei Rowohlt anfing.

Bevor er wieder nach Caracas reiste, kaufte Vater mit mir noch im Sommerschlussverkauf einen Pullover und einen Mantel. Mit beidem konnte ich wenig anfangen, da ich bisher nur die sonnigen Tage kannte und vom rauen, kalten Wetter in Hamburg noch keine Ahnung hatte. Besonders der blaue Columbo-Mantel, in dessen Innerem sich ein Teddyfutter befand, welches mit einem Reißverschluss versehen war, kam mir ziemlich albern vor. Vater meinte, er wäre prima für den kommenden Herbst, wenn es noch nicht so kalt sei, da man das Futter herausnehmen und es im Winter, wenn es dann kälter würde, wieder einsetzen könne. Außerdem würde er mich vor Wind und Regen schützen. Als der Winter dann kam, musste ich feststellen, dass Vater schon lange keinen mehr miterlebt hatte. Der Mantel, der Pullover wie auch meine venezolanischen Schuhe boten mir kaum Schutz gegen die Kälte.

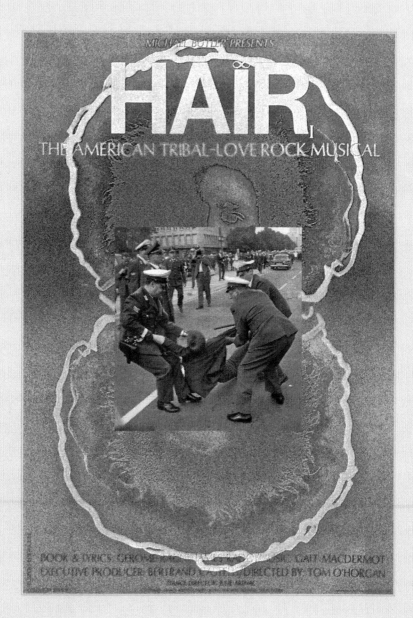

When the moon is in the seventh house
And Jupiter aligns with Mars
Then peace will guide the planets
And love will steer the stars
This is the dawning of the age of Aquarius

Songtext von *The Age of Aquarius* aus dem Musical *Hair*

Vater war inzwischen, halbwegs erholt, wieder nach Venezuela geflogen und ich hatte noch zwei Wochen Zeit, bevor ich bei Rowohlt antreten sollte. Ich musste auch noch zur Ausländerbehörde und eine Arbeits- und Aufenthaltserlaubnis beantragen. Die Behörde befand sich in einem riesigen Gebäude mit endlosen Fluren, an deren Türen die Namen der großen und wichtigen Staaten der Welt angebracht waren, und danach kamen die Türen mit mehreren Namen der anderen Länder in alphabetischer Ordnung. Endlich erreichte ich Uganda, Ungarn, Uruguay und Venezuela. Von Uganda wusste ich noch nicht mal, wo in Afrika es lag, und fragte mich, ob es deren Einwohnern mit Venezuela genauso erging. Hier bekam ich einige Formulare in die Hand gedrückt und man bat mich, sie in einem angrenzenden Saal auszufüllen. An einem großen Tisch saß schon jemand in meinem Alter, der mir wegen seiner beträchtlichen Körpergröße und weißen Hautfarbe nicht wie ein Südamerikaner vorkam. Da er nicht wie ein Afrikaner aussah, kam Uganda nicht in Frage, und so tippte ich auf Ungarn. Während ich die Formulare ausfüllte, schielte ich über den Tisch und erkannte seinen Pass. Unsere Blicke trafen sich und er redete mich in dem venezolanischen Spanisch an, welches die anderen Lateinamerikaner drollig finden. Als Erstes stellte er fest, dass ich nicht wie ein Venezolaner aussähe. Ich antwortete, dass auch ich ihn auf Anhieb nie für einen Venezolaner oder Uruguayer und eher für einen Ungarn gehalten hatte. Er lachte und sagte, er hätte von mir das Gleiche gedacht. Er stellte sich dann als Harry Gross vor und erzählte, dass er in Maracay aufgewachsen war und schon einige Jahre in Deutschland lebte, um ein Ingenieurstudium abzuschließen. Immer wieder müsse er seine Aufenthaltsgenehmigung verlängern, da sie nur für zwei Jahre gültig sei. Er half mir mit den Formularen, und nach deren Abgabe wurden unsere Pässe gestempelt. Ich bekam außerdem noch einen frankierten, wattierten Briefumschlag; die darin befindlichen Anweisungen sollte ich ausführen, um dann den Umschlag im Postamt abzugeben. Nachdem wir die Behörde verlassen hatten, lud Harry mich zu unserem ersten gemeinsamen Bier ein. Gleich zu Anfang der Unterhaltung erzählte er mir, dass man in Deutschland sogar Scheiße per Post verschicken könne. Ich konnte mit seinem Kommentar nichts anfangen und sah ihn verständnislos an. Er forderte mich auf, den mitgegebenen Briefumschlag doch zu öffnen. Darin befanden sich eine bedruckte Seite und ein viereckiger, länglicher Behälter aus Kork. Als ich den kleineren Teil, der als Stöpsel fungierte, davon abtrennte, war ein löffelähnliches Metallstück daran befestigt. In dem längeren Teil war eine Glasröhre. Immer noch verständnislos schaute ich mir diese Kuriosität an, und Harry wiederholte nur, dass man in Deutschland sogar Scheiße mit der Post befördern kann.[3]

[3] Damals, wie auch heute bei Asylbewerbern, wurde von Ausländern aus tropischen Ländern eine Stuhlgangprobe für eine bakteriologische und parasitäre Untersuchung seitens des Gesundheitsamts verlangt.

Er erzählte dann, wie schwer es ihm anfangs gefallen sei, sich in Hamburg und mit den Hamburgern zurechtzufinden. Alles liefe schlussendlich nach einer der unzähligen DIN-Normen ab. Alles sei geregelt, und solange man sich an die Normen hielt, war es ganz erträglich, aber zuerst müsse man die alle auch kapieren. Die Hamburger selbst, meinte er, seien ziemlich arrogant und unnahbar und verhielten sich, als wären sie englische Adelige. Wir tauschten noch unsere Telefonnummern aus, aber machten zunächst davon keinen Gebrauch. Obwohl er wie ich sein dünnes braunes Haar kurzgeschnitten und gescheitelt trug und auch einen – allerdings sandfarbenen – Columbo-Mantel anhatte, fand ich seine Art reichlich derb. Während unserer Unterhaltung konnte ich feststellen, dass er aus einfachen Verhältnissen kam und mich für einen verwöhnten Snob aus der Hauptstadt hielt. Dennoch sollte er einer meiner wenigen Freunde in Deutschland werden und unsere Freundschaft hielt bis an sein Lebensende vor ein paar Jahren.

Am Abend desselben Tages traf ich mich mit meinem Vetter Roland Matthies, der leider nicht viel Zeit für mich hatte, da er gerade für die Abschlussprüfung seiner Banklehre büffeln musste. Außer einer Tour nach Helgoland hatten wir wenig gemeinsam unternommen. Diesen Ausflug hätten wir uns aber sparen können. Wegen des ständigen Regens auf der Hin- und Rückfahrt verbrachten wir die meiste Zeit im Schiffsaufenthaltsraum, um dann nur einmal um die Insel zu laufen. Beim nächsten Treffen lud ich ihn in die Reichshof-Kantine ein, wo er mir bestätigte, dass das Essen wirklich grauenvoll sei. Deshalb versprach er, mich in ein Lokal mitzunehmen, in dem es eine preiswerte, aber schmackhafte Hühnerterrine gab. So unterhielten wir uns im von ihm gelobten Lokal, während wir die köstliche Terrine löffelten, und ich berichtete ihm von dem Umschlag, den mir die Ausländerbehörde mitgegeben hatte, und dass man in Deutschland selbst Schiet per Post verschickt. „Kenn ich!", sagte er. „Ich musste sogar Porto nachzahlen!" „Wieso das denn? Die Umschläge sind doch frankiert?", fragte ich.

Er erzählte mir dann, dass er die Röhre mit dem kleinen Löffel bis oben hin gefüllt habe, statt nur etwas mit der Löffelspitze zu entnehmen. Ich musste lachen und beruhigte mich nur, weil ich von der leckeren Terrine nichts übrig lassen wollte. Einige Tage später nahmen wir Abschied voneinander, er hatte seine Lehre beendet und wollte noch etwas durch Europa reisen, um dann sein Jurastudium in Venezuela zu beginnen.

Eines Nachmittags rief mich überraschenderweise mein Vetter Klaus Humann an, den ich seit dem Besuch bei seiner Mutter Hildegard Friederichsen und ihrem Mann Paul Humann nicht wiedergesehen hatte. Er fragte mich, ob ich Lust hätte, mit ihm ein Musical zu sehen. Er würde sich um die Eintrittskarten bemühen und mir dann Bescheid geben, für welchen Abend er sie bekommen hatte.

Er rief auch bald wieder an, und wie verabredet lief ich an dem von ihm genannten Abend zum Besenbinderhof, wo die Aufführung stattfinden sollte. Als ich dort ankam, war ich mir nicht sicher, ob ich Klaus auch richtig verstanden hatte. Vor dem Eingang befand sich eine riesige Menge, auffallend langhaarige Jugendliche, die mir, wenn sie keinen Parka trugen, wie ein Haufen verkleideter Zigeuner vorkamen. Als ich mich näherte, starrten sie mich an, als wäre ich der Mann vom Mond. Ich wollte schon wieder verschwinden, als Klaus, der sich mit seinem Parka und vollem, dunklem Lockenkopf kaum von den anderen unterschied, lachend auf mich zukam. Er behauptete, dass er sich Sorgen gemacht hatte, ob er mich in dem Gewühl wiedererkennen würde, aber mit meinem kurzen, gescheitelten Haar und dem Columbo-Mantel wäre es ja nicht allzu schwer gewesen.

Das Musical selbst wetterte gegen den Krieg in Vietnam, forderte freie Liebe und die Missachtung der bürgerlichen Konventionen. Ich spürte keinerlei Drang, mich der Hippie-Bewegung anzuschließen, wie es offenbar die Mehrheit des Publikums schon getan oder vorhatte. Dazu war ich mit mir selbst und meinem Leben zu zufrieden, aber ich konnte mir vorstellen, dass viele von ihnen aus ihrem langweiligen, biederen Elternhaus und dessen konservativer Weltanschauung ausbrechen wollten.

Schon am nächsten Tag sollte ich dann eine andere Variante von Protest gegen die etablierten Konventionen erleben. Als ich gerade das Hotel verließ, sah ich eine Masse von Menschen, viele in meinem Alter, auf mich zukommen, die immer wieder „Nieder mit dem Schah!" riefen. Da ich nichts Besseres zu tun hatte, schloss ich mich der Kundgebung an. Diese Zeitgenossen waren aber nicht wie die vom Vorabend, die einen auf „Love and Peace" machten, sondern sie waren wütender. So lief ich mit und schaute mir den Trubel an. Ich fragte mich, wer oder was der Schah wohl sein mochte, mit dem sie so unzufrieden waren. Plötzlich aber, als wir uns schon dem Rathaus näherten, geriet alles durcheinander. Erst reichlich spät merkte ich, dass ein Polizeitrupp die Menge sprengte und blindlings auf sie einschlug. Obwohl ich seit unseren Streichen in La Florida gelernt hatte, dass man schnell verschwinden muss, wenn die Polizei im Anmarsch ist, dachte ich mir, mein biederes Aussehen und der Columbo-Mantel müsste denen klarmachen, dass ich nicht zu der grölenden Masse gehörte. Doch kaum zu Ende gedacht, sauste schon ein Schlagstock schmerzhaft auf meine Schulter nieder. Nach der Kundgebung gegen den Schah erfuhr ich auch, dass dieser ein Diktator war und Persien wie sein persönliches Reich mit ziemlich faschistischen Methoden regierte.

Beide Ereignisse waren eine Art Taufe und brachten meine bisherige Weltanschauung ins Wanken. Ich hatte das Gefühl, dass sich etwas Grundsätzliches auf der Welt veränderte. Erst diejenigen, die das Zeitalter im Zeichen des Wassermanns einläuteten, dann die von der Polizei Geprügelten, weil sie gegen den Schah protestierten. Meine Lehre bei Rowohlt sollte dann den Bruch mit meinen bisherigen Einstellungen vollenden. *It was the dawning of the age of Aquarius*, es waren die sechziger Jahre, die Fay Weldon in ihrem Roman *Herzenswünsche* treffend beschreibt: *Als alle alles wollten und dachten, sie könnten es kriegen, ja und hätten sogar ein* Recht *darauf. Ehe und Freiheit. Sex ohne Babys. Revolution ohne Armut. Karrieren ohne Selbstsucht. Kunst ohne Anstrengung. Wissen ohne Auswendiglernen. Mit anderen Worten: Mahlzeit ohne Abwasch. „Why don't we do it in the road?", schrien sie. Ja warum eigentlich nicht.*

Ernst Rowohlt, Verleger 1887–1960.

III

*Kein Autor wird dich im Wesen richtig
erkennen. Entweder bist du für sie ein pfiffiger
Kaufmann oder ein freundlicher Mäzen; du bist
aber keins von beiden. Du hast den blödesten
Beruf der Welt ergriffen.*

Ernst Rowohlt

Als Auftakt zu meinem ersten Tag als Lehrling kam ich zu spät. Ich wurde von der Empfangsdame aufgeregt empfangen. Sie teilte mir mit, dass Herr Varrelmann, Geschäftsführer der Vertriebsabteilung und zuständig für die Lehrlinge des Hauses, schon ein paarmal nach mir gefragt habe. Sie erklärte mir rasch den Weg zu ihm, und ich wandelte gemütlich über einen Gang, der die zwei Bauten des Verlagshauses verbindet. An dessen Ende erwartete mich ein zappelnder, erregt stotternder Mann, der mir als Erstes vorwarf, eine halbe Stunde zu spät gekommen zu sein. Ich fand, ich sei ihm eigentlich keine Antwort schuldig, aber um ihn etwas zu beruhigen, erklärte ich ihm, dass die Bahnfahrt von Hamburg nach Reinbek 25 Minuten dauere, und wenn man die zu meiner Arbeitszeit rechne, sei ich ziemlich pünktlich.

Er sah mich verblüfft an, stotterte noch aufgeregter los, sodass ich kaum etwas verstand, drehte sich dann abrupt um und befahl mir, ihm zu folgen. Er führte mich in ein Büro, wo er mir sagte, ich solle die Kartons, die dort gestapelt waren, in ein Büro am anderen Ende des Flurs tragen. Ich schaute ihn mir nun etwas genauer an. Er war so Ende vierzig, etwa gleich groß wie ich, hatte blondes, schütteres Haar und eine Stupsnase. Ich fand, wenn es unbedingt sein müsste, könnte er seine Kartons gut selber tragen, deshalb sagte ich zu ihm: „Warum sollte ich? Die kannst du genauso gut selber tragen! Mich erwartet nämlich der Geschäftsführer Horst Varrelmann!"

Schiet, das war wohl nichts! Denn der sich nicht wieder einkriegende Herr erklärte, er sei Horst Varrelmann! Schnell drängte ich mich an ihm vorbei, ergriff zwei der Kartons und fragte ihn freundschaftlich, als ob nichts passiert wäre: „Wohin damit?"

„Bringen Sie die zu Frau Menzel", antwortete er, und zeigte ziemlich ermattet mit der Hand in die Richtung. Da am Ende des Flurs eine Tür offen stand und es offensichtlich war, dass hier ein Umzug im Gange war, fragte ich eine freundlich und gut aussehende junge Frau, die wohl die gemeinte Frau Menzel war, wo ich die Kartons von Horst abstellen solle.

„Ach, Sie sind Herr Todtmann? Nett, dass Sie gleich mit anpacken, da freut sich Herr Varrelmann bestimmt." Was ich natürlich nicht annahm. Als ich zurückging, winkte er mir nur müde zu und sagte, ich solle ihm folgen. So lief ich hinter ihm in ein Großraumbüro, wo er mich bei Frau Almers vorstellte, einer großen, rothaarigen, mütterlich aussehenden Frau. Er sagte, ich solle mich setzen, und bat Frau Almers um ein Gespräch, worauf beide den Raum verließen.

In dem Großraum saßen an die sechs Frauen an ihren Schreibtischen. Seit meinem Erscheinen herrschte absolute Ruhe. Alle taten so, als ob sie schwer beschäftigt wären. Aber da kam auch schon Frau Almers wieder, schaute mich eine Weile an und stellte seufzend fest: „Da haben Sie aber keinen tollen Anfang hinbekommen. Wollen mal sehen, wie wir das wieder ausbügeln können." Dann wandte sie sich an die anderen Damen im Raum und sagte: „Dies ist Herr Todtmann, der Sohn von Oscar Todtmann, unserem Kunden aus Venezuela. Er wird die nächsten sechs Monate in unserer Abteilung bleiben."

Ich erschrak und dachte: Sechs Monate in diesem Raum verbringen! Höchstens ein paar Tage schaue ich mir das hier an! Aber meine Gedanken wurden von Frau Almers unterbrochen, die nun anfing, mir die verschiedenen Fettnäpfchen zu erläutern, in die ich getreten war. Als Erstes erklärte sie mir, dass Herr Varrelmann just heute seine Position als neuer Geschäftsführer der Vertriebsabteilung antrat und deswegen etwas aufgeregt sei. Der frühere Geschäftsführer Hintermeier sei in den Vorstand befördert worden. Dass diese Veränderung auf die Luftballonaffäre zurückzuführen war, erzählte sie nicht. Sie klärte mich dann über die Arbeitszeiten auf und betonte, dass ich nicht unentschuldigt zu spät kommen dürfe und die Anfahrt nicht als Arbeitszeit galt. Des Weiteren, dass man sich in Deutschland, anders als in Amerika, siezt. Als Faustregel gelte: Man startet immer mit der höflichen Sie-Form. Falls eine höhergestellte Person, wie ein Lehrer, Chef oder älterer Kollege, dann das Du anbietet, so geht man dazu über, sich gegenseitig zu duzen. Aber Vorsicht: Manchmal möchten Respektspersonen andere duzen, aber nicht selbst geduzt werden. Hier wartet man am besten ab, bis man noch einmal ausdrücklich das Du angeboten bekommt. Eigentlich, dachte ich mir, ist es in Venezuela auch nicht viel anders, nur dass man es nicht so genau nimmt und sich deswegen nicht gleich aufregt. Sie ging mit mir dann von Schreibtisch zu Schreibtisch und stellte mir die anderen Damen und deren Aufgabenbereich vor. Schlussendlich fragte sie mich, ob ich Schreibmaschine schreiben könne. Als ich dies bejahte, setzte sie mich an einen Schreibtisch, gab mir eine Menge Rechnungen, dazu einen Packen Briefumschläge und bat mich, diese mit den Rechnungsanschriften zu adressieren. Ich machte mich an die Arbeit, aber schon nach einigen Minuten trieb ihr geschultes Gehör sie wieder an meinen Schreibtisch. Geduldig fragte sie mich, ob ich schon mal Adressen geschrieben hätte. Ich fand die Frage total abwegig, aber gleich darauf erklärte sie: Erste Zeile: die Anrede, dann eine zweite mit dem Namen der Person, in der nächsten Zeile der Name der Buchhandlung, darunter die Straße und in der letzten Zeile die Postleitzahl mit dem Ortsnamen. Ich hatte das alles in zwei Zeilen erledigt. So machte ich nun weiter wie befohlen und verstand, was Harry mit seinem Kommentar über die Deutschen und ihre DIN-Normen meinte.

Die Zeit, die ich in dieser Abteilung verbrachte, war dank der netten Kolleginnen erträglich, und Mutter Almers, wie wir Lehrlinge sie in ihrer Abwesenheit nannten, hatte eine Engelsgeduld mit mir. Die Arbeiten, die ich verrichten musste, waren stumpfsinnig und ich verbrachte Stunden damit, Rechnungen abzulegen, Botengänge zu erledigen, Umschläge zu tippen und von den Buchhandlungen zurückgeschickte Bücher zu sortieren. Ich musste diejenigen mit Herstellungsfehlern durch neue aus dem Handlager ersetzen, um sie dann für den Versand an die Buchhandlungen DIN-Norm-gemäß zu verpacken. Das Packen Postnorm-konformer Pakete hatte ich während der zwei Wochen in der Postabteilung bei Herrn Feist gelernt, mit dem ich mich gut verstanden hatte.

Des Öfteren sollte ich während der Mittagspause die Empfangsdame vertreten und die Telefonzentrale bedienen. Hier befand sich auch die Rohrpostzentrale. Man musste die empfangenen Schreiben in eine **Tel**eprinter **ex**change, zu Deutsch Fernschreibmaschine, eintippen. Wenn die zu versendenden Nachrichten länger waren, wurde, um Telefongebühren zu sparen, der Text vorher auf einen dünnen gelben Streifen getippt, und mit diesem nun gelöcherten Band wurde der Apparat gefüttert. Das Ganze galt damals als der letzte Schrei der Technologie. Manchmal, wenn das Rattern der Telex-Maschine, das Piepsen der Telefonanlage, das Pupsen der Rohrpost mir zu viel wurde, zog ich den Hauptstecker der Anlage raus und dann war Ruhe im Karton! Bald brauchte ich diesen Dienst auch nicht mehr zu machen.

Einmal, als ihnen nichts mehr einfiel, beorderten sie mich in einen kleinen Raum, in dem sich das Ersatzlager für Buchumschläge befand. Sie baten mich, von diesen eine Inventur anzufertigen. Bei der Herstellung der gebundenen Bücher wurden immer zusätzliche Umschläge gedruckt, mit denen man die von den Buchhandlungen zurückgeschickten Bücher, deren Umschläge beschädigt wurden, ausbessern konnte. Mir war klar, dass es sich um eine reine Beschäftigungstherapie handelte, um mich für mindestens eine Woche loszuwerden. Da ich die Aberhunderte von Umschlägen nicht einzeln zählen wollte, holte ich mir eine Briefwaage, zählte und wog jeweils zehn Umschläge und dann den ganzen Stapel, teilte die Ergebnisse und trug diese Menge in eine Inventurliste ein. So war ich bald fertig und verbrachte den restlichen Tag damit, die Umschläge ausgiebiger zu studieren sowie deren Klappentexte zu lesen, und hatte dadurch ein ziemlich gutes Bild vom Verlagsprogramm. Da man davon ausging, mich mehrere Tage mit ewigem Zählen beschäftigt zu haben, meldete ich am nächsten Tag nicht, dass ich die Arbeit erledigt hatte. So verbrachte ich ein paar nette Tage mit *dolce far niente* und Wanderungen in der Umgebung.

Etwas Spannung im Arbeitsalltag entstand während der Vertreterkonferenzen. Im Vertrieb herrschte dann heller Aufruhr. Ich wurde dazu abkommandiert, in einem Großraum Mappen, Wasser, Kekse und Knabberei hübsch auf einem riesigen Tisch anzuordnen, und da der sonst anwesende Kellner krank war, sollte ich bei Beginn der Konferenz den Kaffee oder Tee servieren. Langsam füllte sich der Raum mit den Geschäftsführern der Abteilungen, den Lektoren und den Vertretern, deren Aufgabe es war, die Buchhandlungen zu besuchen, um die Bücher des Verlages zu verkaufen. Als Heinrich Maria Ledig-Rowohlt erschien, nahmen alle Platz und die Lektoren stellten den Vertretern das Herbstprogramm vor. Ich hatte mir eine Serviette hübsch über meinen Arm drapiert und servierte nun Kaffee und Tee, um mich danach unauffällig in eine Ecke zu stellen. Einige der am Tisch Sitzenden sollte ich während meiner Lehrzeit besser kennenlernen. Da war der Lektor Klaus Juncker vom Theater Verlag, bei dem ich ungefähr so viel Erfolg hatte wie bei Varrelmann. Als er bei meinem Vorstellungsgespräch ewig aus seiner Zeit mit Gustav Gründgens schwärmte, konnte ich zu seiner Empörung mit dem Namen des großen Mephisto-Darstellers nichts anfangen. Doch sollte die Zeit in seiner Abteilung lehrreich sein. Besonders interessierten mich die Lizenzverhandlungen mit den Theatern für die von ihm verlegten Autoren wie Václav Havel, Rolf Hochhuth, Alan Ayckbourn, Harold Pinter und James Baldwin. Pfeife schmauchend und mit dem Aussehen eines Südamerikaners war auch Freimut Duwe vom neu gegründeten Aktuell-Lektorat mit dabei, ein ziemlich von sich selbst eingenommener Typ, mit dem ich während der Zeit in seinem Lektorat auch nicht viel Freude hatte. Neu für den Verlag war auch das Sachbuchlektorat, das Hermann Gieselbusch leitete: *Theorie und Praxis der antiautoritären Erziehung. Das Beispiel Summerhill* von A.S. Neill, *Das Peter-Prinzip* von Laurence Peter und Raymond Hull, welches zu den Klassikern der nordamerikanischen Managementliteratur zählt, und James D. Watsons *Die Doppelhelix* über die Entdeckung der DNA-Struktur – das waren einige Bestseller aus seinem Programmbereich. Dann saß da noch Richard Flesch, der die Kriminalromanreihe herausgab, darunter Autoren wie Janwillem van de Wetering, Harry Kemelman, Chester Himes, Hansjörg Martin und das bekannte Autorenpaar Maj Sjöwall und Per Wahlöö. Flesch, ein gedrungener, humorvoller

Mann, sah im Diogenes Verlag sein Vorbild und seinen Konkurrenten und beneidete dessen Kriminalromanreihe. Während meiner Zeit in seinem Lektorat ersuchte er mich, die bei Diogenes erschienenen Autoren zu lesen, die für ihn zu den besten der Kriminalliteratur zählten. Dank ihm las ich Ross Macdonald, Dashiell Hammett, Raymond Chandler, Friedrich Dürrenmatt, Eric Ambler, Georges Simenon und die Königin des Genres Patricia Highsmith.

Zum ersten Mal, seit ich meine Lehre angetreten hatte, sah ich auch Edgar Friederichsen wieder, der Pfeife schmauchend freundlich in die Runde lächelte und nur wenig, aber auf seine angenehme Art zu den Leuten sprach, sich jedoch aus hitzig werdenden Diskussionen raushielt. Erst gegen Ende der Lehrzeit sollte ich einen engeren Kontakt zu Edgar Friederichsen knüpfen, der dann auch zum Mentor meiner beruflichen Laufbahn wurde.

Während ich unauffällig in meiner Ecke stand und den Gesprächen am Tisch folgte, bekam ich ziemlich bald mit, dass die Vertreter eine unheimliche Macht besaßen. Schließlich mussten sie das vom Lektorat entschiedene Buch an die Buchhandlungen verkaufen. Es kam zu intensiven Auseinandersetzungen. Bei einigen Titeln wünschten sie sich eine höhere Auflage, andere Titel machten sie fertig, indem sie behaupteten, sie seien unverkäuflich. So ging es bei den Diskussionen des Rowohlt-Buchprogramms um Simone de Beauvoirs *Eine gebrochene Frau*, John Updikes *Ehepaare*, Henry Millers *Stille Tage in Clichy*, Vladimir Nabokovs *Fahles Feuer*, Hubert Selbys *Letzte Ausfahrt Brooklyn*, Susan Sontags *Kunst und Antikunst* und zu meinem Erstaunen auch um einen Titel von Ernesto Guevara: *Aufzeichnungen aus dem kubanischen Befreiungskrieg*. Als einer der Vertreter, der, wie ich später feststellte, der Hauptvertreter des Verlages war, meinte, dass da so allerhand Schwerverkäufliches vorgestellt wurde, konterte einer der Lektoren, man könne ihm zuliebe ja nicht immer nur Albernheiten wie Eric Malpass' *Morgens um sieben ist die Welt noch in Ordnung* bringen. Das Buch hatte sich über einhunderttausend Mal verkauft. Der Lektor argumentierte, man habe als Verlag schließlich ebenso eine kulturelle Aufgabe, und schon entspann sich die ewige Diskussion des Buchgewerbes, wobei die einen dem griechischen Gott Hermes, die anderen mehr Apoll zugeneigt waren. Man muss zwar einerseits gut wirtschaften, aber andererseits auch der kulturellen Bestimmung eines Buchhändlers bzw. Verlages nachkommen. Als dann der Titel von Malpass nochmals erwähnt wurde, rief jemand dazwischen: „Ja, die Jungs von der APO [4] stehen ja vor neun Uhr morgens nicht auf!", und sorgte für ein paar Lacher. Bald bemerkte ich, dass die Anwesenden in zwei Lager gespalten waren, von denen die einen mehr eine linksintellektuelle Ansicht, die anderen wiederum mehr den wirtschaftlichen Aspekt vertraten, und so kam es zu heftigen Auseinandersetzungen.

[4] Außerparlamentarische Opposition

Während der ganzen Konferenz sagte der Verleger Heinrich Maria Ledig-Rowohlt wenig, doch gegen Ende des Treffens räusperte er sich, schaute von seinen Notizen hoch, und als er in die Runde blickte, sah er auch mich. Mit seinem freundlichen, aber starken Blick unter buschigen Augenbrauen fragte er: „Was machen Sie eigentlich hier?"

Alle Anwesenden blickten mich plötzlich erstaunt an. Ich antwortete, dass ich für den Kaffee und den Tee zuständig sei und ob er noch etwas wünsche, worauf er nur knapp sagte: „Bitte warten Sie draußen, wir werden Sie rufen lassen, falls wir noch etwas brauchen!"

Nun sollte ich das Spannendste verpassen und fragte mich, wie Heinrich Maria Ledig-Rowohlt wohl alle Anwesenden und ihre Argumente unter einen Hut bringen würde. Später ermahnte mich Mutter Almers, dass ich nichts von dem, was ich bei der Vertretersitzung mitbekommen hatte, verbreiten dürfe, und wegen meiner unerlaubten Anwesenheit habe es ziemliche Aufregung gegeben.

Ich sollte Heinrich Maria Ledig-Rowohlt während meiner gesamten Lehrzeit nur noch einmal richtig erleben. Es traf sich, dass ich etwas spät Feierabend machte, da ich eine dringende Arbeit am nächsten Morgen abliefern sollte. Als ich nun am frühen Abend durch die Flure zum Haupteingang lief, öffnete sich plötzlich die Tür zu Ledig-Rowohlts Büro, und er persönlich stellte sich mir in den Weg. Er fragte mich, wo denn alle geblieben wären. Obwohl ich nie eine Uhr getragen habe,

*Heinrich Maria Ledig-Rowohlt stellt seinem Vater Ernst Rowohlt die ersten von ihm entwickelten Taschenbücher vor, die erfolgreichen **ro**wohlt**ro**tations**ro**mane.*

schaute ich verlegen auf mein Handgelenk und meinte, es sei schon seit Längerem Feierabend. Verblüfft sah er mich an, fragte, wer ich denn sei, und ich antwortete etwas töricht: „Lehrling Todtmann, zu Ihren Diensten." Da nahm er mich beim Arm, wiederholte ein paarmal meinen Namen, mit dem er aber offensichtlich nichts anfangen konnte, und führte mich in sein Büro.

Es bestand aus einem geräumigen Vorzimmer, neben dem sich ein deutlich größerer Raum befand. Dieser war teilweise wie ein Wohnzimmer eingerichtet, obwohl darin ein riesiger Schreibtisch stand. Die Regale in beiden Räumen waren voll mit Büchern, auch auf dem Boden, ja eigentlich überall lagen Bücher und Manuskripte herum. In der Mitte des großen Zimmers war eine riesige, mit Zigaretten- und Zigarrenstummeln gefüllte Messingschüssel in einen Couchtisch eingelassen. Mir fielen die vielen Brandflecken auf dessen Holz und bald darauf auch auf den Regalen, Schreibtischen und jeglicher waagerechten Fläche auf. Sie stammten von seiner ketterauchenden, legendären Sekretärin, die alle nur BB nannten und die er selbst als seine „linke, rechte und mittlere Hand" bezeichnete. Er bat mich, neben ihm an einem Tisch Platz zu nehmen, auf dem neben mehreren länglichen Bogen Papier eine Wachsmaschine stand. Er fragte mich, ob ich mit der Maschine umgehen könne, irgendwie würde sie nicht anspringen, und er drückte dabei mehrmals energisch auf den Startknopf. Ich besah mir den Apparat, nahm dann den Stecker und steckte ihn in die Steckdose. Langsam wurde der Apparat warm und die Zylinder begannen sich zu drehen. Er schaute mich strahlend an, als hätte ich, einem Thomas Alva Edison gleich, den Strom erfunden, und sagte: „Nun können wir uns ja an die Arbeit machen!"

Zu meiner Verblüffung zeigte er mir Abzüge für ein Buch von Raymond Peynet[5] mit dessen lyrischen Zeichnungen eines verliebten Paares. Ich wusste auch sofort, was er vorhatte. Die letzte Ausgabe des Buches von Peynet war noch im Bleisatzverfahren hergestellt worden, und davon hatte man nun Abzüge gemacht, um damit eine fotomechanische Vorlage für den Offsetdruck herzustellen. Dazu musste man die Abzüge zurechtschneiden, sie durch die Wachsmaschine laufen lassen und dann mit dem

[5] Peynet war ein französischer Graphiker, der in den fünfziger Jahren mit seinen Zeichnungen Ruhm erlangte.

noch warmen Wachs gerade und genau auf einen Karton in der gewählten Seitengröße aufkleben.

Ich kam aus dem Staunen nicht heraus. Hier saß ich mit einem der wichtigsten deutschen Verleger, der mit den großen französischen und spanischen Verlegern Claude Gallimard und Carlos Barral befreundet war, und sollte ihm bei einem so albernen Buch helfen. Da er ein sehr feinfühliger Mensch war, bemerkte er sofort meine Verwunderung darüber, dass er sich mit dieser Arbeit abgab, und sagte: „Sie finden bestimmt, dass es Wichtigeres als den lieben Peynet gibt, aber ich mag ihn, und da niemand im Verlag es machen will, mache ich es eben!" Und darauf sagte er folgenden Satz, den ich nie vergessen habe: „Und wenn wir nun schon mal dabei sind, wollen wir uns Mühe geben und es gut machen!"

Daraufhin machte ich mich mit ihm ernsthaft an die Arbeit.

Er komponierte mit viel Gefühl die Reihenfolge, und ich klebte vorsichtig die Abzüge auf die dafür vorgesehenen Unterlagen. Jahre später las ich diesen Ausspruch von Henry Miller über ihn und kann ihn nur bestätigen: „Prince Henry of Reinbek [so bezeichnete er Heinrich Maria Ledig-Rowohlt] is a beautiful man, a tender soul, and understanding heart." Während meiner Lehre sollte ich dann auch noch andere persönliche Aufträge für ihn erfüllen, die mir seine Sekretärin BB immer brieflich übermittelte. Unter anderem sollte ich seinen jüngeren Auslandsgästen Hamburg zeigen und sie zum Essen ausführen. Großzügige Spesen und auch ein kleines Honorar dafür bekam ich dann immer von BB, die mir mitteilte, dass die von mir Ausgeführten sich voll des Lobes über mich bei ihrem Chef bedankt hätten.

Aber noch saß ich im Großraum der Vertriebsabteilung, wo ich die alltäglichen Regeln der Arbeitswelt erlernte und mich in die unterste Stufe der Verlagshierarchie einzufügen hatte. Hauptsächlich erledigte ich weiterhin einfache und stumpfsinnige Arbeiten und träumte dabei von Haziendas, wo ich der große Chef wäre.

Eine Abwechslung im Vertriebsalltag war Werner Zech, der für die Promotion von besonderen Titeln zuständig war. Obwohl der Verlag auch eine Werbeabteilung hatte, bestand die Öffentlichkeitsarbeit von Werner darin, dass sie sich direkt und nur an die Buchhändler wendete. Er war der erste Homosexuelle, den ich kennenlernte, der es auch offen zeigte und damit kein Problem hatte. In gewisser Weise waren wir beide Außenseiter. Er wegen seiner Homosexualität, die damals noch oft auf Intoleranz stieß – die sexuelle Revolution hatte in jenen Jahren gerade erst ihren Anfang genommen–, und ich, weil ich mich in den Sitten Deutschlands nicht gut auskannte und ständig in Fettnäpfchen trat. So nahm er mich unter seine Fittiche, und ich sollte einiges bei ihm erlernen, was sich heute *Direct Marketing* nennt. Ihm bei der Arbeit zu helfen war obendrein nicht so langweilig wie alles andere bisher, und es entstand eine Freundschaft, die bis zu seinem Tod halten sollte. Er war scharfsinnig, intelligent und belesen, außerdem ein starker Raucher und Liebhaber von Gin-Tonic. Überdies erfuhr er immer den neuesten Verlagsklatsch, und die Damen im Vertriebsgroßraum bekamen nie genug davon, wenn er ihnen mit seinem skurrilen Humor und meckernden Lachen diesen erzählte.

Eines Nachmittags teilte mir Frau Almers mit, dass ich ab dem ersten Oktober zweimal in der Woche die Berufsschule besuchen müsse. Sie meinte, ich könnte an diesen Tagen etwas länger im Bett bleiben, da die Schule nur einige Minuten vom Reichshof am Holzdamm gleich neben dem Hotel Atlantik liege. Dennoch schaffte ich es, auch am ersten Schultag zu spät aufzubrechen. Die Schule war ein alter, schmuckloser Bau und ich fand keine einzige Menschenseele, die mir Aufschluss darüber geben konnte, in welches der vielen Klassenzimmer ich eintreten sollte. Endlich fand ich jemanden, der mir weiterhalf, doch als ich dann durch das Türfenster in den Raum blickte, in dem sich nur weibliche Schüler befanden, nahm ich an, dass es sich um eine Berufsausbildung für Frauen handeln müsste. Nach einigem Zögern öffnete ich die Tür, wünschte den Anwesenden einen guten Morgen und fragte, ob ich hier richtig sei. Über zwanzig Mädchen starrten mich an. Der Lehrer mit Hamstergesicht und dazu passender Fliege am Hals meinte nur, ich müsse wohl Herr Todtmann sein, der nun etwas Zeit gefunden hätte, sie mit einem Besuch zu beehren. Ich könne mich, wenn es keine Umstände mache, auf einem der freien Stühle niederlassen, um an seinem Unterricht der Betriebswirtschaft teilzunehmen. Zu meiner Verblüffng meinte er dann auch noch ernsthaft, dass der Buchhandel ein Männerberuf sei. Als ich mich im Klassenzimmer umschaute, entdeckte ich tatsächlich noch einen anderen Jungen außer mir.

An diesem Tag und den folgenden Tagen war es nicht leicht für mich, mit dem Unterricht aufzuschließen, da er schon seit einem halben Jahr angefangen hatte. Mir hatte man meinen Highschool-Abschluss als Abitur angerechnet und somit brauchte ich nur eine zweijährige Lehrzeit zu absolvieren, während es für die anderen Schüler, ohne Abitur, drei Jahre waren. Sie hatten deshalb schon länger am Unterricht teilgenommen. Dennoch bemerkte ich schnell, dass die Fächer nicht allzu schwer waren. Das Fach Kaufmännisches Rechnen war, wenn man Dreisatz, Prozentrechnen und weitere elementare Kenntnisse der Arithmetik mitbrachte, ziemlich simpel. Buchhaltung hatte ich an der Highschool schon zur Genüge, so brauchte ich nur die deutschen Begriffe zu erlernen, und der langweilige Lehrer versetzte mich in erholsame Tagträume. Bei Wissenschaftskunde mit Frau Klose musste man schon etwas achtgeben, da sie ihren Unterricht ziemlich genau nahm. Am interessantesten, und dem widmete ich meine ganze Aufmerksamkeit, war der Unterricht des Literatur-Lehrers. Er gehörte dem linken politischen Lager an, aber nur so weit, dass man ihn deswegen nicht vom Schuldienst suspendierte, was linksgerichteten Lehrkräften damals oft passierte. Dann war da noch der schon erwähnte Lehrer mit dem Hamstergesicht und der Fliege am Kragen, der nach jedem zweiten oder dritten Satz ein drolliges Fiepen von sich gab und einen zum Verschlafen seiner Unterweisung in Buchhaltung und Betriebswirtschaft einlud.

Der Kunstlehrer hatte im letzten Stock eine Art Atelier und gab Schriftunterricht, doch war er ein unbegabter Pädagoge in der Vermittlung der Kalligraphie, sodass man nur unzulänglich das Zeichnen von Schriften erlernte. Hätte ich diese Fertigkeit erlangt, wäre mir in Zukunft beim Gestalten meiner Bücher das Gefummel mit dem kostspieligen *Letraset* erspart geblieben, wobei seit Ende der Achtziger die von dieser Firma vertriebenen Seiten mit Anreibe-Buchstaben durch das Aufkommen des Computers der Vergangenheit angehören.

Nun geschah mir während der ersten Minuten des Kunstunterrichts ein Malheur, welches für mich lebenslange Konsequenzen haben sollte. Ich setzte mich an einen der altmodischen Schreibtische und entnahm einen Behälter aus der dafür vorgesehenen Vertiefung. Als ich ihn näher betrachten wollte und leicht schräg hielt, floss schwarze Flüssigkeit heraus. Während ich umgeben vom Gekicher meiner Kommilitoninnen mit Schrecken den See schwarzer Tinte auf meinem Pult betrachtete, drehte sich die vor mir sitzende Schülerin um, besah sich meine missliche Lage und reichte mir ein Paket Tempotaschentücher, mit denen ich das Gröbste aufwischen konnte. Ihren Gesichtsausdruck und wie sie mir patent aus der Patsche half, sollte ich nicht wieder vergessen.

Während der anderen Unterrichtsstunden saß sie einige Reihen schräg hinter mir. Ich versuchte nun des Öfteren, so meinte ich, unauffällig zu ihr hinzuschauen. Sie gefiel mir mit ihrem langen blonden Haar, ihrem ehrlichen, offenen Gesicht, in dem keine Spur von Schminke zu erkennen war. Bald suchte ich während der Tage, die wir in der Schule verbrachten, Kontakt zu ihr.

Helga erzählte mir, sie lerne in einer kleinen Buchhandlung nahe der Steinstraße in der Stadtmitte und wohne in Schwarzenbek, „nur" 45 Minuten Bahnfahrt von Hamburg entfernt. In unserem ersten Gespräch fragte sie mich gleich, wo ich eigentlich herkäme, und als ich ihr erzählte, aus Venezuela, schaute sie mich verblüfft an. Daraufhin sagte sie mir, so wie ich angezogen war (sie meinte wohl meinen schicken Columbo-Mantel mit Teddyfutter und meine bunten Hemden aus Venezuela) und mich ausdrückte, hätte sie angenommen, ich käme von einer Hallig. Später brachte ich in Erfahrung, dass sie jene kleinen Marschinseln im nordfriesischen Wattenmeer meinte, von deren Einwohnern die Hamburger behaupten, sie seien leicht unterbelichtet.

Obwohl sie offenbar nicht viel von meiner Erscheinung hielt – später sollte sie mir sagen, dass ich nicht poppig angezogen sei –, war sie mir gegenüber immer freundlich, und nun schaute ich des Öfteren über meine Schulter, bis ihre pickelige Nachbarin schon annahm, sie sei gemeint.

Ich erfuhr auch, dass sie erst später als ich Feierabend hatte. So besuchte ich eines späten Nachmittags den Buchladen, in dem sie lernte. Dort konnte ich sie durchs Schaufenster beobachten. Ich sah zu, wie sie mit durchsichtigen Strumpfhosen und kurzem Kleid – speziell habe ich ein rotes Kleid in Erinnerung – im Laden arbeitete, den wohl die alte Hexe, die ich darin auch erblicken konnte, führte. Endlich kam sie gut eine halbe Stunde nach Feierabend im dunklen Mantel aus dem Laden, begrüßte mich überrascht, aber als ich sie einlud, noch irgendwo etwas zu trinken, meinte sie, sie müsse den nächsten Zug erreichen. So blieb mir nichts anderes übrig, als sie zum Hauptbahnhof zu begleiten. Auf einer Bank am Bahnsteig sitzend, endete unsere kurze Unterhaltung, als ihr Zug einfuhr. Zwar keine Spesen, aber auch nichts weiter gewesen, dennoch wartete ich noch ein paarmal frierend vor dem Laden und versuchte sie einzuladen, doch stimmt wohl der dumme Spruch aus Venezuela: „Jedes Mal, wenn das Gleiche geschieht, passiert auch dasselbe."

Um meiner Langeweile und Einsamkeit nach Feierabend zu entkommen, rief ich eines Abends Harry an, den jungen Mann aus Maracay, den ich zuletzt mit einem schmucken Mädchen am U-Bahn-Ausgang getroffen hatte, als ich meinen Vater im Krankenhaus besuchen wollte. Nach etwas fremdelndem „Wie geht's, wie steht's" fragte er mich, ob ich Billard spiele, und meinte, wir könnten uns am Hauptbahnhof treffen und die U-Bahn zur Reeperbahn nehmen, wo es einen annehmbaren Billardsaal gebe. Dieser befand sich im zweiten Stock eines Gebäudes neben dem Operettenhaus, gleich am Anfang der Reeperbahn. Dort wurde hauptsächlich Karambolage-Billard gespielt, doch waren die Tische um einiges größer als bei uns und man spielte mit vier statt mit drei Kugeln. Harry meinte, bevor wir uns mit den anwesenden Zigeunern und Zuhältern auf Wetten einließen, sollten wir erst mal ein paar Partien alleine spielen, um zu beurteilen, wie gut ich sei, da er nur ungern Geld verliere. Mir war es nur recht. Die Wette lautete, dass der Verlierer einer Runde das Bier und die Tischmiete zahlen musste, und nachdem wir ein paar Partien gespielt hatten und unsere Unterhaltung uns einander näher brachte, zahlte ich die vier Runden Bier und die Tischmiete.

Danach machte Harry einen auf Reiseleiter und wir bummelten die ganze Reeperbahn entlang und gingen auch durch die Herbertstraße mit den kleinen Wohnungen, aus deren Fenstern aufgetakelte Hausmütterchen die männliche Kundschaft anmachten. Diesen ganzen Kommerz mit der Sexualität fand ich eher abstoßend als erotisch. Harry war im Grunde meiner Ansicht, meinte, dass man hier eigentlich nur ausgenommen werde und es auch nicht ganz ungefährlich sei. Wir ließen also die Reeperbahn Reeperbahn sein, doch trafen wir uns weiterhin ziemlich regelmäßig zum Billard. Wenn ich dann mein Bier etwas langsamer trank als er, gewann ich ab und zu auch mal ein Spiel.

Eines Abends jedoch sollte ich die Reeperbahn näher kennenlernen. Wie damals im hinteren Teil des Fliegers von Caracas nach Amsterdam abgemacht, besuchte mich eines Tages mein Freund Andreas, Sohn von Ernst Kettner, dem mit meinen Eltern befreundeten Tischler*. Andreas studierte in Gießen und mit ihm kam Harald Bolle, den ich auch seit unserer Konfirmation kannte. Ihn begleitete ein mir unbekannter Venezolaner. Natürlich wollten sie auf die Reeperbahn. So rief ich Harry an, und zu fünft schlenderten wir die Reeperbahn hinunter. Der Venezolaner ließ sich aber vor einem Lokal mit einem Schlepper ein, und ehe wir uns versahen, war er verschwunden. Da wir ihn schlecht alleine lassen konnten, endeten wir neben ihm an einem Tisch, und schon hatte der naive Freund eine Runde Whisky bestellt. Als Harry klarstellte, den würde er nicht bezahlen, da er ihn schließlich nicht bestellt habe, meinte der Amigo, er käme dafür auf. Bald begann auch die vom Schlepper angekündigte Show, die darin bestand, dass eine ziemlich aufgedonnerte, aus den Fugen geratene Blondine sich befingerte und sich darauf auch noch verschiedene Gegenstände einführte. Währenddessen tönte aus den Lautsprechern eine schmierige Stimme: „Ja, ja, die Flasche, ja. Geil, die hat die richtige Größe, ja, immer tiefer hinein damit! Ja, aber die ist dir nicht heiß genug, ja, ja, 'ne brennende Kerze, oh ja, die ist heiß …!"

Ich wusste nicht, was schlimmer war, die Stimme oder die gelang-weilte Blondine, die ihre traurige Show abzog. Doch der Amigo war mit offenem Mund und weit aufgerissenen Augen hin und weg. Zu unserer Verblüffung meinte er sogar, er müsste unbedingt noch mal mit seinem Vater wiederkommen. Wir anderen warteten die Show nicht bis zum Ende ab, tranken unseren miesen Whisky aus, und nachdem der Amigo bezahlt hatte und daraufhin pleite war, verließen wir das Lokal.

Als wir weiterbummelten, kam das Gespräch auf die Frage, wer von uns schon mal gebumst hatte. Bis auf Andreas taten wir alle so, als ob wir schon unsere Erfahrung hatten. Harry fragte nun Andreas, ob er um dieses Erlebnis reicher werden wollte. Wir anderen könnten ihn ja ins Eros Center begleiten und mitmachen. Der Amigo aber meinte betrübt, er wäre ja nun leider pleite und ob wir ihm Geld dafür leihen könnten. So konnte sich Harald Bolle, der sich scheute mitzumachen, rausreden, indem er anbot, ihm Geld für sein Abenteuer zu borgen. Er selbst würde darauf verzichten, denn für beide reiche sein Geld nicht. Als wir nun in den schummrigen Hof des Eros Centers kamen, wollte ich mir meine Nervosität nicht anmerken lassen und wurde mit der erstbesten Dame, die mir entgegenkam, handelseinig. Sie führte mich durch rötlich beleuchtete Flure und Treppen hoch in ein kleines fensterloses Zimmer, in dem nur ein Bett stand. Nun betrachtete ich, was ich in meiner Hast nicht getan hatte, die etwas mollige, falsche Blondine in ihrem zu engen gelben Kleid im rötlichen Schummerlicht, als sie mir auch schon befahl, mich hinzulegen, und sich neben mich setzte. Sie machte sich an meiner Hose zu schaffen und fischte bald darauf meinen uninspi-rierten Wurm hervor. Sie fummelte an ihm herum, doch ließ er sich nicht weiter beeindrucken. Ich dachte, ich könnte etwas nachhelfen, indem ich mich an ihr Kleid machte, aber sie gab mir einen Klaps auf die Hand und sagte, dass im abgemachten Preis eine Entkleidung nicht inbegriffen sei. Sie fummelte nun weiter und ich ließ es über mich ergehen, etwas musste ich ja für mein Geld bekommen. Als er endlich leidlich in Form war, stülpte sie mir ein Kondom über. In-zwischen hatte ich aber genug von dem ungemütlichen Zimmer, der unfreundlichen Dicken und meiner Anstrengung, das Ganze auch noch erregend zu finden. Ich meinte, wir könnten nun abbrechen, und war froh, als ich endlich wieder den Hof erreichte, wo Harry und Harald Bolle warteten.

Kurz darauf erschien der Amigo und verkündete ein Erlebnis, welches Welten von dem meinigen entfernt war und von dem ich daher kein Wort glaubte. Es dauerte noch eine ganze Zeit, bis Andreas freudestrahlend mit einem bildhübschen Mädchen erschien, sie noch eine Weile knutschten und sich gegenseitig ein baldiges Wiedersehen versprachen. Andreas sollte sich durch diese Erfahrung, bis er viele Jahre später heiratete, in eine Art Casanova verwandeln, vor dem kaum eine Frau sicher war. Doch darf ich in dieser Hinsicht nicht den ersten Stein schmeißen. Dennoch schwor ich mir, nie wieder ein Bordell zu besuchen, Schwur, den ich auch gehalten habe.

Harrys Eltern Anna und Friedrich, den alle Fritz nannten, waren Angehörige der deutschen Minderheit in Litauen, die nach dem Zweiten Weltkrieg größtenteils nach Westdeutschland flüchteten. Wie viele von ihnen wanderten sie mit dem Nansen-Pass nach Übersee aus. Einige fanden Zuflucht in Venezuela, so auch Harrys Eltern, seine Schwester und sein Bruder. In Venezuela angekommen, wurden sie in Maracay in einem Lager einquartiert. Sie gewöhnten sich schnell ein in ihrer neuen Heimat, die in den fünfziger Jahren unter der Diktatur von Pérez Jiménez wirtschaftlich aufblühte. Fritz fand bald Arbeit und kurz darauf erblickte Harry das Licht der Welt. In der Nähe der Stadtmitte Maracays erwarben sie ein Grundstück und konnten sich ein kleines Haus bauen, das sie mit der Zeit immer weiter ausbauten. Als die älteren Geschwister auf eigenen Füßen standen, zog es die Eltern mit Harry wieder nach Deutschland, wo sie anfangs in einem Wohnwagen bei Rissen lebten. Später bezogen sie in Altona eine bescheidene Zweizimmerwohnung mit Küche und Klo ohne Bad. Die Wohnung teilten sie sich mit Annas Mutter, Oma Simoneit, die das größere der Zimmer für sich beanspruchte, während das Ehepaar das kleinere bezog, welches tagsüber als Wohnzimmer fungierte. Nachts wurde das Sofa in ein Bett verwandelt. Harry schlief in einem Abstellraum, in den er mit seiner Größe von eins neunzig und über hundert Kilo Gewicht so gerade hineinpasste.

Im Wohnzimmer der Familie Gross in Altona. Von links nach rechts: Anna, Inge (Ex-Frau von Harrys älterem Bruder Gerhard), Fritz, Hans Hoffmann (Inges Vater und Leiter des „Schwimmgürtels"), Harry und Oma Simoneit.

Anna arbeitete als Reinigungsfrau in einem Krankenhaus, während Fritz Arbeit als Maschinist in einer Schokoladenfabrik gefunden hatte und Harry sein Ingenieurstudium vorantrieb. Wenn ich sie besuchte, saßen wir meistens alle in der Küche. Fritz, im Unterhemd am Küchentisch, trank sein Bier und bastelte an zierlichen Gartenwindmühlen. Ab und zu schnippte er den Wellensittich Cuchi Cuchi mit dem Finger über die Resopalplatte, wenn dieser ihm zu nahe kam. Er war ein schweigsamer Typ, und ich kann mich eigentlich an kein Gespräch mit ihm erinnern. Er kam nur in Fahrt, wenn Oma Simoneit ihm ankündigte, wenn er weiter so viel Bier trinken würde, käme er bestimmt in die Hölle. Darauf zog er über alles Religiöse her, welches seiner Meinung nach der Menschheit nur Unglück gebracht hatte. Dass Gott, wenn er überhaupt existiere, wohl kaum seine Biere notieren würde, er sei ja kein Buchhalter – und wenn er dann so richtig mit seinen Argumenten loslegte, verließ Oma Simoneit einfach die Küche und er verfiel wieder in sein grüblerisches Schweigen. Harry saß seinem Vater gegenüber und sprach ebenfalls kaum. Gegen Annas Redefluss war ja auch kein Kraut gewachsen. Während sie für uns kochte, redete sie ohne Punkt und Komma – hauptsächlich mit mir, da Ehemann und Sohn ihr keinerlei Aufmerksamkeit schenkten. Selbst als sie das Essen servierte, saß Fritz schweigend vor seinem Teller, ohne ihn anzurühren. Anna darauf: „Magst du heute keine Suppe? Warum nicht? Schmeckt sie dir nicht? Ist sie dir noch zu heiß?"

Sie steckte daraufhin einen Finger in die Suppe und meinte: „Also zu heiß ist sie nicht, obwohl Suppe eigentlich immer heiß sein muss, kalte Suppe schmeckt nämlich nicht! Ja, warum isst du nichts? Ach! Wie konnte ich es nur vergessen? Ach so? Du brauchst wohl einen Löffel, nicht wahr? So, jetzt hole ich dir einen und du wirst sehen, die Suppe ist ganz lecker, ich habe nämlich heute im Supermarkt eingekauft und ich wette, ihr wisst nicht, wen ich dort getroffen habe …"

Der November war schon kalt genug, Anfang Dezember wurde es noch kälter, es sollte einer der kältesten Winter seit Jahren werden. Der Columbo-Mantel wärmte trotz Teddyfutter kaum, auch der Schal und die Handschuhe, die ich in totaler Unkenntnis gekauft hatte, waren mehr für den Herbst geeignet. Am schlimmsten aber war die Kälte an den Füßen. Die dünnen Sohlen der venezolanischen Schuhe leisteten der kalten Feuchtigkeit wenig Widerstand. Es war das reinste Maulwurfleben. Im Dunkeln stand man auf, fuhr zur Arbeit, und vor Feierabend war es schon wieder dunkel. Eines frühen Abends ging ich zur Alster, da man mir erzählt hatte, sie sei zugefroren, was ich mir eigentlich gar nicht vorstellen konnte. Doch tatsächlich, der riesige See war bevölkert mit Menschen, die darauf herumliefen, einige fuhren sogar mit Schlittschuhen an mir vorbei. So traute ich mich auch aufs Eis. Als ich in der Ferne unter der Lombardsbrücke ein paar Enten im Wasser sah, ging ich in ihre Richtung, um sie mir anzuschauen. Ich fragte mich, warum diese gefiederten Viecher, die doch weite Strecken fliegen können, sich nicht in den Süden aufgemacht hatten. Als das Eis plötzlich unter mir einbrach, lernte ich, dass es unter den Brücken in der Regel dünner ist. Gerade rechtzeitig konnte ich mich mit dem Oberkörper auf eine etwas festere Fläche legen, mit vorsichtigem Robben die Beine aus dem eiskalten Wasser ziehen und mich dann immer noch kriechend entfernen. Es dauerte, bis ich mich traute, wieder aufzustehen, obwohl schon Menschen um mich herumwuselten und mich verwundert ansahen. Vorsichtig lief ich, jeden Schritt bedächtig aufsetzend, langsam bis zum Ufer. In Windeseile patschte ich dann zum Hotel und lag bald darauf in meiner warmen Badewanne. Dachte dabei an die doofen Enten und freute mich, dass ich in ein paar Tagen an ihrer Stelle selber in den Süden fliegen würde, um diesem schrecklichen Winter zu entkommen.

Silberne Hochzeit. Von links nach rechts: meine Mutter,
Onkel Richard, mein Vater und Onkel Roland.

Ich stehe zwischen zwei Welten,
bin in keiner daheim.

Thomas Mann, *Tonio Kröger*

Wieder ging es über den Atlantik, ein Ozean, den ich in meinem Leben noch unzählige Male überfliegen sollte. Von Fotos bei meiner freudigen Ankunft zuhause weiß ich, dass ich mit Schlips und Sakko gereist bin, was anscheinend damals noch üblich war. Vater wartete schon, und nach einer Umarmung begrüßte mich beim Verlassen des Flughafengebäudes die schwüle karibische Hitze. Als wir auf der modernen Autobahn zur tausend Meter höher liegenden Hauptstadt hinauffuhren, erzählte mir Vater, dass Caracas die Einwohnerzahl von einer Million überschritten und sich somit seit meiner Geburt verdoppelt hatte. Zuhause angekommen, umarmte mich als Erste, mit Freudentränen, meine Mutter, dann Christiane, und auch Nikki erkannte mich wie Homers Argus sofort, aber anders als Odysseus' Hund sprang und tanzte der noch junge Hund um mich herum.

Nach einem köstlichen Abendessen gab es viel zu erzählen, dann aber kam es zur Lagebesprechung. Mutter war besorgt, wie sie in ein paar Tagen bewältigen sollte, was sie sich vorgenommen hatte. Am 23. Dezember würden an die sechzig geladene Gäste zur Silberhochzeit kommen und gleich darauf am 24. die Weihnachtsfeier mit dem Festessen!

Die nächsten Tage vergingen mit den Vorbereitungen für das große Fest. Ich begleitete meinen Vater zu seinem Schneider, der mir meinen Smoking etwas anpasste und ihn seinen neuen modischen weißen Smoking zur Probe anziehen ließ. Später sollte sich eine der geladenen Frauen meiner Mutter gegenüber die Bemerkung anmaßen, sie würde ihrem Gatten nie einen weißen Smoking erlauben, man könnte ihn ja

71

für einen Kellner halten. Worauf meine Mutter schnippisch antwortete: „Das könnte Ihrem Ehemann ohne Weiteres passieren, aber bei meinem Oscar ist eine solche Verwechslung nicht möglich!"

Am Dienstagabend, dem 23. Dezember, war alles herausgeputzt und bereit, um die Gäste zur Silbernen Hochzeit zu empfangen. Mutter hatte ein für diese Gelegenheit angefertigtes elegantes langes Kleid an, und auch meine Schwester Christiane sah toll aus. Vater, wie gesagt, in seinem neuen weißen Smoking, ich im schwarzen. Am Hauseingang begrüßten wir die eintreffenden Gäste. Es war eine gute Gelegenheit, die vielen Freunde der Familie zu treffen, hätte ich doch sonst einige von ihnen anstandshalber während meines kurzen Urlaubs einzeln aufsuchen müssen. Nachdem wir die Gäste empfangen hatten, mischte ich mich unter sie und gesellte mich bald darauf zu einer Gruppe um Onkel Richard Victor, der mir durch sein lautes Lachen aufgefallen war. Onkel Carlos Fahrenberg* fragte ihn gerade, was er nun erwarte von dem frisch gewählten Präsidenten, der im neuen Jahr sein Amt antreten würde. Er habe ja für dessen Wahlkampagne bei der Familie Spenden gesammelt. Lachend meinte Richard, dass er sich nie wieder in Politik einmische, er hätte eigentlich schon aus seinem Fehler damals mit Adolf eine Lehre ziehen sollen.

Dank der Spaltung der Sozialdemokraten in zwei Parteien konnte der Mitbegründer der Christdemokratischen Partei, Rafael Caldera, beim vierten Versuch endlich sein Ziel erreichen und die Wahl im Dezember 1968 knapp gewinnen. Im März 1969 trat er dann nach zehnjähriger Herrschaft der Sozialdemokraten die Präsidentschaft an. In Deutschland dagegen sollte zum Ende des Jahres der Sozialdemokrat Willy Brandt nach zwanzig Jahren die CDU ablösen.

Zu den Errungenschaften Calderas zählt die Pazifizierung der Guerilla und die Integration ihrer Mitglieder in Politik und Gesellschaft. Die Genossen tauschten ihre Waffen gegen Posten und Kreditkarten ein und verwandelten sich in Caféhaussozialisten. Zu seinen Gunsten müsste man auch noch hinzufügen, dass zum Ende seiner Amtszeit Venezuela schuldenfrei war. Außerdem gab Rafael Caldera dem Staat durch seine kultivierte Persönlichkeit eine gewisse Würde. Negativ empfand ich seine erzkatholische Einstellung der Natur gegenüber, nach dem theologischen Prinzip aus der Schöpfungsgeschichte: *ut omnia imperio ac ditioni suae subiugaret* – Macht euch die Erde untertan. Während seiner „Conquista del Sur" (Eroberung der riesigen Gebiete südlich des Orinokos) ließ er unter anderem mitten im Amazonas eine der längsten Landepisten des Landes bauen. Ich finde, man sollte erst mal das Gebiet im Norden in den Griff bekommen, bevor wir die unberührten Urwälder im Süden „erobern". Sein Modernisierungswahn raubte auch vielen unserer Städte den historischen Kern, so auch in Caracas, wo er in La Pastora die alten Häuser zum Abriss freigab und den Bau von hässlichen Wohnblocks genehmigte. In Maracaibo wurde die ganze historische Altstadt abgerissen, um dem Paseo de las Ciencias Platz zu machen, eine breite Prachtstraße, welche die Stadt in zwei Hälften riss und bei der dortigen Hitze kaum zum Verweilen einlädt. In Cumaná wurden die weiten Mangrovenwälder, die die Stadt umgaben, gerodet, und Teile der Altstadt mussten einer hässlichen Urbanisierung weichen. Erwähnungswert wäre noch die Einweihung der riesigen Petrochemie-Anlage von El Tablazo, ein vom Freund meiner Eltern, Karl Schulz*, den alle „Loco" Schulz nannten, vor Jahren angeschobenes Projekt. Karl wollte dafür meinen Vater als Versicherungsagenten einsetzen. Doch starb Karl, bevor er seine Vermittlungsarbeit erfolgreich abschließen konnte. Andernfalls hätte mein Vater die Agentenprovision bekommen und wäre damit zum Millionär geworden.

Im Großen und Ganzen war sich die Runde aber einig, eine Abwechslung der Parteien in der Regierung täte der Demokratie gut. Negativ fand man, dass Caldera vielen seiner loyalen Parteianhänger Posten in der Regierung versprochen hatte und damit die staatliche Bürokratie aufblähen würde. Dies sollte sich mit jedem Regierungswechsel wiederholen. Heute könnte man sagen, dass mehr Venezolaner beim Staat beschäftigt sind als in der freien Wirtschaft.

Während wir über Politik fachsimpelten, wurde plötzlich die Musik ausgemacht und Vater betätigte die Glocke am Hauseingang. Dies war für mich das Signal, eine kurze Ansprache zu halten, in der ich mich bei meinen Eltern für ihre harmonische Ehe und für ein liebevolles Zuhause bedankte. Darauf hielt Onkel Roland Matthies ein kurze Rede – stellvertretend für seine Frau Renate, die ja dabei gewesen war, als meine Eltern sich kennenlernten, und sogar an der Hochzeitsreise teilgenommen hatte*. Sie meinte aber, sie sei zu schüchtern, und hatte darum ihn gebeten, die Rede zu halten. Anekdotenreich und humorvoll erzählte er, wie meine Eltern sich im Krieg kennengelernt hatten. Von der Hochzeitsreise nach Berlin, die nach nur zwei Tagen ihr Ende fand, als Oscar an die Ostfront beordert wurde und kurz darauf für mehr als fünf Jahre in polnische Kriegsgefangenschaft verschwand. Die Feier der Silbernen Hochzeit, meinte er abschließend, müsste man wegen dieser ehelichen „Atempause" in fünf Jahren nochmals feiern.

Nach seiner Rede spielte die Musik wieder und es wurde getanzt. Es war reichlich spät, als sich die letzten Gäste nach dem gelungenen Fest verabschiedeten. Am nächsten Tag war aufräumen angesagt und Mutter, soweit sie es zuließ, mit den Vorbereitungen für das Weihnachtsfest zu helfen.

Gegen Abend saßen Christiane und ich mit Renate Wittig, Pedro Mett und Fritz Lefeld, den befreundeten Junggesellen meiner Eltern, fein angezogen auf der Terrasse vor dem Haus und genossen einen von Vater zubereiteten Cocktail. Wir schauten dabei in den von Feuerwerk erleuchteten Nachthimmel, das gegen Mitternacht seinen Höhepunkt erreichen würde, und aus der unter uns im Tal liegenden Stadt erscholl fröhliche Tanzmusik. Beschaulichkeit am Weihnachtsabend ist dem Venezolaner fremd, wohl zu Recht meint er, dass man die Geburt Jesu feiern sollte, statt Trübsal zu blasen. Trauern kann man dann ja zu Ostern vor seiner Auferstehung.

Als meine Mutter vom Balkon aus Glocken läuten ließ, machten wir uns deutsche Weihnachtslieder singend auf zum Wohnzimmer im zweiten Stock. Dort erwartete uns der geschmückte Weihnachtsbaum mit seinen brennenden Kerzen. Vater las, wie jedes Jahr, aus der Bibel *Jesu Geburt*, Lukas-Evangelium, 2. Kapitel vor, danach stießen wir alle mit Champagner der Witwe Clicquot an und wünschten uns fröhliche

Weihnachten. Mutter begann nun damit, die Geschenke zu verteilen, und ich schenkte meinem Vater das eingerahmte Etikett der Flasche Saint-Emilion Grand Cru 1964. Von seinen Tanten Emmy und Tony hatte ich außerdem einen Karton mit einem Dutzend Sektgläser mitgebracht. Sie stammten noch von seinem Großvater Emil, der sie seinerzeit als Werbegeschenk von der Firma Veuve Clicquot Ponsardin bekommen hatte. Auf dem ganzen Flug behielt ich den Karton schützend auf meinem Schoß, doch kaum hatte mein Vater den Champagner darin serviert, als Renate Wittig aufsprang, um sich ein Glas zu nehmen, dabei das Tablett anstieß und eines der Gläser auf dem Boden zerbrach. Ich hätte, was ich schon immer mal tun wollte, sie umbringen können!

Nach einigen Gläsern Sekt gingen wir ins Esszimmer. Wie zu jedem Weihnachten gab es gefüllte Ente, Rotkohl und Kartoffeln an einem prachtvoll gedeckten Tisch.

In den folgenden Tagen traf ich mich mit meinen Freunden aus der Nachbarschaft. Von Rodrigo alias Pan Frio hörte ich mit Erstaunen, dass er in Kalifornien lebe und viel Geld verdiene. Vom dicken Carlos Elias erzählte man mir, dass er einen schrecklichen Unfall verursacht hatte, bei dem fast eine ganze Familie umkam, und sein Vater ihn nach Miami schickte, um den juristischen Konsequenzen zu entgehen. Juan Carlos alias Cain war auf seinem Motorrad tödlich verunglückt. Alvaro war wie ein Penner bei der elitären Hochzeit seiner älteren Schwester erschienen. Seine Familie hatte ihn daraufhin in eine geschlossene Anstalt eingewiesen. Nelson alias Calumnia (Verleumder) hatte sich einen gewissen Ruhm als Chef der Mercedes-Bande erworben, die sich auf den Diebstahl dieser Automarke spezialisierte. Orlando alias Carnaby schaffte endlich sein Abitur und wollte Architektur studieren, was er dann auch eine Ewigkeit tat, ohne einen Abschluss zu erreichen. Henri hatte eine deutsche Freundin, deren Eltern Kunden in unserem Buchladen waren, und hielt sich die meiste Zeit bei ihr auf. Traurig war der Nachmittag, als Toni mich in sehr depressiver Stimmung besuchte und meinte, sein Leben sei nicht lebenswert, er sehe für sich keine Zukunftsperspektiven. Ich nahm an, dass mein junger Freund nur eine unglückliche Phase durchmachte, und verabschiedete ihn mit ein paar aufmunternden Floskeln. Zutiefst betroffen vernahm ich, dass er sich am nächsten Tag erhängt hatte.

Vieles erzählte mir Guillermo, mit dem ich die noch verbliebenen Tage verbrachte. Er machte mich mit Ina, seiner neuen, gut aussehenden Freundin, und ihrer Familie bekannt. Sie wohnte bei ihren Eltern und drei Schwestern, gleich im Haus neben Henri, dessen Vater noch immer seinen Militärphantasien nachhing. Inas Familie hatte ein paar Jahre in der Tschechoslowakei gelebt, wo ihr Vater, ein Arzt, Asyl bekommen hatte. Er wurde wegen der Behandlung von verwundeten Guerilleros von der Militärpolizei verfolgt und musste mit seiner Familie flüchten. Erst durch die von Caldera im Wahlkampf angekündigte Politik der Pazifizierung konnten sie zurückkehren. Ina und ihre Schwestern erzählten mir lustige Anekdoten über diese Zeit im Ausland. Unter anderem, wie sie in der Schule auf Tschechisch, von dem sie kein Wort verstanden, Russischunterricht erhielten. Sie freuten sich schon, dass sie zumindest während des Sportunterrichts an der Klassengemeinschaft teilnehmen könnten, da sie annahmen, dass dafür keine Sprachkenntnisse von Nöten wären. Als ihre Mitschülerinnen dann aber anfingen zu turnen und dabei scheinbar unmögliche Verrenkungen vollbrachten, von denen sie wussten, dass sie sie nicht einmal im Traum vollbringen könnten, saßen sie auch während dieser Stunde unbeteiligt auf einer Bank. Inas Vater, eine große, korpulente Erscheinung, und sein Zwillingsbruder, auch er Arzt, waren gerade dabei, nur ein paar Häuser weiter in einer großen, heruntergekommenen Villa ein Altersheim mit angeschlossener Klinik aufzubauen.

Inas Mutter dagegen war eine recht kleine und zierliche Guajira-Indianerin. Die Guajiros leben seit Urzeiten auf der Guajira-Halbinsel, die sich Kolumbien mit Venezuela teilt. Sie sind einer der wenigen Indianerstämme, die die Konquistadoren überlebten und sich den neuen Zeiten angepasst haben. Sie bewahren dennoch mit Stolz ihre Sitten und Traditionen wie auch ihre Sprache. Ich habe Inas Mutter mal gefragt, wie sie es sich erklärt, dass gerade die Guajiros, anders als die meisten Indianerstämme Venezuelas, als Bevölkerungsgruppe überlebt und sich sogar vergrößert haben. Sie meinte, sie hätten gelernt, in den harten Bedingungen der xerophilen Landschaft zu überleben. In ihrer Heimat richtet sich alles – Bäume, Büsche, selbst die Sanddünen – nach dem ewigen Passatwind, der ständig über die Halbinsel weht. Man müsse sich nach ihm richten, gegen ihn sei unmöglich. Selbst die Zweige der harten Mesquite-Bäume beugen sich fast zum Boden und zeigen westwärts. So wie man mit dem Wind gehen muss, muss man auch mit der Zeit gehen. Besser sei es, sich wie ein Grashalm zu beugen, als vom Wind hinweggefegt zu werden. Sinnloser Widerstand wäre zwecklos. Sie erzählte mir dann auch folgende Legende ihres Volkes: Ein Puma, ein Hund und eine Katze machten sich zur gemeinsamen Jagd auf. Der Puma erlegte einen Wildesel, der Hund ein Zicklein und die Katze kam mit einem Fisch zurück. Der Puma fragte nun den Hund, wie er die Beute verteilen würde. Dieser meinte, dass der Puma den Esel bekommen sollte, er das Zicklein und die Katze den Fisch. Mit einem brutalen Hieb riss der Puma dem Hund den Kopf ab. Nun fragte er die Katze, wie sie denn teilen würde. Die Katze erwiderte, dass der Puma den Esel zu Mittag essen solle, das Zicklein zum Abendbrot und den Fisch könne er als Imbiss zwischen den Mahlzeiten genießen. Erstaunt meinte der Puma: Bist ein kluges Köpfchen, wer hat dich das gelehrt? Darauf die Katze: Der Hundekopf! Die Katze verabschiedete sich höflich, fischte sich eine neue Sardine und hielt gegenüber dem Puma einen respektvollen Abstand.

Eines Nachmittags besuchten mich überraschenderweise zwei meiner Schulkameradinnen. Wir erzählten uns, wie es uns seit unserem Schulabschluss ergangen war. Hauptsächlich führten Gene Mancella und ich das Gespräch, während Miriam Azpurua sich mit der Rolle der Zuhörenden begnügte. Mit der auf amerikanische Art attraktiven Gene hatte ich immer wieder spaßeshalber geflirtet und ihr das Versprechen gegeben, falls sie sich je von ihrem netten, etwas älteren Freund Steven trennen sollte, stünde ich bereit. So fragte ich auch nach Steven, und sie erzählte mir, dass er schon auf einem College in den USA sei. In zwei Wochen wollte sie zu ihm ziehen. Treuherzig blickte ich sie an und klagte, dass, wenn dem so sei, ich wohl nie eine Chance bei ihr bekommen würde. So alberten wir eine Weile herum, bis Gene lachend auf Miriam zeigte und meinte, dass ich mich in sie verlieben könnte, sie sei ja noch Single. Verlegen fielen auch wir zwei in ihr Lachen ein.

Miriam Azpurua war im Gegensatz zu Gene kleiner, zierlicher, von bräunlicher Hautfarbe und sehr gepflegt angezogen. Ihr anmutiges Gesicht, umrahmt von ihrem frisierten dunkelbraunen Haar, machten sie zu einer attraktiven Erscheinung. Doch hatte sie für ihr Alter etwas verstiegen Damenhaftes. Nachdem Gene und ich je zwei Bier getrunken hatten, während Miriam an ihrem ersten nur genippt hatte, verabschiedeten sie sich, ohne dass Gene von ihrer Kuppler Tätigkeit abließ, und sie nahm mir das Versprechen ab, dass ich Miriam ausführen würde, bevor ich wieder nach Deutschland reiste.

Ich hatte während der Schulzeit wenig Kontakt mit Miriam gehabt, aber ich erfüllte das Gene gegebene Versprechen und traf mich vor meiner Abreise zweimal mit Miriam und lud sie auch zum Silvesterfest bei Matthies ein, wo sie meine Familie kennenlernte und mit meiner Schwester Christiane Freundschaft schloss.

Nach diesem kurzen Urlaub brachte mich mein Vater wieder zum Flughafen, und diesmal ging es mit der Lufthansa über den Atlantik nach Frankfurt. Während ich im Flieger saß, dachte ich mir, dass die Entscheidung, eine Lehre bei Rowohlt anzutreten, im Grunde keine schlechte Idee gewesen war, besonders als ich die Zukunftsaussichten meiner Freunde bedachte.

Rowohlt Verlag, Reinbek.

*Heimat ist nicht der Ort, sondern die
Gemeinschaft der Gefühle.*

Bodeninschrift in der Galerie der Gegenwart, Hamburg

Ich fand meinen Anschlussflug nach Hamburg in dem Jahr für Jahr größer und unübersichtlicher werdenden Frankfurter Flughafen. Während des kurzen Flugs kam mir der Gedanke, dass Venezuela, wenn es sich wirtschaftlich, politisch und mit seinem Erdöleinkommen so weiterentwickelte wie bisher, in einem Jahrzehnt vielleicht mit Deutschland etwa gleichziehen könnte. Ich konnte nicht ahnen, dass gerade das Erdöleinkommen Venezuela in den Abgrund führen würde.

Etwas verschnupft von der schlechten Luft im Flieger kam ich endlich in Hamburg an. Dort nahm ich den Bus zur Innenstadt und wunderte mich, warum der Busfahrer meinen Koffer recht unwirsch im Gepäckraum verstaute. Auf dem Weg zum Hamburger Hauptbahnhof fragte ich mich bange, ob ich wohl im Reichshof mein Zimmer wiederbekommen würde. Doch waren meine Zweifel unbegründet: Die Portiers Ary Schwantes und Gerhard Fitzke, die wie bei jedem Gast ihrem Motto der drei großen „M" – Mitfühlen, Mitdenken, Menschlichkeit– nachkamen, begrüßten mich herzlich. Sie fragten, wie es meiner Familie ginge, und meinten dann lächelnd, dass ich ja wohl dem guten Rum aus Venezuela reichlich zugesprochen hätte und ob ich den Koffer nicht lieber bei ihnen abgeben wolle. Ich bedankte mich, erwiderte, ich käme schon klar, und bekam meinen Schlüssel. Mein Zimmer war unverändert, und als ich meinen Koffer öffnete, kam mir eine Rumwolke entgegen! Ich hatte sie wegen der verstopften Nase vorher gar nicht wahrgenommen. Beide Flaschen, die ich darin verpackt hatte, waren zerbrochen! Nun verstand ich das Verhalten des Busfahrers und die Andeutung der Portiers. Ich stellte den Koffer im Badezimmer ab, schmiss den ganzen Kofferinhalt in die Badewanne, öffnete den Wasserhahn und legte mich ins Bett, um mich von dem langen Flug etwas auszuruhen.

Ich schlief tief und fest, als mich am nächsten Morgen Telefonklingeln weckte und Herbert Langer ins Telefon brüllte, ich solle sofort zu ihm ins Büro kommen. Darauf knallte er den Hörer auf die Gabel! Benommen stand ich auf, und als ich ins Badezimmer ging, sah ich die Bescherung. Das Wasser lief immer noch, die Wanne mit den Klamotten war übergelaufen, der leere Koffer lag genau über dem Bodenabfluss. Das ganze Badezimmer schwamm! Als ich den Koffer zur Seite schob, klopfte es auch schon an der Tür, und Ernie stürzte herein. „Oh mein Jung! Kaum bist du wieder hier, schon hast du wieder was angestellt! Nun lass mich mal machen, bevor alles schlimmer wird, geh bloß schnell runter, Herr Langer wartet nicht gern!"

Mir war ganz flau im Magen, als seine Sekretärin mich traurig anblickend durchwinkte. In seinem Büro saß Herbert an seinem riesigen Schreibtisch und starrte auf einen Plastikeimer, in den Wasser von der Decke tropfte! Ich wollte mich am liebsten umdrehen und weglaufen!

„So! Da bist du ja wieder. Als Erstes, wenn man wiederkommt, geht man zu seinem Gastgeber und begrüßt ihn und rennt nicht mit einem nach Rum stinkenden Koffer in dessen Hotel herum. Den gibt man beim Portier ab und die kümmern sich um das Malheur, dafür sind sie da! So, und nun erklär mir mal, warum es von deinem Zimmer, welches zufällig über meinem Büro liegt, durch die Decke auf meinen Schreibtisch tropft!"

Ich stotterte nun etwas herum, über die Flasche Rum, die Vater mir für ihn mitgegeben und die ich in eine Fahne gewickelt hätte …
– Was für 'ne Fahne? Die haben wir ja nun riechen können …
– Die venezolanische Fahne …
– Die was? Die venezolanische Fahne? Was hat die denn in dieser ganzen Geschichte verloren?
– Na ja, die habe ich wegen so Heimatgefühlen mitgebracht!

– Also haben wir es deinen Heimatgefühlen zu verdanken, dass es auf meinen Schreibtisch tropft! Die werde ich dir noch austreiben, deine Heimatgefühle! Geh jetzt rauf, zieh dir endlich Schuhe an, dann gehen wir in die Kantine und frühstücken, habe mich dort schon lange nicht mehr blicken lassen.

Ich hatte wenig Appetit auf das Kantinenessen, aber Strafe musste sein.

Herbert erzählte in meinem Beisein noch oft eine Geschichte von einer venezolanischen Flagge, die, wie bei venezolanischen Fahnen üblich, nach Rum gerochen, eine Badewanne verstopft und, da er gerne übertrieb, das ganze Hotel überschwemmt hätte.

Nun gut, ich war erneut in Hamburg und am nächsten Tag ging es wieder Richtung Reinbek zur Arbeit, wo ich meine letzten Wochen im Vertrieb verbrachte. Erzählenswert ist aus dieser Zeit nur noch mein erstes Schneeerlebnis. Ich saß wie üblich gelangweilt an meinem Schreibtisch, als es anfing zu schneien. Ich sprang auf und rannte hinaus, stellte mich mit ausgebreiteten Armen in den Innenhof des Verlagshauses. Auf die hinabfallenden Schneeflocken gaffend, ließ ich sie auf mein Gesicht und in meinen offenen Mund fallen. Dann hüpfte ich vor Freude in der Gegend herum und bemerkte erst nach einer Weile, dass an einigen Fenstern Verlagsangestellte standen. Zuerst dachte ich, dass auch sie sich über den Schnee freuten, doch wurde mir schnell bewusst, dass es mehr wegen meines Freudentanzes war. Mit rotem Kopf schlich ich zurück an meinen Schreibtisch, wo die Damen im Großraumbüro mich lachend empfingen und ich ausrief: „Gott! Ich habe doch noch nie Schnee erlebt!"

Einige Wochen später kam Mutter Almers zu mir und teilte mir mit, dass heute mein letzter Tag in der Vertriebsabteilung sei und ich ab Montag in der Herstellung anfangen würde. Ich sollte mich bei Gisela Nolte melden, mit der sie schon geredet habe, um sie auf mich vorzubereiten. Ich fragte nicht nach, was sie mit der Vorbereitung meinte, doch konnte ich mir Frau Almers' Bericht lebhaft vorstellen. Während der Mittagspause kaufte ich ein paar Flaschen Sekt und Tüten mit Salzstangen. Als ich durch Reinbek lief, bewunderte ich die veränderte Umgebung.

Es hatte kurz zuvor aufgehört zu schneien, alles war mit einer leichten weißen Schneeschicht verziert und glitzerte im schwachen Licht der Wintersonne. Ich wäre gerne noch stundenlang herumgelaufen, um es zu genießen, doch war es leider eisig kalt. So erinnerte ich mich an den Spruch von Wilhelm Busch über die römische Göttin. *Fortuna lächelt; doch sie mag nur ungern voll beglücken;* und änderte den zweiten Satz zu: doch schenkt sie mit diesem schönen Wintertag leider auch dessen kalte Tücken.

Kurz vor Feierabend lud ich dann die Damen, die mir über die ersten Monate bei Rowohlt hinweggeholfen hatten, zu einem Abschiedstrunk ein und bedankte mich herzlich für ihre Geduld und Toleranz. Sie aber meinten, ich hätte mit meiner Eulenspiegelei ihren Alltag etwas aufgefrischt und würde ihnen ewig in Erinnerung bleiben.

Dies sollte sich bewahrheiten. Als ich Jahre später wieder in Deutschland war, besuchte ich Werner Zech. Er hatte sich inzwischen mit einer kleinen, aber feinen Buchhandlung selbständig gemacht. Er freute sich über meinen Besuch, meinte, er wäre am Abend zu einer kleinen Party eingeladen und würde mich als Überraschungsgeschenk mitnehmen.

Die Idee stieß bei mir auf wenig Begeisterung. Ich dachte, ich sollte als Präsent auf irgendeiner Schwulenparty auftreten. Als er Feierabend hatte, gingen wir in seine Lieblingskneipe, deren Gestaltung und Ambiente gut in einen Fassbinderfilm gepasst hätten. Wir tranken seinen geliebten Tom Collins, und ich überhörte die Kommentare seiner Bekannten, die ihn zu dem hübschen Knaben in seiner Begleitung beglückwünschten. Danach ging ich etwas widerwillig mit ihm zu seiner Party, wo ich ja als Geschenk auftreten sollte. Als wir dann die anvisierte Wohnung betraten, rief Werner zur Begrüßung: „Schaut, was für ein charmantes Geschenk ich euch mitgebracht habe!" Die Überraschung war ihm durchaus gelungen! Im Zimmer saßen die Damen aus dem Großraumbüro der Vertriebsabteilung und feierten Frau Almers' Pensionierung! Bald schwelgten wir bei Sekt und Canapés in Erinnerungen an die Zeit, in der ich, wie sie meinten, den Verlag ganz schön aufgemischt hätte. Als ich nach Herrn Varrelmann fragte, erzählten sie, dass er immer noch im Verlag arbeite, und erinnerten sich lachend, wie er mir noch mal eine Chance geben wollte. Er befahl, ich sollte mich zum Bahnhof begeben, um ihm die genauen Abfahrtszeiten der Züge, die alle zwanzig Minuten in Richtung Stadtmitte fuhren, aufzuschreiben, da er, der vielbeschäftigte Manager, ohne Zeitverlust pünktlich einen Termin in Hamburg einhalten wollte. Ich eilte zum Bahnhof, schrieb mir die Uhrzeiten auf und brachte sie ihm. Er hat mich danach nie wieder um etwas gebeten. Ich hatte ihm versehentlich die Abfahrtszeiten in die entgegengesetzte Richtung aufgeschrieben!

Nach einigen vergnügten Stunden verabschiedeten wir uns. Ich war Werner dankbar, dass ihm die Überraschung gelungen war. Doch sollte der Abend noch eine zusätzliche, etwas unerwartete, aber lehrreiche Überraschung mit sich bringen. Er schlug vor, in seinem Buchladen noch einen *Nightcap* einzunehmen. Er würde mich dann zur U-Bahn-Station begleiten, von wo ich zurück zum Reichshof könnte. Als wir nun auf seinem Sofa saßen und einen Brandy tranken, schmiss er sich plötzlich auf mich, kratzte mit seinem unrasierten Gesicht an meinem herum und schob mir seine Zunge in den Rachen, sodass ich das Gefühl bekam, diese wische schon hinter meinen Augen herum. Es kostete mich einige Mühe, mich aus seiner Umarmung zu befreien. Dabei kam ich mir vor wie eine Jungfer, die sich schon länger hat bezirzen lassen, dann aber nach einem Rendezvous Avancen brüsk zurückweist. Doch war es mir einfach zu unangenehm, und mir war ein für alle Mal klar: Diese Art von Erlebnissen mit Männern lagen mir nicht!

Helga.

VI

Einen Menschen lieben heißt einwilligen, mit ihm alt zu werden.

Albert Camus

Ich fühlte mich jedoch ziemlich einsam während des dunklen, nicht enden wollenden Winters. Meine Heimatgefühle hatte mir Herbert Langer nicht austreiben können. Die inzwischen geruchlose Fahne hing traurig an einem Besenstiel in der Ecke. Immer wieder legte ich meine einzige Schallplatte auf, die mir Miriam zum Abschied geschenkt hatte: *Caracas at Dinner Time* von Aldemaro Romero und seinem Orchester, eine Art venezolanisches Pendant zu James Last. Harry befand sich bei einem Praktikum außerhalb der Stadt und Vetter Klaus büffelte für sein Abitur. So las ich viel, schrieb Briefe an meine Eltern, meine Schwester und auch an Miriam. Der Urlaub zuhause hatte nur mein Gefühl der Nichtzugehörigkeit zu keiner der zwei Welten verstärkt. Meine miese Stimmung trieb mich sogar dazu, Gedichte zu schreiben.

Ich fing nun bei Gisela Nolte in der Herstellung an, und meine trübe Stimmung sollte ein Ende finden. Gisela war etwa zehn, fünfzehn Jahre älter als ich, trug vornehme, legere Kleidung, ihr braunes Haar hatte sie immer zu einem Dutt zusammengesteckt, und sie strahlte Zuversicht und Freundlichkeit aus. Sie war für die Herstellung besonders aufwendiger Bücher zuständig. Mit viel Liebe zu ihrem Metier brachte sie mir die Kunst des schönen Buches bei. Noch heute ist die graphische Gestaltung und Herstellung eines Buches meine liebste Beschäftigung in der vielseitigen Arbeit eines Verlegers. Von ihr lernte ich viel über Typographie, Papierqualität und Buchkalkulation.

Ein paarmal machte ich mich nach Feierabend in der kalten Dunkelheit auf den Weg, um Helga von ihrem Buchladen abzuholen, und begleitete sie zum Bahnhof. Einmal konnte ich sie sogar dazu überreden, einen etwas späteren Zug zu nehmen. Ich lud sie in die 1932 gegründete Kneipe Nagel direkt gegenüber dem Hauptbahnhof ein. Ich wollte zwei Bier bestellen, aber Helga wollte lieber eine Bluna-Limonade. Deren damals bekannter Werbespruch „Sieben Jungfrauen treffen sich bei Vollmond …" ergab meiner Meinung nach wenig Sinn. Doch so hatten wir Gesprächsstoff: Bier, Limo, Vollmond und Jungfrauen. Kurz bevor wir wieder zum Bahnhof mussten, traute ich mich, sie zum Essen einzuladen, freute mich, als sie zusagte und wir einen Termin vereinbarten.

Am nächsten Tag ließ ich mich von Gisela beraten, in welches Restaurant ich Helga ausführen könnte. Sie beschrieb mir einige, und schließlich hatte ich vier auf meiner Liste. Ich besuchte sie alle, aber sie waren furchtbar vornehm und ich traute mich auch nicht, bei deren hochnäsigem Personal einen Tisch zu reservieren. Es handelte sich zweifellos um Lokale, die Gisela und ihr Ehemann besuchten. Ihr Gatte führte das traditionsreiche Auktionshaus Hauswedell & Nolte für wertvolle Bücher und Autographen, welches erst 2016 nach hundertjährigem Bestehen schließen sollte. So besprach ich mich nun mit meinem befreundeten Portier Ary Schwantes. Er meinte, ich sollte mal die Künstlerkneipe gleich um die Ecke vom Hotel aufsuchen. Das Lokal machte einen gemütlichen Eindruck und so nahm ich an einem der Tische platz. An den Wänden hingen gerahmte Fotografien von Varietékünstlern, die hauptsächlich im nahe gelegenen Hansa-Theater auftraten. Die Speisekarte mit Hamburger Spezialitäten war übersichtlich, nicht zu teuer und auch die Bedienung stimmte. Nun war ich bereit, Helga auszuführen.

Frühzeitig stand ich auf dem Bahnsteig, an dem ihr Zug einfahren sollte. Kaum war sie ausgestiegen, sagte sie mir, dass sie in etwa einer Stunde den nächsten Zug zurück nach Schwarzenbek nehmen müsse. Nur gut, dass ich mich für die nahe Künstlerkneipe entschieden hatte. Doch kaum hatten wir den Bahnhofsausgang erreicht, ging sie zielstrebig auf eine Pommesbude zu. Dort fragte sie mich, ob ich die Pommes mit Majo oder mit Ketchup haben wollte. Sie bestellte dann für sich eine mit Majo und meine Portion mit Ketchup. Als wir auf einer kalten Bank saßen und die fettigen Dinger, die mir noch nie richtig gemundet haben, verzehrten, meinte ich nur, dass in Venezuela niemand auf den Gedanken käme, Pommes mit Majonäse zu essen. Zum Abschied fragte sie noch, ob ich gerne tanzen würde. Ich könnte ja am Freitag nach Schwarzenbek kommen und mit ihr in die dortige Disco gehen.

Am nächsten Tag wollte Gisela Nolte wissen, wie es mir bei meinem Date im Restaurant ergangen sei. Nachdem ich ihr ausführlich berichtet hatte, sagte sie: „Bist ja wenigstens billig weggekommen dabei." Als ich dann noch damit rausrückte, dass ich nur meine Portion Pommes bezahlen durfte, meinte sie: „Die hat Charakter, das wird dich noch viel Mühe kosten, sie rumzukriegen. Auf herkömmliche Art wird es nicht funktionieren, da musst du dir schon was Originelles einfallen lassen. Aber wenigstens ist sie gekommen, und sie hat dich ja auch zum Tanzen eingeladen." Gisela blieb auch weiterhin neugierig, und ich musste ihr immer die neuesten Entwicklungen meines „Bratkartoffelverhältnisses", wie sie es nannte, berichten.

Es schneite, als ich an diesem Freitag das Hotel verließ um mich mit Helga zu treffen. Die Zugfahrt dauerte ewig, und es schneite auch, als ich in dem gottverlassenen Bahnhof von Schwarzenbek ausstieg. Ich schaute mich nach Helga um, sah aber nur drei blonde Mädchen, die mir zuwinkten. Erstaunt erkannte ich nun auch Helga unter ihnen. Sie stellte mir ihre Freundinnen Brigitte und Angelica vor und wir machten uns auf den Weg. Nach einem längeren Fußmarsch erreichten wir schließlich die Dorfdisco.

Nachdem wir an der Bar unsere Biere und Helgas Bluna geholt hatten, setzten wir uns zu viert an einen freien Tisch. Ich schaute mich nun in der Bodega-Bar, wie sie sich nannte, um. Es war ein großer Raum und die spärliche Dekoration versuchte etwas lateinamerikanisch zu wirken, was aber kaum gelang. Die Musik bestand hauptsächlich aus simplen Rhythmen deutscher Schlager, die ich noch nie gehört hatte und zu der die Paare auf der Tanzfläche sich wie Kreisel drehten.

Die Musik war laut und erschwerte jegliche Unterhaltung. Ich wusste auch nicht, wie ich mich verhalten sollte. In Venezuela ging man nur paarweise in die Disco, und so fand ich, dass ich Helga schlecht zum Tanz auffordern konnte, da ja sonst die anderen zwei ohne meine Obhut wären. Plötzlich erschien ein Typ und forderte Helga zum Tanz auf. Bevor ich ihn zurechtweisen konnte, ging sie schon mit ihm zur Tanzfläche. Ich war baff! So was wäre in Venezuela schlicht nicht möglich! Man konnte doch nicht einfach so mit dem Erstbesten tanzen, ohne die Erlaubnis des Begleiters einzuholen! Als ich Brigitte daraufhin fragte, wie ich mich denn nun verhalten sollte, lachte sie schallend. Sie erklärte mir, Jörg sei ein Freund von ihr und es sei völlig in Ordnung, dass Helga mit ihm tanze. Erzähl mir mehr aus Venezuela, bat sie mich, und als ich ihr berichtete, wie ein Ausflug in eine Disco bei uns lief, meinte sie nur, dass solche Zeiten in Deutschland vorbei seien, und eben andere Länder andere Sitten.

Während ich nun so vor mir hin stierte und wenig Lust verspürte, mich den wilden Drehungen auf der Tanzfläche anzuschließen, fiel mir auf, dass an einem nicht weit entfernten Tisch ein paar Typen saßen, die mich ständig feindselig anstarrten. Irgendwann wurden mir die aggressiven Blicke zu bunt, und ich stand auf und sagte, ich würde an der Bar eine neue Runde Getränke holen. Ich ging direkt auf den Tisch zu, an dem die Typen saßen. Sie wurden sichtlich nervös, als ich bei ihnen stehen blieb und mir jeden Einzelnen anschaute. Kurz darauf ging ich weiter zur Theke. Auf dem Rückweg sah ich, wie einer von ihnen mir ein Bein stellen wollte. Ich sprang leicht hoch und landete mit meiner Hacke auf seinem Fußrist. Ich lächelte ihn an, entschuldigte mich und ging zurück an unseren Tisch.

Helga war inzwischen zurückgekommen. Ich verteilte die Getränke und fragte sie, was es mit den Typen, die ständig herüberschauten, auf sich hatte. Erschrocken meinte sie, dass es einige aus der Schwarzenbeker Bande wären, mit denen nicht zu spaßen sei. Kurz darauf kam auch einer von ihnen an unseren Tisch und meinte, sein Chef wolle mit mir sprechen. „Schmerzt ihn sein Fuß so sehr, dass er nicht selber kommen kann? Sag ihm, er soll ihn schön pflegen, bevor er auch noch

Kopfschmerzen bekommt." Helga, Brigitte und Angelica meinten, nun würde es Ärger geben, und da konnten sie durchaus recht haben. Einer Schlägerei aus dem Weg gehen war ratsam, obwohl die Jungs mir nicht sonderlich gefährlich schienen. Doch wusste ich aus Erfahrung, dass Schlägereien in geschlossenen Räumen immer mit Polizei endeten. Außerdem hatte ich genug von der Disco, und als Helga mir sagte, dass der nächste Zug nach Hamburg bald fahren würde, der darauffolgende erst nach Mitternacht, machten wir uns auf den Weg. Draußen blies uns ein eisiger Wind entgegen, sodass wir uns kaum unterhalten konnten. Bald darauf saß ich in einem kalten, leeren Wagon und dachte mir, es sei wohl das Beste, wenn ich in Sachen Helga das Handtuch warf. Offenbar trennten uns Welten.

Dennoch holte ich sie noch manchmal von ihrem Buchladen ab, da wir uns nicht mehr in der Berufsschule trafen. Im Verlag hatte man mir mitgeteilt, dass ich erst wieder im Frühling die Berufsschule besuchen müsste, denn man hatte den Blockunterricht eingeführt. Statt zweimal die Woche sollten wir drei Monate im Jahr ohne Unterbrechung zur Schule gehen, was ja auch für alle Beteiligten mehr Sinn ergab.

Ich verbrachte oft langweilige Abendstunden in meinem Hotelzimmer, hörte mir einige neue Schallplatten an, die ich mir besorgt hatte, darunter die letzte von den Beatles, *Abbey Road*. Das ewige Geklimpere von Aldemaro und seinem Orchester war nicht auszuhalten. Weiterhin schrieb ich Briefe. Neuerdings las ich auch Manuskripte, die dem Verlag pausenlos zugesendet wurden und zu denen ich am nächsten Tag ein Votum tippte. Das Lesen von Manuskripten war ein einträgliches Geschäft, auf welches mich ein Mitlehrling gebracht hatte. Im Grunde brauchte man sich nur ein bisschen einzulesen, um ein Votum zu verfassen, und bekam dafür 50 DM. Irgendwie taten mir die Leute leid, die viel Zeit ihres Lebens damit verbracht hatten, etwas zu schreiben, was am Ende von einem Lehrling beurteilt wurde. Aber es ist eine Tatsache, dass von hundert unaufgefordert eingesandten Manuskripten kaum eins in Buchform erscheinen wird. Als ich später in den verschiedenen Lektoraten beschäftigt war, durfte ich Manuskripte sogar während der Arbeitszeit lesen. Ich bat oft um Erlaubnis, dafür in den Park zu gehen.

91

Ich nahm mir zwei bis drei Manuskripte mit, legte sie mir auf der Bank als Kopfkissen zurecht und kurierte meinen Kater, den das Feiern in der Nacht zuvor mit sich gebracht hatte. Nach einigen ausgedehnten Stunden des *dolce far niente* machte ich mich dann schnell an die Arbeit, um das Wichtigste für meine Voten aus den Texten herauszupicken. Einmal geschah es, dass eine Satirezeitschrift Auszüge von Musils *Mann ohne Eigenschaften* an verschiedene Verlage sendete und kurz darauf die Antwortschreiben veröffentlichte. Die hatten alle den Text abgelehnt! Rowohlt, der Verlag, in dem alle seine Werke erscheinen waren, hatte Glück und ihm blieb eine Peinlichkeit erspart. Derjenige, der das Antwortschreiben verfasst hatte, schrieb, dass man ein Manuskript nicht anhand von Auszügen bewerten könne. Heutzutage würde ein Computerprogramm den Autor schnell identifizieren.

Im Frühjahr fing dann der erste dreimonatige Blockunterricht an und ersparte mir den langen Anfahrtsweg mit der S-Bahn zum Verlag. Nun brauchte ich vom Hotel bis zur Schule nur drei Minuten. Der Blockunterricht brachte uns auch als Klassengemeinschaft näher zusammen und wir gingen des Öfteren nach dem Unterricht gemeinsam noch einen Kaffee trinken oder an der Alster spazieren. Wenn das Wetter es zuließ, entspannten wir uns dort auf den Grasflächen. Dabei versuchte ich immer wieder, Helga für mich zu gewinnen, doch wich sie meinen Versuchen aus, ohne mich ganz abzuweisen. Ich verstand nicht, warum, und war zutiefst verunsichert. Andererseits fühlte ich mich deswegen besonders von ihr angezogen. Es war auch das erste und wohl einzige Mal, dass ich trotz fehlender Ermunterung einer Frau inständig den Hof machte. An einem Freitag verabredeten sich einige von uns, um zusammen ins Gruenspan zu gehen, einem damals beliebten Musikclub. Ich war ziemlich beeindruckt von der 1968 toll umfunktionierten Tanzhalle aus dem 19. Jahrhundert mit den zierlichen Stahlsäulen. Der Saal war rappelvoll, so stiegen wir zur Empore hinauf und fanden noch einen kleinen freien Tisch. Ich richtete es so ein, dass ich neben Helga sitzen konnte, und als die anderen sich auch noch auf unsere Bank drückten, wurde ich mit ihr in eine Ecke gedrängt. Wir blieben auch eng beieinander sitzen, als einige sich zum Tanzen runter in den Saal aufmachten und wir wieder mehr Platz hatten. Während unten die

Band laute Musik spielte, schauten wir uns in dem schummerigen Licht länger an, und endlich, ziemlich unerwartet, trafen unsere Lippen sich zu unserem ersten Kuss.

Als wir schon eine Weile ein Paar waren, fragte ich sie, warum es bis zu unserem ersten Kuss so lange gedauert habe. Worauf sie zu meiner Verblüffung sagte, sie dachte, ich hätte noch nie geküsst!

Unser Kennenlernen und Aufeinander-Zugehen, das gegenseitige Vertrauen hatte sich über die lange Zeit meiner Liebeswerbung und ihres Zögerns aufgebaut. Aber nach dem ersten Kuss suchte unsere Liebe bald mehr Nähe, Berührung. Die Wörter reichten nicht mehr aus, um unsere Passion und Zuneigung füreinander auszudrücken. Nur der körperliche Kontakt ermöglichte es, sie zu vertiefen, um ineinander aufzugehen. Zaghaft schritten wir mit unserem sexuellen Verlangen voran, wurden eins, fanden und empfanden eine leidenschaftliche, befriedigende Harmonie, welche nur Sexualität vereint mit Liebe ermöglicht.

Doch sollten wir wenig Gelegenheit haben, intimer zu werden. Zu mir auf mein Hotelzimmer konnten wir nicht, und in ihrem Zimmer trauten wir uns nicht aus unserer Kleidung, aus Angst, von der stets im Haus anwesenden Mutter überrascht zu werden. So konnten wir uns nur im Freien finden und oft liebten wir uns in den unmöglichsten Verstecken.

Einige Tage nach unserem Besuch im Gruenspan fuhren wir nach dem Unterricht zusammen nach Schwarzenbek. Die Stadt ist kaum sehenswert. Ohne ein identifizierbares Zentrum, gerade mal zwei, drei Lokale, ein paar Geschäfte, eine Sparkasse und ein heruntergekommenes Kino, in dem eigentlich nur Softpornos von Oswald Kolle und Folgen von Schulmädchenreport liefen. Es war im Grunde ein Durchfahrtsort, ohne Charakter. Vom Bahnhof, wo alle Stunde ein Zug nach Hamburg fuhr, lief man etwa eine Viertelstunde bis zu Helgas Elternhaus. Es ist ein typisches norddeutsches, zweistöckiges Backsteinhaus, umgeben von einem gepflegten Garten. Als wir eintraten, sagte mir Helga, ich solle ihr folgen, und ohne Weiteres ging sie die Treppe hinauf in den zweiten Stock, wo sich hinter einer Tür mit einer Milchglasscheibe ihr eigenes kleines Zimmer befand, mit einem Ausgang zu einer kleinen Terrasse über dem Hauseingang.

Als ich auf dem einzigen Stuhl Platz nahm und Helga sich auf ihre Bettkante setzte, fragte ich sie, ob ihre Eltern zuhause seien. Sie meinte, ihre Mutter sei unten und ihr Vater würde jeden Augenblick nach Hause kommen. Er arbeite als Verkäufer in einem Möbelgeschäft. Ich war etwas befremdet, da ich es unschicklich fand, so einfach mit auf ihr Zimmer zu gehen, ohne mich vorher bei ihrer Mutter vorzustellen, wie dies bei mir daheim üblich gewesen wäre. Nach einer Weile rief ihre Mutter mit Kommandostimme ihren Namen, und sie meinte, sie müsse runter zum Abendbrot, und ich solle solange auf ihrem Zimmer bleiben und auf sie warten. Auch das fand ich ungewöhnlich. Bei uns hätten wir meinen Besuch ebenfalls zu Tisch gebeten. Es sollte aber noch eine Weile dauern, bis ich ihre Eltern kennenlernte. Lotte war, obwohl sie äußerlich einen ziemlich strengen Eindruck machte, eine herzensgute Frau, mit der ich mich mit der Zeit sehr gut verstehen sollte. Mit Otto, dem Tischlermeister, der nun in seinen letzten Arbeitsjahren als Verkäufer tätig war, bin ich eigentlich nie so richtig warm geworden, was wohl auch an der üblichen Vatereifersucht lag. Beide stammten aus Pommern, wo seine Eltern eine große Tischlerei besaßen und Lotte als Hausgehilfin arbeitete, bevor sie heirateten. Otto war in Gefangenschaft, als Pommern nach dem Krieg Polen zugeteilt wurde. So musste Lotte mit ihrer alten Schwiegermutter und einigen Habseligkeiten im Bollerwagen flüchten. Nach einem beschwerlichen Marsch wurde sie mit den vielen anderen Flüchtlingen in einer Baracke nahe der deutsch-deutschen Grenze untergebracht. Als Otto endlich aus der Kriegsgefangenschaft kam, fand er bald Arbeit in einer Tischlerei, und in seiner Freizeit baute er das jetzige Haus, wo ich nun hungrig auf einem von ihm getischlerten Stuhl zwischen den von ihm hergestellten Möbeln saß – Schrankwand, Schreibtisch und Bett mit Bücherbordumrandung.

Als Helga wieder hochkam, unterhielten wir uns noch eine ganze Weile, bevor sie mir sagte, dass ich nun losmüsste, da um Viertel nach zehn mein Zug fahren würde. Der nächste mache erst zwei Stunden später nach Mitternacht in Schwarzenbek halt. An der Haustür haben wir endlich wieder etwas geknutscht, doch dann musste ich mich sputen, um den Zug noch zu erreichen. Oft musste ich, da wir uns nicht rechtzeitig trennen konnten, zwei Stunden auf dem Bahnsteig oder mit Spaziergängen durch den langweiligen Ort totschlagen, bevor ich endlich wieder nach Hamburg konnte.

Eines Tages, als ich von der Arbeit zurück zum Hotel kam und mir der Portier meinen Schlüssel aushändigte, teilte er mir mit, dass ein junges Fräulein am Morgen ein Zimmer im Hotel genommen hatte und jetzt in der Teestube auf mich wartete. Als ich in den Saal eintrat, war ich nicht schlecht erstaunt, als ich Miriam dort sitzen sah! Nach einer herzlichen Begrüßung ihrerseits, die ich verwirrt erwiderte, erzählte sie mir, dass meine Briefe und Gedichte sie dazu gebracht hätten, mich in Hamburg zu besuchen, um mir so über meine Einsamkeit und Traurigkeit hinwegzuhelfen. Ich war konsterniert, dass meine Briefe sie zu einem solchen Entschluss bewogen hatten.

Wenn ich nun nachmittags von der Arbeit kam, erwartete sie mich immer, gepflegt und adrett angezogen, um etwas mit mir zu unternehmen – einmal mit einem liebevoll gefüllten Picknickkorb, dessen leckeren Inhalt wir am Ufer der Außenalster verzehrten. Andere Male führte ich sie zu den verschiedenen Hamburger Sehenswürdigkeiten. Am Freitag überraschte sie mich mit einer vom Hotelportier empfohlenen Buchung für einen Wochenendtrip nach Malente!

Die kleine Stadt liegt idyllisch an zwei der vielen Seen der Holsteinischen Schweiz und ist von Hamburg aus schnell mit dem Zug zu erreichen. Sie hatte ein Zimmer für zwei Nächte in einem Hotel gebucht, und nachdem wir den Tag mit Spaziergängen und einem Ausflug per Ruderboot auf eine Insel verbracht hatten, übernachteten wir nach einem gemütlichen Abendessen in unserem Hotelzimmer.

Obwohl wir uns gut verstanden und mehrere Gemeinsamkeiten teilten, konnte ich ihre Gefühle nicht erwidern. Sie war mir, wie es die Hamburger ausdrücken, zu etepetete, womit sie geziertes und steifes bis zimperliches Benehmen meinen. Außerdem war da ja noch Helga! So erzählte ich Helga von meinem Besuch. Zu meinem Erstaunen wollte sie Miriam kennenlernen. Also trafen wir uns eines Abends zu dritt in der Künstlerkneipe, jenem Lokal, welches ich damals für mein erstes Rendezvous mit Helga ausgesucht hatte, das dann vor einer Bude mit Pommes und Majonäse endete. Wie schon beschrieben, bot die Künstlerkneipe ein angenehmes Ambiente und ehrliche Hamburger Küche. Doch verlief unsere Unterhaltung zähflüssig und war auch recht anstrengend. Helga sprach nur Deutsch, Miriam nur Englisch und Spanisch, sodass ich alles übersetzen musste und unsere Zusammenkunft bald nach dem Essen endete.

Ein paar Tage darauf, als ich von der Arbeit kam, erzählte der Portier mir, dass Miriam am Morgen ausgecheckt hatte. Offenbar war sie nach Paris gefahren, denn sie informierte sich bei ihm wegen der Abfahrtszeiten der Züge dorthin. Ich begriff, dass sie ihre Abreise seit dem Abend in der Künstlerkneipe geplant haben musste; und ich war ihr dankbar, dass ich nichts davon gewusst hatte. Auch, dass sie keinen Abschiedsbrief hinterließ, der in Worten zu sagen versuchte, was nicht in Worte zu fassen war. Jahre später sollte ich erfahren, dass sie einen Franzosen geheiratet und mit ihm mehrere Kinder hat.

Anfang Juni kam dann noch ein Besuch aus Venezuela. Der reiche Kaufmann Ernesto Blohm, Freund meiner Eltern, hatte meiner Mutter eine Reise nach Deutschland spendiert. Bei einem gesellschaftlichen Anlass hatte er neben meiner Mutter an einem Tisch gesessen und bei ihr ein leichtes Armzittern bemerkt. Er meinte, wenn sie es schon länger hätte, solle sie sich unbedingt ärztlich untersuchen lassen. Meine Mutter erwiderte, es liege eigentlich nur daran, dass sie in letzter Zeit oft nervös und leicht erregbar sei. Sie sich außerdem Sorgen um ihren Sohn in Deutschland mache. Er empfahl ihr, mich zu besuchen und einen erholsamen Urlaub in ihrer alten Heimat zu genießen, und falls sie danach weiterhin jenes leichte Zittern verspüre, dann aber doch einen Arzt aufzusuchen. Mutter entgegnete, dass sie sich einen solchen Urlaub zurzeit nicht leisten könne, denn die Operation ihres Mannes hätte einiges gekostet. Darauf bot er ihr an, ihr diesen Urlaub zu spendieren! Als meine

Mutter entschieden ablehnte, griff er sich eine Salzstange aus dem Glas auf dem Tisch vor ihnen und fragte, ob jemand bemerken würde, dass nun eine Salzstange weniger im Behälter sei. Und ergänzte lächelnd, genauso wenig würde es sich auf seinem Konto bemerkbar machen, wenn sie ihm die Freude mache, sein Angebot anzunehmen!

Mutter hatte sich bei mir in meinem Zimmer einquartiert. Ihr Verhältnis zu Herbert Langer war nicht berauschend, offenbar hatte es, nachdem sie ihn mit seinem Blumenstrauß neben meinem verliebten Vater am Bahnhof versetzt hatte,* noch weitere Zwistigkeiten zwischen den beiden gegeben. Sie begrüßten sich nur kurz, und er bot ihr kein Zimmer an. Mutter ihrerseits bat auch um keines. So fragte ich, ob sie bei mir übernachten dürfe. Darauf meinte er, wobei er sich nur an mich wendete, das Zimmer sei ja geräumig, das Bett recht groß und Kleiderschränke hätte es ja auch mehr als genug. Am Abend sollte er sich aber dazu durchringen, Mutter zum Essen einzuladen. Während wir speisten, schaffte sie es, den Zwist zwischen ihnen zu beseitigen. So wurde es noch ein lustiger Abend, in dessen Verlauf sie sich Anekdoten aus der Vergangenheit erzählten und viele Missverständnisse klären konnten. Dennoch wollte meine Mutter lieber weiterhin Madames Zimmer mit mir teilen.

An einem Nachmittag ein paar Tage nach ihrer Ankunft überraschte sie mich im Verlag. Ich befand mich gerade bei den Damen aus dem Vertrieb, um den Geburtstag von Frau Almers zu feiern. Mutter hatte sich mit Edgar Friederichsen verabredet, der mit ihr eine Verlagsführung unternahm. Die Damen und ich erschraken, als wir plötzlich von einem der Geschäftsführer beim Feiern überrascht wurden. Doch Mutter, die Feiern nahm, wie sie kamen, integrierte sich schnell in die Gesellschaft, bedankte sich herzlich bei den Damen, besonders bei Mutter Almers, die sich so großherzig um mich gekümmert hatte. Nachdem sie Edgar überredet hatte, auch ein Glas Wein mitzutrinken, erzählte sie, wie sie dank der Familie Friederichsen eine Buchhandlung in Caracas gegründet hatte*. Darauf unterhielt sie die Gesellschaft mit Anekdoten aus ihrem Leben als Buchhändlerin in den Tropen. Zum Schluss erbat sie sich von Frau Almers, die ja auch für die Lehrlinge des Verlages zuständig war, mir einen Urlaub zu erlauben, damit wir etwas Zeit zusammen verbringen könnten. Frau Almers versprach ihr, sich dafür einzusetzen, und als meine Mutter und Edgar weiterzogen, meinte sie zu mir: „Was hast du für eine nette und charmante Mutter."

Ja, Mutter hatte Charme, was auch Abuelita, ihre Schwiegermutter, immer wieder bestätigt hatte. Sie behauptete außerdem, dass keine ihrer eigenen Töchter darüber verfügte.

Frau Almers verlangte, dass ich meine Urlaubserlaubnis von Gisela Nolte, bei der ich zu der Zeit beschäftigt war, einholen müsse, was nicht weiter schwierig war. Gisela hatte meine Mutter während Edgars Rundgang ebenfalls kennengelernt und meinte, mit ihr würde sie auch gerne einen Urlaub verbringen.

Wir planten daraufhin eine Reise durch Deutschland. Unterwegs könnten wir auch die verschiedenen Geschäftsfreunde der Buchhandlung besuchen. Als Erstes aber, meinte meine Mutter, müssten wir uns dafür richtig einkleiden. Ich versuchte, soweit ich konnte, sie daran zu hindern, mich wieder zu verkleiden statt anzukleiden. In Venezuela schickte sie mich als Jugendlichen, zur Gaudi meiner Freunde, in bayrischer Lederhose auf die Straße, und als ich sie als Kind nach Deutschland begleitete, zog sie mir die venezolanische Nationaltracht an, einen kragenlosen weißen Anzug. Auch diesmal musste ich am Ende unserer Einkaufstour feststellen, dass sie für uns beide eine Art Partnerlook erreicht hatte. So waren Hemden und Blusen farblich aufeinander abgestimmt, und meine neue Wildlederjacke passte zu ihrem Mantel aus dem gleichen Material.

Mit Hilfe meiner Freunde, den Hotelportiers, entwickelten wir einen Reiseplan und erwarben die Fahrkarten. Doch bevor wir losfuhren, besuchten wir noch Günther Marissal. Seine Vorfahren waren seit 1825 Buchhändler in Hamburg, und ihre Buchhandlungen firmierten ab 1886 unter dem Namen *Weitbrecht & Marissal*. Er war auch Teilhaber der *Buch und Zeitschriften Union*, die unter anderem den von Richard Friederichsen gegründeten Auslandsvertrieb für Bücher übernommen hatte und so zu unserem Hauptlieferanten wurde. Wir verbrachten mit ihm einen angenehmen Abend, bei dem meine Mutter ihm von der Entwicklung des Buchladens erzählte. Zum Abschied versicherte ihr unser Gastgeber, dass er sich darum kümmern würde, die Geschäftsbedingungen für uns etwas günstiger zu gestalten.

Als Erstes fuhren wir dann nach Oldenburg und besuchten Mutters Bruder und ihre Schwestern. Meine Begeisterung für diesen Besuch hielt sich in Grenzen. Ich hatte schon vorher meiner Mutter den Wunsch erfüllt, ihre Familie zu besuchen. Dieser Besuch war jedoch recht kurz gewesen. Als ich endlich das Haus gefunden hatte, in dessen unterem Stock ihr Bruder Karl eine Kneipe führte, begrüßte mich der wortkarge Onkel nur knapp. Er spendierte mir ein Bier, fragte, ob ich Hunger hätte, schob mir einen Teller mit einer Wurst zu, und als ich fertig war mit Speis und Trank, wir dabei kaum ein Wort gewechselt hatten, verabschiedete ich mich und fuhr zurück nach Hamburg. Dieses Mal blieben wir zwei Tage, besuchten ihre Schwestern, fuhren zu einer ihrer Kusinen, die uns zu einem Ausflug einlud und uns stolz zum Neuenburger Urwald führte. Von diesem hatten gerade mal 24 Hektar ihren Urzustand bewahrt. Der „Urwald" hat mich wenig beeindruckt, umso mehr die Erkenntnis, dass Deutschland zu einem Drittel mit Bäumen bewachsen ist und fast die gesamte bewaldete Fläche von Menschenhand gestaltet wurde.

Wir verabschiedeten uns von der Familie meiner Mutter, und ich muss zugeben, dass ich sie kaum in Erinnerung habe. Von Oldenburg fuhren wir nach Bremen. Dort holte uns Dr. Helmut Peter mit seiner Frau Hildegard vom Bahnhof ab. Hildegard und meine Mutter hatten während des Krieges als Krankenschwestern im selben Krankenhaus gearbeitet. Helmut kam zur gleichen Zeit wie mein Vater aus russischer Gefangenschaft zurück und war, wie mir meine Mutter mitteilte, auch einer meiner Patenonkel. Er war ein kleiner Man mit Spitzbart, seine Frau überragte ihn bestimmt um circa zwanzig Zentimeter – womit wir wieder beim Spruch von Abuelita sind, dass kleine Männer große Frauen und große Autos bevorzugen –, und sein Gehabe hatte etwas Wichtigtuerisches, Beamtenhaftes. Doch waren sie ein gastfreundliches und liebenswürdiges Ehepaar und führten uns ausführlich durch die sehenswerte Bremer Innenstadt. Am Abend, in einem angenehmen Restaurant mit ausgezeichneter Karte, bewirtete uns Helmut außerdem kenntnisreich mit einer Auswahl hervorragender deutscher Weine. Wir übernachteten in ihrem Gästezimmer, und bevor wir am nächsten Morgen nach Köln aufbrachen, servierte uns Hildegard ein liebevoll zubereitetes Frühstück.

In Köln angekommen, besichtigten wir den gleich neben dem Bahnhof liegenden Kölner Dom mit seinen 157 Meter hohen Doppeltürmen. Mit 7.100 m² bebauter Fläche ist er die größte Kirche der Welt. Wie durch ein Wunder hat dieses Monument des katholischen Glaubens die Bombenangriffe der Alliierten überstanden. Als die Kölner Bevölkerung nach dem Krieg in ihre verwüstete Heimatstadt zurückkehrte, wird ihr der Dom wohl den Mut gegeben haben, die Stadt Stein für Stein wieder aufzubauen. Nach einer Besichtigung, wie sie jährlich sieben bis acht Millionen Touristen machten, fuhren wir weiter nach Frankfurt und erreichten die Stadt am frühen Abend.

Wir nahmen uns ein Hotel gleich in Bahnhofsnähe, bedachten dabei aber nicht, dass wir uns in einem Rotlichtviertel einquartiert hatten. Unser Zimmer war halbwegs annehmbar, doch lag es etwas unter Straßenhöhe. Durchs Fenster sah man von den Passanten nur die Beine bis zur Kniehöhe. Ein etwas ungewöhnlicher Ausblick, besonders weil die meisten sichtbaren Beine mit kecken Nylonstrümpfen dekoriert waren, die ständig hin- und herliefen. Wir alberten darüber herum, und Mutter meinte, der „Portier" muss sich wohl gedacht haben, dass die ältere Dame sich ja einen recht knackigen Lover geangelt hätte.

Da Frankfurt wie Köln im Krieg stark zerstört wurde und die Innenstadt zur damaligen Zeit nicht viel zu bieten hatte, gingen wir ins Kino. Während des langatmigen Vorspanns des Westerns sah man auf der Leinwand nur galoppierende Pferdebeine. Als Mutter meinte, sie sei es langsam leid, in Frankfurt immer nur den unteren Ausschnitt einer Ansicht zu sehen, mussten wir lachen. Bei jeder Szene, in der nur der untere Teil des Dargestellten erschien, fingen wir erneut an zu lachen.

Auch Jahre später stelle ich immer wieder verwundert fest, wie viele Filme mit einer Bodenaufnahme beginnen, und muss dann schmunzelnd an meine Mutter denken.

In dieser albernen Stimmung gingen wir essen. Nachdem uns der Kellner die Menükarte gebracht hatte, beobachteten wir einen Mann an einem Nebentisch, wie er sein Kinn auf die Tischplatte legte und uns mit schielendem Blick anlächelte. Anscheinend band er sich gerade mühsam die Schuhe. Als Mutter daraufhin meinte, nun hätten wir nur den oberen Teil einer Szene, mussten wir wieder lachen.

Da das Restaurant Frankfurter Spezialitäten anbot, bestellten wir den vom Kellner empfohlenen Äppelwoi und die Schlachterplatte. Dies sollte unsere lustige Laune etwas dämpfen. Der Apfelwein schmeckte, als hätte man das Getränk schon mal aufgestoßen, und die Schlachterplatte war mit das Unästhetischste, was ich je auf einem gedeckten Tisch gesehen habe. Auf einer riesigen Platte hatte man massenweise Innereien und Würste einer armen Kuh aufgehäuft und das Ganze noch mit ihrer riesigen Zunge dekoriert. Dazu gab es nur eine wässerige, etwas grünliche Soße, die, wie ich bei späteren Besuchen der Stadt erfahren sollte, das Nonplusultra der Frankfurter Küche sein soll. Es wundert mich nicht, dass außer Finanzfritzen alle Menschen einen Bogen um diese Stadt machen, obwohl es inzwischen dort einige gute italienische Restaurants gibt.

Am nächsten Morgen verließen wir Frankfurt, und fuhren nicht weit, um Darmstadt zu erreichen. Hier befand sich der Hauptsitz der *Deutschen Buchgemeinschaft.* Die Buchgemeinschaft hatte in ihren besten Jahren an die sechshunderttausend Mitglieder, von denen wir an die hundert in unserer Buchhandlung in Caracas betreuten. Vierteljährlich erschien die Zeitschrift *Lesestunde,* die an die Mitglieder versendet wurde und in der sich die Leser über die circa sechshundert neuen Titel im Jahr informieren konnten. Wir hatten unseren Besuch angemeldet und wurden von einem sehr freundlichen Herrn empfangen, der für die Auslandskunden zuständig war. Nach einem angenehmen Gespräch unternahm er mit uns eine Führung durch das riesige Verlagshaus, in dem man den gesamten Rowohlt Verlag mehrfach hätte unterbringen können. Nachdem wir einen Teil des Unternehmens angesehen hatten, erstaunte er uns mit der Mitteilung, dass Ernst Leonhard, der Verlagsdirektor und ein Nachkomme des Gründers, uns persönlich begrüßen wollte.

Was von Herrn Leonhard wohl als kurze Höflichkeitsgeste gedacht war, entwickelte sich bald zu einer längeren und amüsanten Unterhaltung über Bücher, Literatur, Autoren und insbesondere unsere Buchhandlung und unser Leben in Caracas. Prompt fragte er, ob er uns zum Mittagessen einladen dürfte, und bat seine Sekretärin, seine Termine zu ändern. Während wir in einem schönen Lokal speisten, erreichte Mutter mit ihrem Charme, dass seine Firma die Portogebühren für die *Lesestunden* übernahm, einem höheren Rabatt zustimmte und unser Zahlungsziel auf sechzig Tage verlängerte. Auf dem Nachhauseweg meinte ich zu meiner Mutter voller Bewunderung: „Also, wenn Marissal, wie versprochen, etwas bessere Bedingungen einräumen wird, zusammen mit dem bei Leonhard Erreichten, hat sich deine Reise eigentlich schon bezahlt gemacht."

1979 verkaufte Leonhard 50% der Deutschen Buchgemeinschaft an Bertelsmann, dessen Buchclub das Zehnfache an Mitgliedern betreute. Leonhard blieb aber noch ein paar Jahre leitender Geschäftsführer für das Auslandsgeschäft des Clubs. Als ich Jahre später über die Rechte meiner zwei Bücher *Fauna de Venezuela* und *Joyas de las Orquideas* mit dem venezolanischen Zweig des Buchclubs verhandelte, ließ ich leicht übertrieben meine Bekanntschaft mit Leonhard in das Gespräch einfließen. Dies beeindruckte meine Verhandlungspartner, und ich erreichte dadurch bessere Honorare als die anfangs von ihnen angebotenen.

Von Darmstadt aus nahmen wir den Zug nach Lindau. Hier bekamen wir ein Zimmer in einer angenehmen Pension und wurden von einer netten Wirtin aufs Angenehmste verwöhnt. Wir unternahmen einige Ausflüge, unter anderem zur Insel Mainau, die durch ein günstiges Klima bedingt als „Blumeninsel im Bodensee" bezeichnet wird. In den sorgsam gepflegten Anlagen, in der Palmen und andere mediterrane Pflanzen gedeihen, konnte man eine tropische Vegetation bewundern.

Nach ein paar erholsamen Tagen fuhren wir dann nach München, und die Stadt empfing uns, wie sie Thomas Mann in seiner Erzählung „Gladius Dei" beschreibt: *München leuchtete. Über den festlichen Plätzen und weißen Säulentempeln, den antikisierenden Monumenten und Barockkirchen, den springenden Brunnen, Palästen und Gartenanlagen der Residenz spannte sich strahlend ein Himmel von blauer Seide, und ihre breiten und lichten, umgrünten und wohlberechneten Perspektiven lagen in dem Sonnendunst eines ersten schönen Junitages.*

Wenn mir mein Vater Hamburg nahegebracht hatte, so bescherte mir meine Mutter mit dieser Reise Deutschland. Noch oft denke ich an die angenehmen Bahnfahrten. Anders als die mit dem heutigen ICE, wo es nur noch darauf ankommt, schnell ein Ziel zu erreichen, und die Fahrt selbst nicht mehr Teil des Reisevergnügens ist. Statt wie heute aufgereiht wie in einem Flugzeug zu sitzen, über Brücken und durch Tunnel zu rasen, neben Mitreisenden, die nur mit ihrem Handy oder Laptop beschäftigt sind, saß man damals in einem Abteil, schloss Reisebekanntschaften und bewunderte die langsam vorbeiziehende Landschaft. Besonders lohnend war es, als wir damals gemächlich den Rhein entlangfuhren und am Fenster die liebliche Landschaft vorbeifloss. Bilder, die an eine Spielzeugeisenbahn erinnerten. Das Reisen damals war auch unterhaltsamer. Zum Beispiel sprach ich einmal auf unserer Reise einen neben mir sitzenden Herrn an, der nur in die dicht mit Zahlen bedruckten Seiten seiner Zeitung schaute. Ich bat ihn wegen meiner Neugierde um Verzeihung und fragte ihn, wieso er sich so ausgiebig mit den für mich unverständlichen Zahlenkolonnen beschäftige. Er erklärte mir, dass die Zahlen oft mehr aussagten als die restlichen Texte. So kamen wir ins Gespräch, und er erläuterte mir geduldig, welch Bewandtnis es damit hatte. So lernte ich Aktienkurse und Anleihen zu interpretieren, und als ich ihm erzählte, dass ich aus Venezuela komme, zeigte er mir die Spalte der venezolanischen Anleihen und meinte, daraus könne er entnehmen, dass ich in einem wirtschaftlich soliden Land lebe, dessen Anleihen mit einem dreifachen A bewertet seien. Da auch Petroleumanleihen aufgelistet seien, trüge Erdöl offenbar zu einem Großteil der Wirtschaft bei. Und so wie mit Venezuela könne er sich Erkenntnisse über Länder und Firmen in aller Welt verschaffen. Als ich zuletzt in so einen Wirtschaftsteil einer Zeitung blickte, dachte ich mir, dass meine Reisebekanntschaft, sollte sie sich mal wieder mit Venezuelas Zahlen beschäftigen, feststellen könnte, dass es unserem Land in letzter Zeit gar nicht mehr so gut geht.

Auch die Speisewagen statt des heutigen Bordbistros – schon allein der Missbrauch des Wortes Bistro! – trugen zum Wohlbefinden der Reisenden bei. An hübsch gedeckten Tischen konnte man gemütlich speisen, während man auf Burgen und die lieblichen Landschaften des Rheintals schaute. Auf der Rückfahrt von München nach Hamburg, lernte ich auch noch die großzügig angelegten Schlafwagen kennen. In einem davon übernachteten wir angenehm, um ausgeruht in Hamburg anzukommen. Als ich zuletzt für eine Fahrt von Hamburg in die Schweiz einen Schlafwagen buchte, in der Erwartung, die Reise wieder in erholsamem Schlaf zu verbringen, war ich ziemlich enttäuscht, als man mich in einem engen ungemütlichen Plastikkabuff unterbrachte.

Während meine Mutter ihre restlichen Urlaubstage mit Verwandtenbesuchen in Hamburg verbrachte, fiel mir immer mehr ihr Zittern besonders im linken Arm auf. Oft befahl ich ihr grob, sie solle damit aufhören, und wenn wir eingehakt spazieren gingen und ihr linker Arm zu zittern anfing, wechselte ich die Seite. Damals hatte ich keinen Schimmer, dass es sich um die mir völlig unbekannte, schreckliche Parkinson'sche Krankheit handelte, die sich mit den Jahren immer weiter entfalten würde.

Meine Mutter wollte auch Helga kennenlernen, von der ich einiges erzählt hatte. So bat sie mich, Helga zu einem Abendessen im Hotelrestaurant einzuladen. Helga fühlte sich in der luxuriösen Umgebung nicht wohl, und schnell bemerkte ich, dass sie und meine Mutter wenig miteinander anfangen konnten. Dafür waren sie zu verschieden. Helga mit ihrer geradlinigen, manchmal bis zum Starrsinn auf Ehrlichkeit und Gerechtigkeit bedachten Art, im Gegensatz zu meiner Mutter, die ihre Einstellungen der momentanen Situation anpasste, um dabei das Bestmögliche für sich zu erreichen. Diese zwei so verschiedenen Welten sollten sich auch in Zukunft nicht viel näher kommen, obwohl beide miteinander immer einen freundlichen Umgang pflegten. Mein

Vater indessen, dessen Charakter mehr dem Helgas ähnelte, sollte sie umso mehr schätzen.

Obwohl das Eheleben unserer Eltern unterschiedlich war – meine teilten sich Arbeit und Haushalt, während ihr Vater sich um das Einkommen und ihre Mutter sich um den Haushalt kümmerte –, standen beide Frauen hinter ihren Ehemännern. Der Unterschied bestand darin, dass meine Mutter hinter den Kulissen meinen Vater immer vorantrieb, während Helgas Mutter ihren Mann zurückhielt. Dies beruhte auf der unterschiedlichen Herangehensweise unserer Mütter, ihre Ehemänner ihren Wünschen anzupassen. War dies ein Herabziehen, wie es Simone de Beauvoir in ihrem Buch *Das andere Geschlecht* von 1949 beschreibt? Dass die Frau, gebunden an Heim und Herd, zum Rückzug verurteilt ist. Dass sie deshalb alles daransetzt, den Mann herabzuziehen. Aber anders als die Frauen zu Beauvoirs Zeiten, die schon rein rechtlich gesehen im Nachteil waren, genießen heute beide Geschlechter die gleichen Rechte. Mit der Lösung der rechtlichen Probleme, zum größten Teil dank der Frauenbewegungen, müsste man heute nach einem neuen Weg suchen, wie wir als Männer und Frauen zu einem befriedigenden Geschlechterverhältnis finden. Doch noch heute fühle ich, dass auch meine Partnerinnen sich von mir übervorteilt fühlen und daraufhin versuchen, mich herabzuziehen.

Nach dem Urlaub beendete ich mein erstes Lehrjahr in der Herstellung des Rowohlt Verlages und besuchte im Herbst den zweiten Blockunterricht an der Handelsschule.

Frauenmünster, Zürich.

VII

Che pensa! Non deve mai pensar l'uomo,
pensando s'invecchia. … Non deve fermarsi
l'uomo in una sola cosa, perché allora divien
matto; bisogna aver mille cose, una confusione
nella testa.

Johann Wolfgang Goethe,
Tagebuch der italienischen Reise für Frau von Stein

Es fing wieder an, früher dunkel zu werden. Morgens erschien die Sonne, wenn überhaupt, recht spät. Das Hamburger Nieselwetter hat ja schon Wolf Biermann in seinem *Deutschland ein Wintermärchen* beschrieben: „Der Hamburger Nieselregen ist genau wie Günter Grass, er trommelt auf die Deutschen, doch macht er sie nie ganz nass." Es wurde auch immer kälter. Der ständige Wind sorgte dafür, dass die feuchte Kälte sich noch ungemütlicher anfühlte. Die fehlende Sonne wirkte bedrückend, verursachte in der Bevölkerung eine melancholische Stimmung, die von den schwermütigen deutschen Weihnachtsliedern, die in jedem Kaufhaus aus den Lautsprechern dudelten, unterstrichen wurde.

Auf Deutsch: Was denkt Ihr viel! der Mensch muss niemals denken, denkend altert er nur. … Der Mensch muss sich nicht auf eine einzige Sache heften, denn da wird er toll, man muss tausend Sachen, eine Konfusion im Kopfe haben.

In der Reichshofkantine traf ich mich seit einigen Wochen jeden Morgen mit Jane zum Frühstück. Sie war eine amerikanische Kunststudentin, etwas füllig, aber mit einem hübschen Gesicht und langem braunem Haar. Sie arbeitete im Hotel als Zimmermädchen, um ihre Reisekasse aufzufüllen. Sie wollte mehrere Städte Europas bereisen und deren Kunstschätze kennenlernen. Eines Tages erzählte sie mir, dass sie vorhatte, recht bald Hamburg zu verlassen, um nach Italien zu trampen. Schon länger überlegte ich, wie ich der traurigen Weihnachtsstimmung entkommen könnte. So fragte ich sie, ob ich sie begleiten dürfe.

Ein paar Tage später standen wir beide, ich mit einer Tasche, sie mit einem professionell aussehenden Rucksack, in der Nähe einer Autobahnauffahrt und reckten den vorbeifahrenden Autos unsere Daumen entgegen. Es war saukalt, dann fing es auch noch an zu schneien. Stunden vergingen, ohne dass etwas passierte. Langsam hielt ich das Ganze für eine Schnapsidee. Es wurde schon dunkel, als endlich ein Wagen anhielt, der aber nur bis Hannover fuhr. Der Fahrer meinte, vom dortigen Hauptbahnhof könnten wir ja einen Zug nach Italien nehmen.

Am Bahnhof in Hannover erfragte ich am Schalter den Preis für eine Fahrkarte nach Italien. Als ich Jane die Kosten mitteilte, schlug sie vor, am Bahnhof zu übernachten und am nächsten Morgen weiterzutrampen. Die Aussicht, die Nacht auf einer Bank in der kalten Halle überstehen zu müssen, verschlechterte meine Stimmung merklich. Am liebsten hätte ich einen Zug zurück nach Hamburg genommen und das ganze Abenteuer abgeschrieben. Doch nach der Einfahrt einer Bahn brach plötzlich Chaos aus. Von überall kamen Menschen mit Kisten, Koffern und Säcken und rannten zum Bahnsteig. Es wurde viel geschrien, gelacht. In dem Gewühl hoben die Leute ihr Gepäck und ihre Kinder durch die Türen und Fenster und drängten sich in den Zug. Ich bemerkte, dass alle italienisch redeten, und fragte eine hübsche Frau, die sich mit zwei Passagieren an einem Zugfenster unterhielt, wohin der Zug denn fahre. Sie lachte und sagte: „Dies ist der Kopenhagen-Napoli Express, der fährt durch bis nach Süditalien."
„Ah, bella Napoli! Da will ich auch gerne hin, aber ich habe nicht genug Geld!", antwortete ich.
„Fahrkarte brauchst du nicht", erwiderte sie. „ Komm, steig ein. Es gibt keine Kontrolleure, sind alle weg. Sie wollten, dass einige aussteigen, um auf den nächsten Zug zu warten, aber dann gab es so viel Geschrei, da sind sie einfach verschwunden!"

Ich holte schnell Jane, und so drängten auch wir uns in den überfüllten Zug.

Wir waren noch nicht lange gefahren, als ein Herr, mit dem ich ins Gespräch gekommen war, Jane seinen Sitzplatz anbot. Er hatte mein Spanisch, das ich italienisch klingen ließ und mit Zeichensprache ergänzte, missverstanden. Er dachte, ich hätte gesagt, dass meine Frau schwanger sei, als ich mit den Händen ihre etwas füllige Figur beschrieb, auf sie zeigte und sie „Signora" statt „Signorina" nannte. Mit Janes Sitzplatz konnte ich auch meine Tasche loswerden und setzte mich zu den anderen auf den Fußboden im Gang. Hier hatten es sich hauptsächlich die Jugendlichen bequem gemacht, die angeregt durcheinanderredeten. Es wurde Wein, Salami, Hartkäse und Brot herumgereicht. In einem anliegenden Abteil stopfte jemand immer wieder seine einzige 45'-Schallplatte in ein kleines tragbares Gerät, aus dem dann stundenlang das thematisch passende, aber immer gleiche Lied erklang: „Never Marry a Railroad Man". Als die Batterien nach einer Weile ihren Geist aufgaben, wurde es von einem Akkordeonspieler abgelöst, der zwar für mehr Abwechslung sorgte, aber die musikalische Qualität nicht sonderlich verbesserte.

Nach einigen Stunden, so nahm ich in der Dunkelheit an, fuhren wir schon durch Süddeutschland, und im Zug wurde es etwas ruhiger. Einige schliefen, als ich bemerkte, dass neben der hübschen Italienerin, die nicht weit von mir saß, ein Platz frei wurde. Wir hatten uns schon ein paarmal zugelächelt und etwas zugerufen. Nun nutzte ich die Gelegenheit, um mich zu ihr zu setzen. Sie erzählte mir, sie arbeite in Hamburg als Sekretärin in einer italienischen Firma und dies sei nach zwei Jahren ihr erster Heimaturlaub. Ich erfuhr, dass sie Irina hieß und dass ihre Familie in Rovereto lebte, wohin sie auch unterwegs war. Sie meinte, Stadt und Umgebung seien einen Besuch wert. Sie lud mich sogar ein, bei ihr zu übernachten, um mir die Sehenswürdigkeiten der Gegend zu zeigen. Ich druckste herum, dass ich mit einer Reisegefährtin zusammen sei, zwar nicht liiert, aber befreundet, und sie wolle eigentlich nach Rom, aber dass mir ein Zwischenstopp im Norden Italiens durchaus zusage.

Der Zug verließ die Bundesrepublik ohne Weiteres, hielt dann aber am Schweizer Grenzposten an. Kontrolleure und Zollbeamte stiegen ein, schauten sich verzweifelt das Tuvalu an und stiegen schnell wieder aus, als die meisten aus ihrem Schlaf erwachten, wild durcheinanderredeten oder nach ihren Angehörigen schrien. Auch an der Grenze zu Italien hielt der Zug nur kurz. Die dortigen Grenzbeamten versuchten gar nicht erst, den Zug zu besteigen.

Es wurde langsam hell, auch die Sonne erschien, als wir beide am Fenster stehend die liebliche Landschaft genossen. Sie meinte, das sei ihre Heimat, und erzählte mir, dass Bozen zusammen mit dem Trentino das autonome Südtirol ausmachen. Ich erwiderte, die Gegend sehe ziemlich bayrisch aus. Worauf sie mir erklärte, dass die Südtiroler die deutschesten der Italiener seien und die Mehrheit der Bevölkerung Deutsch spreche. Meinen Kommentar fand sie treffend, Südtirol habe auch eine Zeit lang zum bayrischen Königreich gehört. Sie dozierte dann über das ewige Hin und Her der Zugehörigkeit Südtirols, bis es schließlich im Jahre 1919 Italien zugesprochen wurde.

Auf dem Bahnstieg von Rovereto wurden wir drei von ihrer ganzen Familie empfangen. Ihr Vater hatte frappierende Ähnlichkeit mit dem Filmschauspieler Louis de Funès und war auch genauso zappelig. Nach einer freudigen Begrüßung wurden wir vorgestellt, und als ihre Familie in ihrem Auto losfuhr, stiegen Jane, Irina und ich zu einem jungen Mann in einen Fiat 500. Irina stellte mir den Fahrer als ihren Freund vor, mit dem sie am kommenden Sonntag ihre Verlobung feiern würde. Damit hatte sich mein Plan, die Amerikanerin alleine weiterreisen zu lassen und den restlichen Urlaub mit Irina zu verbringen, erledigt. Dennoch verlebten wir einen schönen Tag. Nach einem reichlichen Familienessen machten wir mit Irina und ihrem Freund einen Spaziergang durch die hübsche Kleinstadt und fuhren abends mit dem Fiat noch bis zum Gardasee.

Am nächsten Morgen, nach einem einfachen Frühstück und freundschaftlichem Abschied, holte uns ihr Freund ab und fuhr uns bis zu einer Straße, von der er meinte, dass man von dort aus bestens per Anhalter weiterkommen könne und wir spätestens am frühen Nachmittag in Rom ankommen müssten. Nach kurzer Zeit hielt ein schnieker Sportwagen und schon rasten wir auf einer Autostrada Richtung Rom. Im Auto war es ziemlich laut – teils lag es am Motorgeräusch, teils an dem vibrierenden Stoffverdeck des Wagens –, sodass sich die hübsche Beifahrerin, die ziemlich gesprächig war, immer wieder zu uns zurückbeugte und ich mich vorlehnen musste, um mich mit ihr zu unterhalten. Plötzlich hielt der Fahrer am Straßenrand, und nach einem heftigen, uns unverständlichen Redeschwall schmiss er mich und Jane aus dem Auto. Offenbar war der heißblütige Italiener eifersuchtig geworden. Bald darauf stiegen wir in einen LKW und Jane setzte sich in die Mitte. Es dauerte nicht lange, und der Fahrer fing an, ihr Bein zu streicheln. Jane schien das nicht weiter zu stören, aber als der olle Fahrer mir auch noch Blicke zuwarf, die besagten, dass ich ja wohl ein ziemlicher Schlappschwanz sei, war nun ich dran mit Schimpfen, und wieder standen wir am Straßenrand. Jane war zu meinem Erstaunen auch noch sauer. Die Hauptsache sei, dass wir weiterkämen, sie könne schon selbst auf sich aufpassen, und ich wäre ja wohl genauso ein Macho wie der Italiener im Sportwagen.

Wir standen nun eine ganze Weile missgelaunt am kalten Straßenrand, bevor endlich ein PKW hielt. Der Fahrer war diesmal ein netter junger Typ, erzählte uns viel von seiner Heimatstadt Rom und setzte uns am frühen Abend direkt vor einer Jugendherberge ab, von der er meinte, es sei die beste, die Rom zu bieten hatte.

Rom zu beschreiben spare ich mir. Jeder hat es entweder schon einmal besucht, und wenn nicht, kennt er es von Fotos, aus Büchern oder Filmen. Als Kunststudentin hatte Jane einen genauen Plan, was sie alles besichtigen wollte, und sie dabei zu begleiten war ein Privileg, denn so hatte ich meine eigene Reiseführerin. Im Winter 1969 irrten hier noch nicht Horden von Japanern, Chinesen, Amerikanern und Europäern herum, sodass wir viele der Sehenswürdigkeiten ohne Touristentrubel genießen konnten. Wir bewunderten den David von Michelangelo, saßen stundenlang vor seinem Moses und warfen immer wieder Münzen in einen klapperigen Kasten, woraufhin Moses erneut für ein paar Minuten von Scheinwerfern angeleuchtet wurde. Doch besonders hatte es mir Gian Lorenzo Bernini angetan, sein Einbringen der Skulptur in die Architektur faszinierte mich. Außerordentlich beeindruckt war ich von seinem Werk „Die Verzückung der heiligen Theresa" in der Cappella Cornaro. Die Wechselwirkung des ekstatischen Gesichts Theresas im Mittelpunkt und der Grunddrapierung der Skulptur bezauberte mich. Ich sah darin eine faszinierende Verbindung von Erotik, Masochismus und Sehnsucht und teilte es Jane mit. Sie behauptete aber, dass es mit Erotik und Masochismus nichts zu tun hätte, und verfiel wieder darauf, mich des Machismo zu bezichtigen. Am Abend in der Jugendherberge lieh ich mir von einem Reisenden seinen Reiseführer und las dort den Auszug „Die Durchbohrung ihres Herzens", die bekannteste Vision von Teresa de Avila aus ihrem Werk *Das Buch meines Lebens*. Dieser Text bestätigte mich in meiner Meinung, dass die Offenbarung Teresas durchaus eine erotische Interpretation erlaubt, und der Bildhauer hatte die Worte der Mystikerin mit seiner vorzüglichen Meißeltechnik so genau wie möglich in Marmor übersetzt:

„Einen Engel sah ich zu meiner Linken, und zwar in lieblicher Gestalt, was ich sonst kaum einmal sehe. [...] Er war nicht groß, eher klein, sehr schön, mit einem so leuchtenden Antlitz, dass er allem Anschein nach zu den ganz erhabenen Engeln gehörte, die so aussehen, als wären sie ganz aus Licht gemacht. [...] Ich sah in seinen Händen einen langen goldenen Pfeil, und an der Spitze dieses Eisens schien ein wenig Feuer zu züngeln. Ich fühlte ihn mehrmals mit diesem in mein Herz stoßen und bis in den Schoß dringen, und zog er ihn zurück, so war mir, als ob er an meinen Eingeweiden risse. So heftig war der Schmerz, dass er mir Schreie entlockte. Und so süß ist mir dieses überwältigende Weh, dass ich wünsche, es möge nie enden, und Gott möge immer bei mir sein. Es ist dies kein leiblicher, sondern ein geis-

6 https://de.wikipedia.org /wiki/Teresa _von_%C3%81 vila - cite_note-31 tiger Schmerz, obschon auch der Leib durchaus Anteil daran hat, und sogar ziemlich viel."[6]

Ach, alles in Rom öffnete mir mit Hilfe von Jane die Augen für Kunst und Architektur und wir verbrachten unvergessliche Tage. Ich stimmte Goethe bei, der in seinem Werk *Römische Elegien* schrieb: „O wie fühl' ich mich in Rom so froh! Gedenk' ich der Zeiten, da mich ein graulicher Tag hinten im Norden umfing."

Am Morgen des 24. Dezember sagte mir Jane, sie wolle nun weiter nach Napoli reisen, um von dort aus auch Pompei zu besichtigen. So hielten wir wieder den Autofahrern unsere Daumen entgegen und waren recht bald mit einem netten Typen unterwegs nach Napoli. Er erzählte uns, dass seine Tante eine kleine und preiswerte Pension führe und er uns bei Interesse dort hinfahren könne. In Napoli angekommen, schlängelte er den Wagen durch enge Gassen und hielt vor einem etwas heruntergekommenen Gebäude. Die ganze Familie und seine Tante freuten sich über seinen Besuch. Sie zeigten uns gleich ein Zimmer mit Blick auf eine Gasse, und wenn man sich etwas hinauslehnte, konnte man sogar in der Ferne das Meer erblicken. Wir bekamen auch gleich hausgemachte Spaghetti al „burro", also mit frischer Butter und Parmesankäse. Nach dem Essen verabschiedeten wir uns von unserem neuen Freund und machten uns auf, die Stadt zu besichtigen. Napoli begeisterte mich sofort, die Stadt machte einen charmant vernachlässigten Eindruck. Die vielen Einwohner, die durch die engen Passagen wuselten, sich lachend begrüßten und laut unterhielten, schienen sich in ihrem Viertel wohl zu fühlen. Dies war eigentlich das zweite Mal, dass ich Napoli erlebte. Von meinem ersten Besuch als Dreijähriger zusammen mit meiner Mutter war natürlich keine Erinnerung mehr vorhanden. Doch musste ich schmunzeln, als wir ans Meer kamen und mir ein Foto einfiel, das jemand für uns auf unserer Reise aufgenommen hatte. Mit Baskenmütze und einem Cape ausstaffiert, stand ich an ebendieser Mole, und unter das Foto hatte sie geschrieben: „Napoli und mein kleiner italienischer Künstler".

Nach einem ausgiebigen Spaziergang kauften wir etwas Käse, ein Brot, eine Flasche Wein und kehrten in unsere Pension zurück. Im Nachbarzimmer hatte sich ein schwarzer US-Amerikaner einquartiert, spielte Gitarre und sang dazu Weihnachtslieder. Als er „I'm dreaming of a white Christmas …" sang, sehnte ich mich nicht nach seinem white Christmas. Weintrinkend auf dem Bett dachte ich vielmehr daran, dass in ein paar Stunden meine Familie in Caracas schick angezogen unser traditionelles Weihnachtsfest feiern würde.

Am nächsten Morgen weckte uns die ganze Familie und die Kinder brachten uns das Frühstück ans Bett. Die Wirtin richtete uns aus, dass ihr Neffe uns abholen wolle, um uns Napoli zu zeigen. Als er kam, erzählten wir ihm, dass wir eigentlich einen Ausflug nach Pompei planten. Er fand, dies sei auch eine gute Idee, und da er seit Jahren nicht mehr dort gewesen sei, würde er uns gerne begleiten. Die drei Kinder der Wirtin wollten auch mit, und so stopften wir uns alle in seinen kleinen Fiat und fuhren los.

Mit meiner Mutter in Napoli.

Ich hatte keine so weitläufige Anlage erwartet. Die biblische Katastrophe, die diese Stadt und ihre Einwohner in so kurzer Zeit ausgelöscht hatte, der Gedanke, dass nicht nur man selbst, sondern auch alles, was einem lieb und teuer ist, schlagartig unter sechs Metern Lava und Asche aus der Tiefe der Erde begraben wird, versetzte mich in nachdenkliche Stimmung. Wohin man auch blickte, nur Ruinen einer zerstörerischen Naturgewalt. Am traurigsten war die Ausstellung der versteinerten Körper von Menschen, die vom Ausbruch des Vulkans überrascht worden waren. Und das Ganze bei bleigrauem Himmel und einem trostlosen, ewig gleichbleibenden, leichten kalten Regen. Die Kinder aber waren in ausgelassener Stimmung, zogen mich weiter, versteckten sich, sprangen in den Ruinen herum und hatten ihren Spaß, während wir immer wieder auf Jane warten mussten, die vor Mosaiken, Reststatuen und Säulen länger stehen blieb.

Nach zwei weiteren Übernachtungen in Napoli wollte Jane nun zurück nach Rom, wo ich ihr am zweiten Tag mitteilte, dass wir uns langsam auf den Weg zurück nach Hamburg machen sollten, da ich ja irgendwann wieder arbeiten müsse. Außerdem hatte ich nur noch wenig Geld, auch nicht die Möglichkeit wie die amerikanischen Rucksack-Touristen, am American Express-Schalter dauernd welches abzuheben. Ihr Reiseführer mit dem Titel *Europe on 5 and 10 dollars a day* behauptete zwar, dass man mit diesem Betrag auskommen könnte, aber das war kaum zu schaffen. Da eröffnete mir Jane, dass sie gar nicht vorhatte, wieder nach Deutschland zu reisen, sondern einen Flug nach Griechenland nehmen würde. Ziemlich sauer stand ich am nächsten Morgen mit ausgestrecktem Daumen an einer Ausfallstraße der Stadt. Es dauerte ewig, bis sich endlich jemand erbarmte, mich mitzunehmen. Zu meiner Überraschung fuhren wir auf einer Küstenstraße und bei Pitigliano dann wieder landeinwärts. Obwohl ich nur wenig von dieser malerischen mittelalterlichen Stadt an der Felsküste sah, schwor ich mir, sie auf jeden Fall noch einmal zu besuchen, was ich zu meinem Leidwesen bis heute nicht getan habe.

Am späten Nachmittag setzte mich der Fahrer dann mitten in einer Kleinstadt ab. Deprimiert lief ich durch die Ortschaft – ohne Jane, ihren Reiseführer und ihre Karten kam ich mir verloren vor. Ich wusste ja nicht einmal, wie der Ort hieß und ob ich überhaupt in Richtung Norden gereist war. Eine ältere Frau, die ich ansprach, erklärte mir, dass ich in Grosseto sei, was mir auch nichts sagte. Als ich sie nach einem Bahnhof fragte, nahm sie mich beim Arm, quasselte ununterbrochen Unverständliches und ging mit mir in einen Friseursalon, worauf ein Palaver mit dem Barbier folgte. Der setzte mich in einen Sessel und fing an, mir die Haare zu waschen. Mein Protest, ich hätte kein Geld und wollte doch nicht zu einem Barbier, sondern zum Bahnhof, ging in ihrer lautstarken Unterhaltung unter. Dann schnitt der Friseur mir die Haare, rasierte mir den Flaum aus dem Gesicht, und als ich mich wieder im Spiegel erblickte, sah ich aus wie zur Zeit meiner Konfirmation.

Ohne dass irgendjemand ein Wort übers Zahlen verlor, nahm mich die Frau wieder beim Arm. Sie führte mich durch die Straßen und zeigte dabei auf dieses und jenes. Ich verstand nicht ein Wort, und obwohl ich in meiner Stimmung kein Auge dafür hatte, war es eine reizvolle Ortschaft. Bald darauf erreichten wir ein hübsches kleines Haus, das einfach und gepflegt eingerichtet war. Sie stellte mich einem gemütlich aussehenden älteren Herrn vor, der zu meinem Erstaunen etwas Deutsch konnte. Er erzählte mir, dass er viele Jahre in Essen gearbeitet hatte. Bald erschien die Frau wieder, drückte mir ein Kleiderbündel in die Hand und schob mich in ein kleines Badezimmer, in dem ich mich duschen sollte. Die Sachen waren mir etwas klein, aber passten einigermaßen. Meine Tasche hatte sie inzwischen geleert, um meine Klamotten zu waschen.

Bei einer leckeren *Pasta al ragù* und Rotwein erzählte mir der nette Herr, dass seine Söhne in Deutschland arbeiteten und seine Frau sich bei mir als Deutschem für deren gute Aufnahme revanchieren wollte. Als ich erzählte, dass ich eigentlich Venezolaner sei, war ihre Freude noch größer. Ihr Bruder lebe dort, und so musste ich ihr aus Venezuela erzählen, während ihr Mann übersetzte. Am nächsten Morgen weckte mich meine liebe Gastgeberin und brachte mir die frisch gewaschenen Sachen. Dann bekam ich einen Kaffee, dazu ein Butterbrot, während sie erregt am Telefon redete. Danach nahm sie mich wieder am Arm und zog mit mir los. Wir erreichten bald eine Pension, in der uns ein junger Mann erwartete. Nach herzlicher Begrüßung und Palaver stellte sie mich ihrem Neffen Enzo vor, der sich bereit erklärte, mich bis nach Florenz mitzunehmen. Dankbar verabschiedete ich mich von der liebevollen Frau, und bald darauf fuhren wir los. Enzo lebte in Florenz, konnte Englisch und erzählte, dass er als Vertreter für Eisenwaren unterwegs sei. Wir würden auf dem Weg mehrere seiner Kunden besuchen, aber am frühen Nachmittag in Florenz ankommen, wo ich bei ihm übernachten könne. So genoss ich eine sorglose Reise durch die Toskana, und während er seine Kunden besuchte, besichtigte ich die jeweiligen Ortschaften.

Florenz, die Wiege der Renaissance, begeisterte mich. Enzo zeigte mir mit berechtigtem Stolz seine Stadt, in der wir mehrmals verschiedene Brücken über den Arno überquerten. Er führte mich zu den Uffizien, der Kathedrale, der gotischen Kirche, und ich begrüßte wieder Michelangelos David, dessen Ebenbild ich ja schon in Rom gesehen hatte. Besonders beeindruckte mich, wie elegant die Bewohner der Stadt gekleidet waren, und ich erinnere mich, dass mir meine eigene Kleidung peinlich war.

Am nächsten Morgen erklärte mir Enzo, welche Buslinie ich nehmen müsse, um weiter in Richtung Norden zu trampen. Ich hatte Glück und erreichte ziemlich problemlos Lugano. Von dort nahmen mich zwei, wie sich während der Fahrt herausstellte, Graubündner mit. Mit ihnen fuhr ich nun über die verschneiten Alpen. Ich hatte schon lange schweigend auf der Rückbank gesessen und gegrübelt, in welcher Sprache sie sich unterhielten. Als ich sie schließlich auf Englisch fragte, antworteten sie mir auf Deutsch, das sei Rätoromanisch, eine der vier Amtssprachen der Schweiz. Aufgrund des dichten Schneefalls sah ich von der Landschaft nicht viel, und einzig erwähnenswert ist noch, dass vor uns in einer Kurve ein LKW mit einer Ladung Wein ins Schleudern geriet und umkippte. Wir hielten an und halfen dem Fahrer aus dem Führerhaus. Als er sich von seinem Schreck erholt hatte, schenkte er uns ein paar Flaschen, von denen wir dann während der Weiterfahrt zwei austranken.

Im dichten Schneefall erreichten wir ziemlich spät Zürich. Die zwei Rätoromanen setzten mich vor einer Jugendherberge ab, einem ziemlich modernen und großen Kasten. Die Eingangshalle mit der Rezeption machte unmissverständlich klar, dass man nun in der Schweiz war. Alles war penibel sauber und ordentlich. Am Empfang informierte man mich, dass sie ausgebucht seien. All mein Jammern und Betteln traf auf taube Ohren. Doch einer, der die ganze Zeit zugehört hatte, erbot sich, mir zu helfen. Er hatte seinen Renault 4 vor der Jugendherberge geparkt und meinte, ich könne darin übernachten. Er klappte die Sitze um, ließ den Wagen eine Zeit lang laufen, bis die Heizung das Innere etwas erwärmt hatte, lieh mir seinen Schlafsack, wünschte mir angenehme Nachtruhe und verschwand in den Schneewehen. Es war eine fürchterliche, eisige Nacht, und durchgefroren stieg ich am nächsten Morgen aus dem Auto. Ich trank in der Jugendherberge einen Kaffee, aß ein Brötchen und zahlte mit den verbliebenen Lire. In meinem Portemonnaie hatte ich noch 20 DM. Mit der trüben Aussicht, dass ich erst bis nach Hamburg kommen musste, bevor sich daran etwas ändern würde.

Da mir nichts Besseres einfiel, fragte ich nach dem Weg zum Hauptbahnhof und lief am Ufer des Zürichsees in die angegebene Richtung. Ziemlich bald war ich wieder durchgefroren. Um mich etwas aufzuwärmen, suchte ich in einer Kirche Zuflucht. Vielleicht würde Gott mir beistehen.

Im südlichen Querschiff arbeiteten einige Männer auf Baugerüsten an Kirchenfenstern. Ich schaute ihrem Treiben eine Weile zu, als mir ein älterer Herr auffiel, der dick in einen Mantel gehüllt nicht weit von mir entfernt saß und die Arbeit an den Fenstern ebenfalls verfolgte. Ich weiß nicht, was mich dazu getrieben hat, aber nach einem Vater Unser, an das ich noch die Bitte um Hilfe anschloss, verließ ich meinen Platz und setzte mich zu ihm. Er hatte schlohweiße Haare, ein freundliches Gesicht und wache, listige Augen, die mich heiter anblickten, als ich anfing, ihm mein Leid zu klagen. Ich erzählte ihm von meiner Italienreise, der dicken Amerikanerin, die mich im Stich gelassen hatte, dass ich in Venezuela aufgewachsen war, dass meine Eltern dort einen deutschen Buchladen hatten, ich eine Lehre in Hamburg bei Rowohlt machte und dort irgendwie bald wieder erscheinen musste, aber nur noch 20 DM hatte und nicht mehr weiterwusste. Da er mir so geduldig zuhörte, erdreistete ich mich und fragte ihn, ob er mir nicht mit etwas Geld aushelfen könne. Ich schwor, dass er mir vertrauen könne, ich würde es ihm ganz bestimmt zurückzahlen. Er hörte sich meinen Redefluss an, kramte dann in seinem Mantel und zog seine Brieftasche hervor. Er gab mir einige Frankenscheine und sagte belustigt, er hoffe, dass ich damit bald wieder bei Rowohlt erscheinen könne. Er schätze den Verlag sehr, da dieser die Bücher seiner Frau verlege.

Ich war wie vom Donner gerührt. Mein Gebet war erhört worden, getreu Matthäus: „Bittet, so wird euch gegeben; suchet, so werdet ihr finden; klopfet an, so wird euch aufgetan!" Ich sprang auf, küsste ihn auf die Stirn, umarmte ihn, schüttelte ihm unentwegt die Hand und hörte erst auf, ihm immer wieder meine Dankbarkeit zu beteuern, als ich merkte, dass die Arbeiter ihre Arbeit unterbrachen und zu uns herüberschauten.

Überzeugt, diesen lieben Mann nie wiederzusehen, verließ ich mit neuem Mut die Kirche. Ich lief weiter zum Hauptbahnhof, wo ich am Schalter eine Fahrkarte nach Hamburg kaufen wollte. Dort erfuhr ich, dass mein Geld nur bis Frankfurt reichte und, da der 31. Dezember war, der nächste Zug erst am Nachmittag abfuhr. Den Rest des Vormittags lungerte ich auf dem Bahnhof herum. Ich hatte gerade noch genug Geld, um mir ein belegtes Brötchen und eine Cola zu kaufen.

Endlich im Zug, stellte ich fest, dass er im Gegensatz zum Kopenhagen-Napoli Express fast vollkommen leer war. Nur in einem Abteil saß ein Hippie und ich setzte mich zu ihm. Wir waren noch nicht lange gefahren, als sich der Däne einen Joint genehmigte und ihn mir reichte. Ich lehnte dankend ab. In dem engen Abteil atmete man den Qualm sowieso ein. Der Schaffner kam, schimpfte mit uns, dies sei ein Nichtraucher-Wagon, und bat uns um unsere Fahrkarten. Offenbar beeinflusste auch ihn der Rauch, denn bald darauf setzte er sich zu uns. Er fragte den Hippie, was er so mache, und dieser erzählte, dass er ein Wandersmann sei und durch Europa wandere. Der Schaffner, ein älterer, rundlicher Herr, fragte ihn, ob er denn einen Wanderschein habe, und zog seinen eigenen hervor. Dann erzählte er uns von seinen Wanderungen. Doch als die Bahn an einer Station hielt, löste sich die unterhaltsame Runde auf:

Der Hippie verabschiedete sich und der Schaffner machte sich wieder auf, um den Zug zu kontrollieren, aber es war niemand zugestiegen. Erst am nächsten Bahnhof stiegen wieder Leute ein, und zu meinem Pech setzten sich vier junge Typen ausgerechnet in mein Abteil. Sie hatten alle den gleichen Anzug an und trugen drollige runde Mützen. Sie waren ziemlich angetrunken und warfen mir aggressiv-provozierende Blicke zu. Bald fingen sie an, mir ziemlich dumm zu kommen. Um mich aus der brenzligen Situation zu retten, begann ich, sie vorsichtig auszufragen. Sie erzählten mir, dass sie Mitglieder einer schlagenden Verbindung und auf dem Weg zu einer Silvesterfeier seien. Sie zeigten und erklärten mir ihre Schmisse an Stirn oder Backe und ich versuchte, mich lieb Freund zu machen. Obwohl ich der Idee, mir mein Gesicht mit Säbelhieben zu verunstalten, nichts abgewinnen konnte, redete ich ihnen nach dem Mund. Ich meinte sogar, dass es toll sein musste, einer solchen rechts gesinnten Vereinigung anzugehören, und ich würde liebend gerne mitmachen. Nach einer Weile fanden sie mich ganz in Ordnung und reichten mir auch ihren silbernen Flachmann. Zum Glück stiegen sie schon an der nächsten Station wieder aus, denn ihre Flachmänner machten ziemlich oft die Runde.

Der Zug war daraufhin wieder vollkommen leer und nach einer Weile erschien der Schaffner mit ein paar Flaschen Bier. Er war ein angenehmer Zeitgenosse und wir erzählten aus unseren Leben und von unseren Reiseerlebnissen. Die Zeit verging ziemlich schnell, und um Punkt 12 Uhr Mitternacht fuhren wir in den Frankfurter Bahnhof ein. Er begleitete mich auf den Bahnsteig, wir hörten das Bollern der Feuerwerke, umarmten uns und wünschten uns ein frohes neues Jahr. Als er sich verabschiedete, gestand ich ihm, dass ich eigentlich bis nach Hamburg wollte, aber nicht genug Geld für die Fahrkarte gehabt hatte.

„Komm, steig wieder ein", sagte er. „So ganz ohne Passagiere macht der Job ja auch keinen Spaß." Und bald darauf saßen wir wieder im Zug und tranken noch eine Flasche Bier. Als er bemerkte, dass ich ganz schön angetrunken war, sagte er: „So, mein Junge, ich glaube, du kannst eine Mütze Schlaf vertragen, ich werde dir einen Schlafwagen vorbereiten und dich dann kurz vor Hamburg wecken."

Ich schlief prima und nach einer dampfenden Tasse Kaffee erreichten wir am frühen Morgen Hamburg. Dankbar umarmte ich den Schaffner zum Abschied, und kurz darauf stand ich vor der Rezeption im Hotel Reichshof. Während ich mich mit dem Portier unterhielt und ihm erzählte, ich sei gerade von einer Italienreise zurückgekommen, trat mir jemand in den Hintern und brüllte: „Guten Rutsch ins neue Jahr!" Es war Herbert Langer, der mich erst beschimpfte, dass keine Sau gewusst hätte, wo ich abgeblieben sei, mich dann aber in sein Séparée im Speisesaal zu einem Sektfrühstück einlud, wo ich ihn mit meinem Reisebericht erfreute. Besonders die Erzählung über den älteren Herrn in der Kirche, dem ich das Fahrgeld abgeknöpft hatte, amüsierte ihn.

Am nächsten Tag im Verlag waren sie dagegen gar nicht amüsiert. Ich musste mich bei Mutter Almers melden, die mich verblüfft anschaute, als ich auf ihre Frage, wo ich die ganze Zeit gewesen sei, freimütig erzählte, dass ich nach Italien getrampt war, da ich die melancholische Weihnachtsstimmung in Deutschland nicht ausgehalten hätte. Gott sei Dank mochte sie mich. Sie hielt mir eine Standpauke wegen unentschuldigten Fehlens, was ein Kündigungsgrund sei. Außerdem hatten sich alle Sorgen gemacht, auch im Hotel habe keiner gewusst, wo ich steckte. Schließlich aber drückte sie ein Auge zu und gab mir die Adresse eines Arztes, von dem ich mir ein Krankheitsattest holen könnte. Zum Schluss äußerte sie noch die Hoffnung, ich würde nun langsam mal erwachsen werden.

Ein weiteres, unverhofftes Nachspiel meiner Italienreise ereignete sich Monate später, als ich im Verlag mit ein paar Mappen einen Botengang erledigen sollte. Auf dem langen Flur, der die zwei Verlagsgebäude verbindet, kamen mir plötzlich mehrere Herren der Geschäftsführung entgegen. Unter ihnen erspähte ich einen älteren Herrn, dem ihre ganze Aufmerksamkeit galt. Ich versuchte mein Gesicht unauffällig mit den Mappen zu verdecken, doch schon trennte sich der Herr von den anderen und begrüßte mich freudig in drolligem Englisch. Er fragte mich, wie es mir ergangen sei, er hoffe, das Geld hätte für die Heimreise gereicht. Ob ich von der dicken Amerikanerin noch mal was gehört hätte. Er habe oft an meine Erzählungen gedacht und sich dabei gefragt, wie viel er davon wohl glauben dürfe. Nun aber, da er mich ja tatsächlich bei Rowohlt antraf, schäme er sich, daran gezweifelt zu haben. Unter den befremdeten Blicken der Geschäftsleitung stotterte ich, dass es mir gut gehe, der Amerikanerin auch, und dass es mit der Heimreise dank seiner Hilfe gut geklappt hätte. Ich sei aber gerade etwas knapp bei Kasse, dennoch würde ich … Doch da trennte man uns auch schon, die hohen Herren des Verlages bemächtigten sich seiner wieder und zogen weiter.

Am späten Nachmittag wurde ich zu Edgar Friederichsen bestellt, dem Geschäftsführer der Buchherstellung und Vetter meines Vaters. Dies war erst das zweite Mal, dass ich sein Büro betrat. Seit ich ihn mit meinem Vater dort besucht hatte, hatten wir uns selten gesehen. Er hatte es Vater wohl nie verziehen, dass er ihn quasi gezwungen hatte, mir eine Lehrstelle bei Rowohlt zu ermöglichen. Später sollte er mir gestehen, dass er damals sehr wenig von Vetternwirtschaft hielt, und was man ihm von mir so berichtete, hätte ihn auch nicht gerade begeistert.

Als ich nun vor seinem Schreibtisch saß, schaute er mich lange an, während er gemütlich seine Pfeife stopfte und anzündete. Nach etwas Smalltalk fragte er mich, woher ich Herrn Chagall kenne. Ich sagte ihm, dass ich keinen Herrn Chagall kannte, worauf er mich erstaunt anblickte und sagte: „Er hat dich aber heute Morgen herzlich begrüßt, als wir mit ihm eine Führung durch den Verlag machten."

– Ach, den? Ja nun, ich schulde ihm etwas Geld, hatte aber gerade …
– Du schuldest ihm Geld? Wie das denn?
– Na ja, ich war knapp bei Kasse, in Zürich, in einer Kirche, da habe ich ihn angehauen, na, besser gesagt, ich habe …
– Im Frauenmünster in Zürich?
– Also wie die Kirche hieß, weiß ich nicht. Dort waren aber so Handwerker, die an den Fenstern arbeiteten, na ja, und der saß da so rum. Da habe ich mir gedacht, der könnte mir aus meiner Not helfen. Es war auch sehr kalt in Zürich, na ja, und in Venezuela haben wir so einen Spruch: Jeden Morgen steht ein Trottel auf, und wenn du ihn erwischst, dann ist das deiner und …

So wie Edgar Friederichsen mich ansah, hielt ich es für besser, nicht weiterzuquatschen. Es entstand eine längere Pause, doch plötzlich fing er an zu lachen. „Wenn ich dich richtig verstanden habe, hältst du einen der größten lebenden Künstler für einen Trottel und hast auch keine Ahnung, wer Marc Chagall ist!"

Wieder entstand eine längere Pause, in der wir beide schwiegen, während er seine Pfeife neu in Gang setzte und ich aus den Fenstern mit dem schönen Blick auf den Wald schaute. Dann reichte er mir das Buch *Brennende Lichter* von Bella Rosenfeld Chagall mit Zeichnungen von Marc Chagall und ließ mir Zeit, darin zu blättern. Beschämt erkannte ich eine der Neuerscheinungen aus dem Herbstprogramm. Sie hatte mich aber nicht weiter interessiert, deshalb hatte ich sie nicht beachtet. Schnell überflog ich die Biographie der Autorin, doch besonders fesselte mich die Widmung: „Für meinen Freund Edgar Friederichsen", vom Künstler mit einer bunten Zeichnung versehen. Später erfuhr ich, dass er sie mit den Schminkutensilien von Edgars Sekretärin angefertigt hatte.

Ich entschuldigte mich für mein mangelndes Wissen und erzählte Edgar ein bisschen von meiner Italienreise. Diese erst hätte mir die Augen für Kunst geöffnet. Dann auch, dass ich durch meine Lehrzeit im Verlag am Buchhändlerberuf Gefallen gefunden hätte. Daraufhin verbrachten wir den Nachmittag in angenehmer Unterhaltung. Draußen dämmerte es schon, als er mich für das Wochenende zu sich nach Hause einlud. Von dem Tag an sollte ich auch viel von ihm lernen, und wir entwickelten eine tiefe Freundschaft und Zuneigung füreinander.

Jahre später, als ich Edgar zuletzt in der Klinik besucht hatte, wo er kurz darauf starb, fragte mich sein Sohn Wolfgang nach der Beerdigung, ob er mir etwas zur Erinnerung an seinen Vater schenken könne. Ich antwortete, dass ich mich sehr über das Buch *Brennende Lichter* aus seiner Bibliothek freuen würde. Wolfgang schaute mich verdutzt an und meinte dann lakonisch: „Also, seine Bibliothek hat schon ein Antiquar abgeholt, ich konnte mit den vielen Büchern nichts anfangen." Ich war sprachlos. Wie konnte jemand das Erbe seines Vaters, der sein Leben den Büchern gewidmet hatte und eine der schönsten Bibliotheken besaß, in der viele Werke ihm von den Autoren mit Dank gewidmet waren, so gefühllos entsorgen!

Als ich nach vielen Jahren einmal in Zürich war, erkannte ich die Kirche, die mir in Zeiten der Not beigestanden hatte. Sofort beschloss ich einzutreten und bemerkte, dass sie sich völlig verändert hatte. Fasziniert besah ich mir das Giacometti-Fenster, welches ich damals gar nicht beachtet hatte. Als ich zum nördlichen Querschiff ging, stand ich überrascht vor den bildschönen Chagall-Fenstern in der Chor-Ostwand. Ich setzte mich auf die gleiche Bank, auf der ich damals neben dem alten Herrn gesessen hatte, während wir den Arbeitern zusahen, und ließ die märchenhaften Fenster auf mich wirken. Dabei gedachte ich meines damaligen Helfers in der Not mit seinem schlohweißen Haar, seinem freundlichen Gesicht, seinen wachen, listigen Augen und seinem drolligen Englisch.

Restaurant
SHORTHORN GRILL
Av. Libertador   El Bosque
Teléfono 71.10.52

MENU

Especialidad de la Casa

PARRILLADA

PARRILLADA MIXTA ARGENTINA ...	10,00
PARRILLADA DE SOLOMO	10,50
PARRILLADA DE LOMITO	13,00
CHURRASCO ESPECIAL (SIRLOIN) ..	10,50
BABY BEEF (T-BONE STEAK	13,50
PUNTA TRASERA	12,00
FILET GRILLE	11,50
BISTEC DE CHURRASCO	9,00
BISTEC A LO POBRE	10,50
CHULETA DE CERDO	7,50
BROCHETTE DE LOMITO	10,00

MEDALLON DE LOMITO SHORTHORN	14,00
LOMITO PIECE	14,00
CRIADILLAS	7,00
CHORIZOS CON PAPAS FRITAS	5,00
MOLLEJAS CON PAPAS FRITAS	6,50
RIÑONES CON PAPAS FRITAS	5,00
CHINCHURRIA CON PAPAS FRITAS .	4,50
MORCILLA CON PURE	5,00
½ POLLO CON PAPAS FRITAS	7,50
UN POLLITO BEBE	8,50

COCINA

½ POLLO DESHUESADO CON CHAMPIGNON	10,00
ESCALOPE DE LOMITO AL VINO BLANCO	10,00
STEAK PIMIENTA	12,00
RIÑONCITOS AL JEREZ	8,00
FILET MIGNON	13,50
STEAK TARTAR	12,00
MILANESA NAPOLITANA	10,00
MILANESA A CABALLO	9,00
MILANESA CON PURE	7,50
Pasticho	4,50
Tortilla a la española	5,00
Tortilla de espinaças	5,00
Espaguetis al pesto	3,50
Espaguetis a la napole	3,50
Empanada	2,00

ENSALADA

Lechuga	3,00
Tomate	3,00
Berros	3,00
Endivies	4,00
Apio, aguacate y rabanito	4,00
Aguacate	3,50
Corazón de lechuga Roquefort	5,00
Mixta de la casa	4,00
Guacamole	4,00
Repollo	2,50
Palmitos	4,50
Tomate y cebolla	3,00
Palmitos y Aguacate	4,50

Die Menü-Karte (1968) erhielt ich von Herrn Könnecke. Heute müsste man wegen der hohen Inflation der letzten vier Jahre mindestens sechs Nullen den Preisen hinzufügen.

VIII

Prüfungen sind deswegen so scheußlich, weil
der größte Trottel mehr fragen kann, als der
klügste Mensch zu beantworten vermag.

Charles Caleb Colton

Das letzte Lehrjahr bei Rowohlt verbrachte ich in den verschiedenen Lektoraten, von deren Abteilungsleitern ich schon im Zusammenhang mit der Vertreterkonferenz erzählt habe. Hier las ich hauptsächlich eingesandte Manuskripte und erstellte für den Fall, dass sie erscheinen sollten, Vorkalkulationen des Umfangs. Interessant war, dass die meisten Manuskripte entweder vom Lektor bei einem Autor angefordert wurden oder über eine Literaturagentur kamen. Unaufgefordert eingesandte Manuskripte wurden meist, nachdem ein kurzes Votum verfasst war, mit einem Begleitbrief an den Autor zurückgeschickt. Briefkopie und Votum verschwanden daraufhin, alphabetisch nach Autoren abgelegt, in einem Ordner.

Wie alle Rowohlt-Lehrlinge verbrachte ich drei Wochen bei der Druckerei Clausen & Bosse in der Gemeinde Leck an der dänischen Grenze. Als eine der größten Buchdruckereien Deutschlands, an der Rowohlt beteiligt war, hatte sie schon damals eine tägliche Druckkapazität von 45 Tsd. Taschenbüchern und 6.000 Hardcovern. Besonders spannend war es, dabei zu sein, als man das Wagnis unternahm, 50 Tsd. Exemplare von Robert Musils *Der Mann ohne Eigenschaften* mit seinen 1.632 Seiten auf Dünndruckpapier in nur zwei Tagen durch die Taschenbuchbindeanlage zu forcieren. Wäre der Buchrücken auch nur einen Millimeter breiter gewesen, hätte die Anlage die Arbeit nicht bewältigen können. Es bestanden auch Zweifel, ob der Klebeeinband dieses wohl dickste Taschenbuch der Welt halten würde. Ich muss leider feststellen, dass das bei meinem Exemplar nicht der Fall ist. Gleichzeitig wurden aber auch 50 Tsd. Exemplare des Buches in Fadenheftung hergestellt. Dies brauchte zwar länger, dafür sind sie aber mit der Zeit hoffentlich nicht aus dem Leim gegangen.

Zur Ausbildung gehörten außerdem eine Zeit in der Altonaer Buchhandlung Christiansen sowie zwei Wochen bei der Verlagsauslieferung Hans Heinrich Petersen.

Abends traf ich mich weiterhin mit Harry zum Billardspielen. Er erzählte mir, dass er sich manchmal mit einer Gruppe traf, die sich „Schwimmgürtel" nannte, und lud mich mehrfach ein, doch mal mitzukommen. Diese Treffen, deren Sinn es war, dass sich Deutsche und Ausländer kennenlernten, hatte Hans Hoffmann, der Vater seiner Schwägerin ins Leben gerufen (Foto Seite 63). Dabei lernte Harry Liesel kennen. Auch ich ging ein kurzfristiges Verhältnis mit einer der Teilnehmerinnen ein, aber die Beziehung zwischen diesen beiden entwickelte sich zu etwas Festerem. Eines Tages eröffnete mir Harry, dass Liesel schwanger sei. Dazu fiel mir nichts Besseres ein, als ihn zu fragen, wie es passiert war. Er berichtete, es sei im Auto geschehen. Während er mir seine Sorgen mitteilte, weil er nicht wusste, wie er damit umgehen sollte, muss ich gestehen, dass ich mehr darüber nachgrübelte, wie diese zwei – Harry war an die 1,90 groß und von mächtiger Gestalt und Liesel auch nicht gerade zierlich – es zustande gebracht hatten, in seinem VW Käfer oder ihrem Mini Cooper, in die sie gerade eben reinpassten, ein Kind zu zeugen.

Es gab nun viel Hin und Her, und oft musste ich zwischen den beiden vermitteln. Am 9. August 1971 begleitete ich den aufgeregten Harry zum Krankenhaus, wo meine Patentochter Jeanette das Licht der Welt erblickte.

Während meiner Lehrzeit hatte ich mit Hannelore Freundschaft geschlossen. Sie hatte so wie ich durch Beziehungen eine Lehrstelle im Rowohlt Verlag bekommen. Ihr Vater besaß eine Kfz-Werkstatt, die sich auch um die Autos der Rowohlt-Geschäftsleitung kümmerte. Meine Freundschaft zu ihr übertrug sich auch auf ihren Ehemann Wolfgang. Wir entfremdeten uns aber, als beide immer mysteriöser wurden und mir dann geheimnisvoll erzählten, sie wären der KPD/ML beigetreten.

Diese lehnte die DKP als revisionistisch ab und orientierte sich zunächst am Maoismus, später dann, nach dem Bruch zwischen Albanien und der Volksrepublik China, am albanischen Sozialismusmodell. Beide wurden immer intoleranter, und da mir nicht einleuchten wollte, wie ausgerechnet Albanien ein Modell für Deutschland sein sollte, brachen sie den Kontakt zu mir ab.

Doch bevor sich unsere Wege trennten, sahen wir uns oft, und eines Abends gegen Ende meiner Ausbildung besuchte ich Hannelore, die ein halbes Jahr vor mir die Lehre abgeschlossen hatte. Bei einem Gespräch über meine Vorbereitung auf die Abschlussprüfungen meinte ich, dass ich bis auf Betriebswirtschaft und Buchhaltung, deren Unterrichtsstunden ich genüsslich verschlafen hätte, eigentlich über die Runden kommen müsste, da ich in den sonstigen Fächern nicht schlecht war. Als ich ihr weiterhin erzählte, dass ich in den anderen zwei Fächern mit einer Vier als Durchschnittsnote in die Abschlussprüfung ging, erschrak sie. Sie stellte fest, dass ich damit wohl als erster Lehrling in der Rowohlt-Geschichte die Lehre nicht erfolgreich abschließen würde. Es sei auch fraglich, ob der Verlag mir gegebenenfalls eine einjährige Verlängerung erlauben würde, um die Prüfung zu wiederholen! Mir wurde ganz mulmig, als sie mir dann noch erklärte, dass gerade Betriebswirtschaft und Buchhaltung sechzig Prozent der Benotung ausmachten. Wenn ich diese Prüfungen nicht bestand, würden auch lauter Einser in den anderen Fächern wenig nützen. Angesichts meines erschütterten Gesichts überlegte sie eine Weile und sagte dann: „Gut, die Prüfungen finden Ende nächster Woche statt. Das gibt uns fünf Tage Zeit. Du kommst jetzt jeden Nachmittag, und zusammen werden wir es schaffen. Die zwei Fächer sind ja im Grunde einfach, und dumm bist du auch nicht. Also fangen wir jetzt gleich an!"

Gesagt, getan. In beiden Prüfungen lieferte ich die fertige Arbeit als Erster bei Hamstergesicht mit Fliege ab, so dass er nicht behaupten konnte, ich hätte abgeschrieben. Für beide Arbeiten gab er mir nur eine Zwei. Auf meine Reklamation hin meinte er, die Buchungen und die Endbilanz seien zwar fehlerfrei, aber ich hätte die Bilanz nicht unterschrieben, und in der anderen Arbeit hätte ich zweimal Kommas bei den Zahlen benutzt, wo ein Punkt richtig gewesen wäre. Nun gut, er hatte ein Anrecht, sich an mir zu rächen, hatte ich doch seinen Unterricht Zeitung lesend verbracht und dann zu seiner Verblüffung eine erstklassige Prüfung hingelegt. Im Grunde aber stellte ich fest, dass man das, was er uns in einem Jahr mit seinem eintönigen Unterricht beibringen wollte, auch in fünf Doppelstunden erlernen konnte.

Die mündlichen Prüfungen wurden nicht in der Schulbehörde, sondern vor ausgewählten Mitgliedern der Hamburger Buchhandelskammer in deren Räumen abgehalten. Auch hier hatte ich mehr Glück als Verstand.

Beim Fach Buchhandel und Verlagskunde hatte ich meine Befürchtungen. Da man alphabetisch vorging, kam ich ziemlich spät dran und war wegen der erschütterten Gesichter der vor mir Geprüften, die immer zu dritt aus dem Saal zurückkamen, etwas eingeschüchtert. Alle meinten, der Besitzer der Thalia-Buchhandlung sei ein recht scharfer und unangenehmer Hund. Als ich nun mit zwei Kommilitonen vor der Prüfungskommission Platz nahm, starrten wir alle wie Mäuse vor der Schlange den in der Mitte Sitzenden und als mieser Prüfer Bezeichneten an. Nach etwas einleitendem Geplänkel des Vorsitzenden fragte just derjenige, vor dem wir uns am meisten fürchteten, wer von uns Herr Todtmann sei. Ich hob zaghaft die Hand, worauf er mich fragte, ob ich mit Oscar Todtmann verwandt sei. Als ich antwortete, er sei mein Vater, erzählte er, wie er auf einer Südamerika-Reise als Vorstand des Börsenvereins des Deutschen Buchhandels auch Caracas besucht hatte und von Oscar Todtmann aufs Herzlichste empfangen und bewirtet wurde. Er rühmte das köstliche Essen und den schön gedeckten Tisch meiner Mutter. Weiterhin beschrieb er verschiedene Freunde meiner Eltern und verlor sich in Anekdoten. Darauf schwärmte er noch von einem Restaurant mit dem Namen „Shorthorn Grill", wo die Kellner neben den Tischen kleine Holzkohlegrills aufstellten, auf denen das beste Fleisch serviert wurde, das er je gegessen hätte. Schließlich ermahnten ihn die Mitprüfer, dass die Zeit langsam knapp wurde. Daraufhin stellte er ein paar belanglose Fragen, und als wir den Raum verlassen wollten, kam er auf mich zu und sagte: „Bitte grüßen Sie Ihre Eltern recht herzlich von dem ihnen in Freundschaft verbundenen Könnecke. Als Zeichen, dass ich die schöne Zeit bei ihnen nie vergessen habe, bringen Sie ihnen bitte diesen Umschlag mit." Als ich ihn später öffnete, fand ich darin die Menü-Karte des Shorthorn Grills, auf die er meinen Eltern einen lieben Gruß und Dankesworte für die angenehmen Tage in Caracas geschrieben hatte.

Am Nachmittag mussten wir uns zur letzten Prüfung in einer bekannten Buchhandlung in der Innenstadt einfinden, deren Besitzerin dem Prüfungsausschuss angehörte. Für diejenigen, die ihre Lehre in einer Buchhandlung gemacht hatten, spielte sie eine Kundin, die ein spezielles Buch erwerben wollte. Die Prüflinge mussten diesen Titel nun schnell in ihrer Buchhandlung finden, und falls er nicht vorhanden war, sie in ein Gespräch verwickeln und versuchen, ihr ähnliche Lektüre anzubieten. Für die Verlagslehrlinge hatte sie sich ausgedacht, dass wir ihr wie Verlagsvertreter das Herbstprogramm unseres Verlags vorstellen sollten. Ich fand es nicht allzu schwer, ihr etwas über die verschiedenen Titel zu erzählen und ihr deren Kauf für ihren Laden zu empfehlen. Als ich dachte, der Prüfung damit genüge getan zu haben, meinte sie, ich hätte aber das Rowohlt Literaturlexikon 20. Jahrhundert ausgelassen. Nun wurde es eng für mich, als sie obendrein behauptete, es hätte ziemlich negative Kritiken bekommen, unter anderem seien wichtige Autoren nicht berücksichtigt worden. Ich gab ihr recht, wandte aber ein, dass bei einem einbändigen Lexikon, schon aus Gründen der Herstellung, dem Inhalt Grenzen gesetzt seien. Gleich darauf legte ich los von wegen Fadenheftung, besonderes Papier, typographische Gestaltung ... Zum Abschluss fragte sie noch, ob ich es denn gelesen hätte, worauf ich erwiderte, dass ich ungern Lexika lese, aber falls ich mal etwas über einen Autor erfahren wolle, dort bestimmt nachschlagen würde.

Außer Hannelore, die ein halbes Jahr vor mir ihre Lehre beendete, erinnere ich mich nur noch an Gerhard Ruddies, der heute in Frankreich lebt und sich Gérard nennt. Er war ein richtiger Snob und ich beneidete ihn um seinen schicken Sportwagen. Während meiner Lehrzeit teilte Rowohlt den Buchhändlern mit, dass man demnächst die Preise aller Taschenbücher erhöhen werde, worauf eine Flut von Bestellungen einging, da die Buchhandlungen sich die alten Preise sichern wollten. Die Firma Hans Heinrich Petersen, die für die Auslieferung der Bücher von

Rowohlt zuständig war, kam mit den Lieferungen nicht hinterher, und so wurden Ruddies und ich als Aushilfen bestellt. Zehn Tage lang haben wir in den Lagerhallen der Firma wie die Galeerensklaven geschuftet. Ruddies war an manchen Tagen so fertig, dass ich ihn mit seinem Sportwagen nach Hause fahren musste. Dabei führte er sich auf, als ob sein Auto mit mir fremdgehen würde.

Erst im letzten halben Jahr meiner Lehre fingen drei neue Lehrlinge an, mit denen ich noch heute lockeren Kontakt habe. Vetter Klaus Humann, den ich ja schon kannte, sollte später als Verleger von Kinder- und Jugendbüchern reüssieren. Finanziell gesehen ist er wohl der erfolgreichste von uns gewesen. Er hatte sich die deutschen Rechte der noch unbekannten Autorin Joanne K. Rowling für ihre *Harry Potter*-Bücher gesichert. Johannes Sohlman, den ich nach Abschluss meiner Lehre nie wiedergesehen habe, leitet bis heute einen Verlag in Dänemark. Wir schreiben uns ab und zu, und von ihm habe ich erfahren, dass Varrelmann mit neunzig Jahren das Zeitliche gesegnet hat. Wie Klaus hatte er den ersten Band der *Zwei Welten* gelesen und war wie er der Meinung, dass ein Korrektorat dem Buch gutgetan hätte. Er erinnerte mich an Herrn Eberle, der bei Rowohlt Korrektor war und bei dem ich eine Woche lang die Korrekturzeichen erlernte. Schade nur, dass auch Eberle schon gestorben ist, er hätte mir mit meiner Schreiberei bestimmt geholfen.

Zur gleichen Zeit wie Klaus und Johannes fing auch Manfred Meiner seine Lehre bei Rowohlt an. 1981 übernahm er dann die Geschäftsleitung des 1911 von seinen Vorfahren in Leipzig gegründeten berühmten Meiner Verlags für Philosophie. Als ich nach meiner Lehrzeit wieder in Venezuela lebte, rief er mich eines Tages überraschend an und erzählte, dass er sich im Hafen von La Guaira befand. Er war mit einem polnischen Schiff gekommen und hatte eigentlich vor, damit nach Lima weiterzureisen. Dort wollte er sich mit seinem Vater treffen, um mit ihm weitere Länder im Süden des Kontinents zu besuchen. Sein Schiff musste aber mehrere Tage auf Reede und auf Einlass in den Hafen warten, um seine für Venezuela bestimmte Fracht löschen zu können. Es waren die Jahre der ersten Regierung von Präsident Carlos Andrés Pérez (1974–1979), die unter dem Begriff „Venezuela saudita" bekannt wurden. Wegen der Ölkrise stieg der Preis für Roherdöl und damit das Einkommen des Landes. Es wurde wie verrückt alles Mögliche importiert und die Häfen des Landes waren von Frachtschiffen belagert.

Ich holte nun Manfred mit dem VW meines Vaters vom Hafen ab. Er sollte für eine Woche unser Gast sein, bis der polnische Dampfer weiterfuhr. Da ich ihn während meiner letzten Monate bei Rowohlt nur kurz kennengelernt hatte, erkannte ich ihn nicht sofort, zumal er sich die Haare schulterlang hatte wachsen lassen. Die Woche, die wir zusammen in meinem Elternhaus verbrachten und in der ich ihm Caracas und Umgebung zeigte, brachten uns einander nahe, und wir entwickelten eine Freundschaft, die, obwohl wir uns nur selten sehen, über die Jahre bestehen blieb.

In den neunziger Jahren rief mich ein deutsches Botschaftsmitglied an und fragte, ob ich einen venezolanischen Verleger kenne, der auf der Frankfurter Buchmesse mit einem Stand Venezuelas Verlagsproduktion präsentieren könnte. Ich sagte ihm, dass ich wohl einige kannte, aber nicht glaubte, dass sie sich die damit verbundenen Kosten leisten könnten. Der Anrufer erwiderte, dass es sich um eine Einladung der Frankfurter Buchmesse handele und sie die Reise-, Aufenthalts- und Standkosten übernehmen würden. Daraufhin äußerte ich spaßeshalber, dass ich in dem Fall die Einladung gerne selbst annehmen würde. Zu meiner Verblüffung meinte der Anrufer erleichtert, dass damit ja alles bestens geregelt sei, und er würde meine Daten an den bei der Frankfurter Buchmesse Zuständigen weiterleiten.

In einer abgelegenen kleineren Halle der riesigen Frankfurter Buchmesse richtete ich einen kleinen Stand mit meinen Büchern ein. Mein Venezuela-Stand befand sich zwischen denen von Kollegen aus Uganda und Vietnam. Obwohl die für uns zuständigen Buchmessemitarbeiter sich viel Mühe gaben, uns das 1x1 der Messepraxis beizubringen, kamen wir uns doch ziemlich verloren und fehl am Platz vor. Die Kollegen aus Vietnam trauten sich kaum aus ihrem Stand heraus. Auf mein Nachfragen erklärten sie mir in einem schwer verständlichen Englisch, dass Freunde von ihnen, die während des Vietnamkrieges in der DDR

Asyl bekommen hatten, von den Deutschen ziemlich schlecht behandelt wurden, es auch des Öfteren zu Gewalttätigkeiten gekommen sei. Die Kollegen aus Uganda wiederum tauchten immer erst am späten Vormittag auf und schliefen am Stand ihren Rausch aus. Einmal aber kam, mit Trommeln bewaffnet, eine mit ihnen befreundete Gruppe und brachte mit ihren heißen Rhythmen Stimmung in die Halle. Ich schlug ihnen vor, wir könnten doch trommelnd über die Messe laufen und dadurch vielleicht etwas Aufmerksamkeit auf unsere Halle lenken. Dieser Vorschlag wurde mit Freude aufgenommen, und schon zogen wir los. Mit rhythmischem Getöse liefen wir durch die Gänge und immer mehr Menschen schlossen sich uns an. Ich hatte eine Menge Prospekte und Visitenkarten mitgenommen und verteilte sie nun an den verschiedenen Ständen. Unsere Werbeaktion hatte Erfolg. An den nächsten Tagen kamen immer mehr Besucher. Obwohl mir das Getrommel meiner Amigos langsam auf den Geist ging, war die Stimmung in unserer Halle prima. Zur Überraschung der für uns Zuständigen, die schon das Gefühl hatten, dass ihre Schützlinge außer Rand und Band geraten waren, erschienen auch zwei prominente Besucher. Als Erstes kam Klaus Humann, der mit seinem aktuellen *Harry Potter*-Erfolg eine der meistbeachteten Persönlichkeiten der diesjährigen Buchmesse war. Nachdem wir uns herzlich umarmt hatten, warf er mir vor, ihm nicht im Vorfeld von meinem Deutschlandbesuch erzählt zu haben. Er blieb lange bei mir am Stand und schaute sich anerkennend die Bücher an.

Klaus meinte, er könnte uns im Restaurant „Goldmund" im Literaturhaus für einen der folgenden Abende einen Tisch reservieren. Als mein Taxi mich am verabredeten Abend am Eingang einer klassizistischen Patriziervilla mit hell erleuchtetem weißem Säulenportikus absetzte, zweifelte ich, ob ich Klaus korrekt verstanden hatte und hier richtig war. Ich hätte nie gedacht, dass die Stadt die Literatur mit einem so prächtigen Bau würdigte. Doch Klaus erwartete mich in der Empfangshalle, und die Umgebung bestaunend betraten wir das vornehme, aber angenehme Restaurant. Als wir uns gesetzt hatten, zeigte Klaus auf einige der anwesenden Schriftsteller. Unter anderem Cees Nooteboom. Von diesem holländischen Autor sollte ich später mit Genuss *Allerseelen* lesen. Durch ihn wurde ich auch auf seine Landsleute Leon de Winter, Herman Koch und vor allem Harry Mulisch aufmerksam, die mich ebenfalls begeisterten. Die *Entdeckung des Himmels* ist für mich eins der wundervollsten Bücher über Freundschaft, welches ich je gelesen habe. Es wurde ein erquicklicher Abend. Man sah Klaus seinen Erfolg an, und ich gönnte ihn ihm von Herzen. Über Jahre hatte er sich als Verleger mit Kinder- und Jugendliteratur beschäftigt, so war es nicht nur Glück, dass er den Wert von *Harry Potter* für die Jugendlichen früh erkannte.

Am nächsten Tag erschien in unserer kleinen Halle ein gemütlich aussehender, wohlgenährter Herr im dreiteiligen Anzug. Die für uns zuständigen Messemitarbeiter begrüßten ihn respektvoll. Zur Verblüffung aller Anwesenden kam er direkt auf mich zu und schloss mich in seine Arme. Der Herr mit der hohen Stirn und dem kurzen braunen Haar war Mitglied im Vorstand des Börsenvereins des Deutschen Buchhandels, damit auch Schirmherr der Frankfurter Buchmesse. Es brauchte eine Weile, bis ich feststellte, dass es sich um Manfred Meiner handelte. Ohne die langen Haare und die saloppe Kleidung, wie ich sie aus unserer gemeinsamen Lehrzeit und von seinem Besuch in Caracas an ihm kannte, war er schwer wiederzuerkennen. Auch er war mir böse, dass ich mich nicht vorher angekündigt hatte. Er lud mich zu einem Abendessen mit Kollegen ein, die wie er Traditionsverlage oder -buchhandlungen geerbt hatten und nun leiteten. Sie trafen sich jedes Jahr während der Frankfurter Buchmesse zu einem Abendmahl. Und da ich ja ebenfalls auf eine lange buchhändlerische Tradition zurückblicken könne, meinte er, würden sich die Gäste über einen Besuch aus Venezuela freuen. Ich muss gestehen, dass ich zu diesem Abendessen nicht pünktlich erschien. Zu sehr hatte ich die venezolanische Sitte angenommen, erst eine Stunde nach der genannten Zeit zu kommen, da man sonst die Gastgeber möglicherweise noch bei den Vorbereitungen überrascht. Die Damen und Herren, allesamt sich wichtig nehmende Persönlichkeiten des Buchwesens, hatten denn auch schon gespeist, als ich endlich auftauchte. So erfand ich für die pikierten Dinierten eine schnelle Entschuldigung – ein Termin mit lateinamerikanischen Kollegen, der sich leider hingezogen hätte. Manfred erlöste mich von der etwas steifen Gesellschaft, indem er mich zum Rauchen mit auf den Balkon nahm. Dort freute er sich über den von mir aus Venezuela mitgebrachten Joint, und

Das Foto für Herbert.

wir verbrachten einen herrlichen Abend in der noch lauen Herbstluft und erzählten einander, wie es uns seit der Zeit bei Rowohlt ergangen war. Als ich im Jahr 2001 in Deutschland schwer erkrankte, vermittelte er mir, wie er es nannte, „ein Dream-Team" von Ärzten, die sich meiner annahmen und mich wiederherstellten.

Doch zurück zu der Zeit, als ich meine Lehre bei Rowohlt mit einem Kaufmannsgehilfenbrief in der Tasche beendet hatte. Zur Feier des Abschlusses lud mich Edgar Friederichsen mit Helga an einem Sonntag zu sich nach Hause in Hitfeld bei Harburg ein. Er wohnte etwas außerhalb des Dorfes in einem wunderschönen Haus mit riesigem Garten und weitem Blick über eine hügelige Landschaft. Hier fragte er mich, was ich nun vorhatte. Ich erzählte, dass mir die Buchherstellung besonderen Spaß gemacht hatte und ich deshalb überlegte, ob ich nicht an einer technischen Universität ein Druckingenieurstudium absolvieren sollte. Erstaunt sagte er, ich würde doch, wie er es verstanden hätte, früher oder später nach Venezuela zurückkehren – und was sollte ich dort mit so einem Abschluss anfangen? Soweit er informiert sei, würden in Venezuela keine Druckmaschinen hergestellt, und in Deutschland gebe es außer Roland und Heidelberg auch nicht viele Firmen. Um Bücher zu machen, sei ein Studium gar nicht nötig. Dies leuchtete mir ein und so bat ich ihn um Rat. Er meinte, da meine Eltern eine Buchhandlung haben, sei es sinnvoller, noch eine Zeit in einem Buchladen anzuhängen. Es müsste ja nicht in Hamburg sein, so dass ich noch eine andere Stadt kennenlernen könnte. Außerdem würde im nächsten Jahr an der Frankfurter Buchhändlerschule ein zusätzlicher Studiengang eingeführt, in dem man gelernte Buchhändler zu Assistenten der Geschäftsleitung weiterbilden wolle. Er würde mich darüber auf dem Laufenden halten. Da der Rowohlt Verlag, dessen Interessen er in dieser Angelegenheit vertrat, einer der Mitbegründer der Schule sei, könnte er sich dafür einsetzen, mir dort einen Studienplatz zu ermöglichen. Als ich ihn schmunzelnd fragte, ob er nun doch seine Beziehungen für mich missbrauchen würde, musste er lachen.

Da ich mit Helga gleich nach der Prüfung ein Wochenende im netten, etwas heruntergekommenen Carlton Hotel in Berlin verbracht hatte und uns die Stadt mit den vielen Jugendlichen gefiel, entschieden wir, dass ich für mein Buchladenvolontariat nach Berlin gehen solle. Da sie selbst noch ein halbes Jahr für ihren Abschluss benötigte, würde sie später nachkommen.

Der Abschied von Hamburg fiel mir nicht leicht. Besonders meinem Zimmer, Ernie, die mich immer so liebevoll verwöhnt hatte, und dem Hotel Lebewohl zu sagen, fiel mir schwer. Auch Herbert würde ich vermissen und hatte mir ein Abschiedsgeschenk für ihn ausgedacht. Dies bezog sich auf eine seiner übertriebenen Erzählungen. Als er mich eines Abends zum Essen mit ein paar ausländischen Bekannten einlud, sagte er: „Darf ich vorstellen? Dies ist der Sohn meines besten Freundes Oscar. Der einer der wenigen ist, die begriffen haben, was es heißt zu leben. Er besitzt eine Buchhandlung in Caracas, davor liegt er, Zigarre rauchend, zwischen Bananenbäumen in seiner Hängematte und liest. Neben ihm auf einem kleinen Tisch stehen eine Flasche Rum, Cola und ein Eisbehälter, daneben eine Zigarrenkiste. Die Kunden suchen sich ein Buch im Laden aus und legen dann das Geld in die Kiste. Ja wenn ich nicht die Verantwortung für dieses Hotel hätte, ich würde es genauso machen und den lieben Gott einen guten Mann sein lassen."

Ich hatte Vater von Herberts Berufsbeschreibung geschrieben. Da Vater Humor hatte, ließ er sich wie geschildert, *Papillon* von Henri Charrière lesend, in der Hängematte zwischen Bananenbäumen fotografieren und schickte mir das Bild. Als ich mich nun nach Berlin aufmachte, ließ ich es rahmen und schenkte es Herbert, der es freudestrahlend sogleich in seinem Büro aufhängte und zum Abschied meinte: „Wann immer du in Hamburg bist, meldest du dich, und wenn du keine Rum-Fahne mitbringst, kannst du hier übernachten!"

Hinterhof Urbanstraße 171a.

Du bist verrückt, mein Kind,
du musst nach Berlin.

Franz von Suppé

Am Sonntag, den 15. März 1972, bestieg ich einen Flieger von British Airways, und keine halbe Stunde später landeten wir auf dem Flughafen Tempelhof. Ich suchte das Hotel auf, in dem ich mit Helga ein Wochenende verbracht hatte, und bekam auch wieder das gleiche gemütliche Zimmer. Nach einem kurzen Spaziergang in der näheren Umgebung kehrte ich ziemlich früh auf mein Hotelzimmer zurück und fragte mich, ob mein Entschluss, in Berlin zu leben, nicht eine Fehlentscheidung war. Das Zimmer war das gleiche, die Stadt auch, doch fühlte sich alles anders an. Als ich so vor mich hin grübelte, erinnerte ich mich an einen venezolanischen Witz:

Nach seinem Tod wird ein Venezolaner von Petrus gefragt, ob er in den Himmel oder in die Hölle will. Er entscheidet sich für den Himmel. Da ihn der Himmel nach einer Woche schrecklich langweilt, fragt er Petrus, ob er sich nicht auch in der Hölle umschauen darf. Dort empfängt man ihn bei Discomusik an einer schicken Bar, wo er von seinen alten Saufkumpanen und schönen Frauen freudig begrüßt wird. Als er nach einer tollen Nacht wieder vor Petrus steht und der ihn fragt, wo er denn nun gern bleiben will, entscheidet er sich für die Hölle. Der Heilige schaut ihn mitleidig an und meint, wenn dies sein Entschluss sei, wäre er aber endgültig. So reist er wieder in die Tiefe, doch diesmal wird er von des Teufels Gehilfen mit Spießen, Feuer und Schwefel empfangen. Als er protestiert, dass bei seinem vorherigen Besuch der Empfang ein ganz anderer gewesen sei, erwidert der Teufel trocken: „Da warst du als Tourist hier, jetzt aber kommst du als Immigrant."

Am nächsten Tag machte ich mich früh auf den Weg, um Buchhandlungen aufzusuchen, die man mir empfohlen hatte. In einer Mappe hatte ich Empfehlungsschreiben und Zeugnisse dabei. Nun weiß ich nicht, ob ich damals so naiv war, aber ich bin einfach losgezogen, ohne vorher Bewerbungsschreiben zu verschicken oder eine Einladung für ein Vorstellungsgespräch zu haben. Nach dem Besuch der dritten Buchhandlung, in der ich nach einem kurzen Gespräch wieder eine schroffe Absage erhielt, war ich ziemlich demoralisiert. Ich beschloss, in dieser Stimmung lieber nicht weiterzumachen.

So schlenderte ich über den Kurfürstendamm in Richtung Gedächtniskirche und besah mir die vom Krieg übriggelassene Kirchturmruine, die die Berliner „Hohler Zahn" getauft haben. In einer Kneipe gegenüber dem Bahnhof Zoo aß ich dann eine preiswerte, aber nahrhafte Erbsensuppe. Gemächlich schlenderte ich an dem mit Polizeisperren geschützten Amerikahaus vorbei: Der grausame Vietnamkrieg hatte die Reputation der Amerikaner ziemlich beschädigt. Während ich die breite Hardenbergstraße entlanglief, fiel mir auf, dass ich in Berlin nur auf Rentner, Hunde und Jugendliche traf. Ich hatte kaum Kinder oder Menschen im Alter zwischen dreißig und fünfzig gesehen.

Kurz vor dem Ernst-Reuter-Platz entdeckte ich die Buchhandlung Kiepert. Sie stand nicht auf meiner Liste der zu besuchenden Läden. Kurz entschlossen ging ich hinein und war verblüfft, wie riesig sie war – wie ich später erfahren sollte, war sie damals die größte Buchhandlung Europas.

Da ich nichts Besseres vorhatte, nahm ich mir die Zeit, den ganzen Laden zu erkunden. Er bestand aus einer riesigen Halle, umgeben von einer Galerie. Außer an der Straßenseite mit den Schaufenstern waren die Wände vom Boden bis zur Decke voller Bücher. Die Gliederung in die verschiedenen Sortimente war übersichtlich, und es war leicht, sich zurechtzufinden. Im Erdgeschoss waren die Abteilungen Belletristik und Sachbuch untergebracht und auf der Galerie die verschiedenen Wissenschaftsgebiete. Eine Treppe führte von der Galerie zu einem weiteren Stockwerk mit der humanistischen Abteilung und Büros. Im riesigen Keller befand sich ein modernes Antiquariat. Jede Abteilung hatte seinen Buchhändler, dem nur ein kleiner Schreibtisch zur Verfügung stand. Die einzige Kasse lag am Ladeneingang. Die ganze Buchhandlung bot den Kunden freien Zugang zu den Büchern und in jeder Abteilung eine sachkundige Bedienung. Ich schätzte, dass hier wohl an die achtzig Leute arbeiteten, und nahm an, dass sich noch etwa dreißig Mitarbeiter in den Büros befanden. Mir fiel auf, dass fast alle Buchhändler unter vierzig und ziemlich salopp gekleidet waren. Die meisten Männer hatten lange und viele der Frauen hennagefärbte Haare.

Ich verweilte eine Zeit lang auf der Galerie vor der Juristischen Abteilung, von wo aus ich den ganzen Saal und die Abläufe darin überblicken konnte. Plötzlich bemerkte ich, dass schon seit einer ganzen Weile jemand neben mir stand. Seine Erscheinung verblüffte mich: Er war etwa gleich groß wie ich, kräftig gebaut, hatte ein markantes Gesicht, rötliches, kurzgeschnittenes Haar und einen gepflegten Bart. Auf seiner Stirn prangte eine längliche Narbe. Seine Erscheinung hatte etwas Herausforderndes, wären da nicht die zu kleinen Augen gewesen. Aber das Auffallendste an ihm war, dass er einen Matrosenanzug trug!

Als wir uns nun ansahen, fragte er, ob er mir behilflich sein könne. Ich meinte, dass ich nur herumstöberte, aber falls es eine Abteilung für Seefahrt gebe, würde ich ihn gern dorthin begleiten. Er lachte und sagte, er hätte sich gleich gedacht, dass ich an juristischen Büchern nicht interessiert sei, aber er sei für diese Abteilung zuständig. Die Buchhandlung habe auch keine Seefahrt-Abteilung, dafür aber eine Landkarten- und Reisebuchabteilung in einem Laden gleich nebenan. Da ich nun endlich jemanden hatte, mit dem ich mich unterhalten konnte, erzählte ich ihm, ich sei gebürtiger Venezolaner, hätte eine Lehre bei Rowohlt abgeschlossen und wolle nun eine Zeit lang im Sortiment arbeiten, um auch diese Seite des Buchwesens besser kennenzulernen. Nach einer Weile bat er mich, für einen Moment für ihn aufzupassen, er wäre gleich wieder da. Er kam auch bald wieder und sagte mir, er hätte mit dem Besitzer, Herrn Robert Kiepert, gesprochen, und ich solle am nächsten Tag um zehn Uhr wegen einer möglichen Anstellung bei ihm vorsprechen.

Buchhandlung Kiepert.

Als ich den Laden verließ, war ich wieder besserer Laune. Ich hatte nun nicht nur einen Termin, sondern auch Kenntnisse über den Laden, in dem ich arbeiten wollte. Ich brauchte nur noch am nächsten Tag beim Besitzer zu erscheinen, um ihn zu überreden, mich einzustellen. Da ich schon einen Fuß in der Tür hatte, dürfte mir das nicht schwerfallen.

Am nächsten Morgen stand ich pünktlich zur vereinbarten Zeit im Laden und wurde auch gleich zum Chef vorgelassen. In einem etwas unordentlichen Büro saß Robert Kiepert in einem schlecht sitzenden grauen Anzug hinter einem großen Schreibtisch. Er machte auf mich den Eindruck eines schüchternen, doch liebenswerten Menschen. Nach einer freundlichen Begrüßung schilderte ich ihm meinen Lebenslauf und äußerte den Wunsch, bei ihm zu arbeiten. Nachdem ich eine Lehre im Verlag abgeschlossen hätte, wollte ich nun auch die Seite, die im direkten Kontakt mit den Lesern stehe, kennenlernen. Weiter erzählte ich ihm, dass meine Eltern auch einen Buchladen besaßen und mein Vater zu sagen pflegte, dass die Verleger mit dem Generalstab der Armee vergleichbar seien, während die Buchhändler wie Infanteristen deren Entscheidungen vor dem Feind durchzustehen hätten.

Er lächelte bei dem Vergleich, wurde jedoch gleich wieder ernst. Er meinte, dass er zurzeit leider niemanden einstellen könne. Dabei machte er ein trauriges Gesicht und fing an, von einem Kuchen zu reden, von dem zwei Drittel die Verleger verschlangen, der Rest würde von Miete, Gehältern, Steuern usw. vertilgt. Für den Buchhändler blieben am Ende nur noch Krümel übrig. Darauf erwiderte ich, dass die Verleger einen ähnlichen Vergleich anstellten. Vom Verkaufspreis gingen über vierzig Prozent an die Buchhändler, zehn Prozent an die Autoren, zwanzig Prozent an die Druckerei, dazu kämen noch die Kosten für Vertrieb, Miete, Gehälter usw., sodass auch die Verleger über die ihnen verbleibenden Krümel jammerten.

Da er wieder lächelte, war mir bewusst, dass ich nun nicht lockerlassen durfte. Ich besann mich auf die Erzählung meiner Großmutter (Abuelita), als sie nach dem Krieg Deutschland verlassen und zurück nach Venezuela wollte und an der holländischen Grenze aufgehalten wurde.

Als sie vor den englischen Offizieren stand, fragte sie sie, was sie tun würden, wenn ihre Mutter vor ihnen stünde mit dem Wunsch, in ihre Heimat zurückzuwollen – würden sie ihr helfen? Dadurch erwischte sie die Offiziere auf einer persönlichen Ebene, und ihnen blieb nichts anderes übrig, als ihr zu helfen. Diese Taktik wendete ich nun auch bei Herrn Kiepert an. Ich fragte ihn, ob er Kinder hätte, und erfuhr, dass er eine Tochter in meinem Alter hatte. Darauf meinte ich, wenn sie in Caracas im Buchladen meiner Eltern um Hilfe bitten würde, würden sie ihr ganz bestimmt helfen.

Dies stimmte ihn nachdenklich, und ich hakte gleich nach. Erzählte, ich sei mutterseelenallein in Berlin, könne mein Zimmer im Hotel bald nicht mehr bezahlen. Dass ich auch nur um eine Einstellung für ein Jahr bat, um dann mit dem bei ihm Gelernten meinen Eltern in ihrem Laden helfen zu können. Als er immer noch Widerstand leistete, spielte ich meine letzte Karte aus. Ich meinte, dass ich eigentlich nur um eine Praktikantenstelle nachsuchte, ich könne ihm gehaltsmäßig auch entgegenkommen. Endlich waren wir uns einig! Doch was er dann an Gehalt anbot, waren nur ein paar Krümel. Gerade mal zweihundert Mark mehr als mein letztes Lehrlingsgehalt bei Rowohlt. Aber man kann eben nicht alles gleichzeitig haben. Der erste Schritt war getan, und was die mickrige Bezahlung anging, würde ich ihn beim nächsten Gespräch erneut bearbeiten.

Als wir uns einig waren, stellte er mich seiner Prokuristin vor, die mit mir die Zimmermietanzeigen durchging. Mit den Adressen der drei preiswertesten Zimmer ging ich in mein Hotel zurück, da ich mir ausrechnete, dass, wenn ich die Zimmermieten im Voraus zahlen müsste, eine dritte Übernachtung meine Kasse arg strapazieren würde. So holte ich meinen Koffer ab, zahlte und machte mich auf Zimmersuche.

Als Erstes lief ich zu einer nicht weit von Kiepert an der Schiller-straße gelegenen Wohnung. Eine etwas ungepflegte, mütterlich aussehenende Frau Anfang sechzig öffnete mir die Tür, palaverte gleich los und stellte sich als Frau Balschum vor. Sie zeigte mir ein gepflegtes und schön eingerichtetes helles Zimmer. Doch als ich mich nach dem

Badezimmer erkundigte, marschierten wir durch ein verwahrlostes Wohnzimmer, und dann zeigte sie mir ein wahres Museumsstück! Ich schätzte, dass das Bad seit vor dem Zweiten Weltkrieg keine Veränderung erfahren hatte. Warmwasser war nur möglich, wenn man den Boiler an der Badewanne mit einem Kohlenfeuer erwärmte, was, wie sie präzisierte, jeden Sonntag stattfand. Sie meinte, ich dürfe auch die Küche benutzen, aber nur zur Zubereitung von Kleinigkeiten. Es war auf den ersten Blick ersichtlich, dass hier lange nicht mehr gründlich geputzt worden war, aber am verblüffendsten waren zwei große Haufen Blumenerde mitten auf dem Fußboden! Obwohl ich gleich weiterwollte, überredete sie mich zu einer Tasse Kaffee. Sie drängte mich, auf dem verschlissenen Sofa im Wohnzimmer Platz zu nehmen, und während wir Kaffee tranken, redete sie die ganze Zeit. Dabei erstaunten mich die schwankenden Stimmungen, die ihren Redefluss begleiteten. So erzählte sie mir, dass sie Witwe sei, heulte dabei los, worauf sie plötzlich herzhaft lachte und meinte, sie sei gebürtige Polin. Dann heulte sie wieder jämmerlich, als sie mir von ihrem verstorbenen Ehemann erzählte. Der sei der beste Mensch der Welt gewesen. Wieder schlug ihre Stimmung um und sie berichtete liebevoll von ihrem zwölfjährigen Sohn, der gerade in der Schule sei. Sogleich fing sie heftig an zu schimpfen und beschwerte sich über seine schlechten Zeugnisse.

Endlich gelang es mir, mich von ihr zu verabschieden. Obwohl die von ihr verlangte Miete annehmbar war, war ich froh, als ich mit meinem Koffer wieder auf der Straße stand.

Die zweite Wohnung, an einer schmuddeligen Querstraße hinter dem Nollendorfplatz, war klein. Im Zimmer gab es nichts bis auf ein billiges Bett, einen notdürftigen Schreibtisch und einen Stuhl. Die Vermieterin, eine Tussi im mittleren Alter, war mir auch nicht sympathisch, sodass ich mich schnell verabschiedete. Die dritte Adresse auf dem Zettel war ziemlich weit von der Buchhandlung entfernt. Es kostete mich einige Mühe, sie zu finden. Sie lag im vierten Stock eines muffigen Miethauses an der Karl-Marx-Straße, und das Zimmer roch noch muffiger. Als ich aus dem Fenster schaute, raste ein Passagierjet auf mich zu, und ich konnte fast das Gesicht des Piloten erkennen. Mit einem Wahnsinnskrach schoss er dann knapp über das Dach hinweg. Die Wirtin meinte, die Flieger würden aber nach 18 Uhr nicht mehr starten, und bis sechs Uhr morgens sei es in dem Zimmer vollkommen ruhig.

So entschloss ich mich, erneut die Buchhandlung aufzusuchen, in der Hoffnung, dass mir der Matrosenanzugträger weiterhelfen könnte. Doch als ich endlich dort ankam, war es schon dunkel und der Laden geschlossen. Ich setzte mich auf eine Parkbank mit Blick auf den Ernst-Reuter-Platz, der mehr dem Kreisverkehr als den Fußgängern dient. Ich überlegte, was ich nun machen sollte, und meine Überlegungen endeten mit einem Heulkrampf. Ich hatte nichts erreicht außer einer schlecht bezahlten Arbeit, kaum noch Geld und nur einen Koffer. Als ich mich von der Heulerei und dem Selbstmitleid schließlich etwas erholt hatte, sagte ich mir, dass ich mit dem noch übrigen Geld ein Hotelzimmer nehmen und am nächsten Tag meine Eltern anrufen könnte. Ich würde ihnen sagen, ich wolle nach Hause, sie sollten mir das Geld für einen Flug schicken und damit *finito* Berlin!

Doch dann besann ich mich, empfand diese Lösung als feige. Es wäre ja wohl gelacht, wenn ich mich als unfähig erweisen würde, mein gestecktes Ziel zu erreichen. Ich nahm den Koffer in die Hand, und kurz darauf drückte ich wieder die Klingel bei Frau Balschum!

Da ich ja nun als Volontär eingestellt war, bat ich die Prokuristin, auf der Galerie bei Herrn Michaelis anfangen zu dürfen. Sie schaute mich daraufhin leicht befremdet an. Bevor sie etwas antworten konnte, trat der Matrosenanzugträger vom Vortag in den Laden, diesmal als Duellant verkleidet. Um die Schultern hatte er sich ein schwarzes Cape drapiert, Hose, Schuhe und Fliege waren von der gleichen Farbe, nur sein Hemd war strahlend weiß. Er trug ein Pistolenköfferchen und dazu passend, sodass ich an den Hamburger Shanty „Die Reise nach Helgoland" denken musste: „Auf dem Kopf saß schief, und das stand ihm sehr gut, der neue aufgebügelte Zylinderhut!"

Bald musste ich feststellen, dass Michaelis bei seinen Kollegen nicht sehr beliebt war. Anfangs nahm ich an, es läge an seinen Schrullen, aber dann verstand ich, dass die meisten Kollegen politisch links standen und er bei ihnen als reaktionär verschrien war. Dies war nicht von der Hand zu weisen. Den Schmiss an der Stirn hatte er sich in Zeiten verdient, als er einer schlagenden Verbindung angehörte, und er ging noch immer einmal in der Woche zum Fechten zu ihnen. Doch war er mir gegenüber immer sehr hilfsbereit. Er erklärte mir, dass ich nun, da ich eine Arbeit und eine Wohnung nachweisen konnte, die Berlinzulage beantragen könne. Dadurch bekam man den Flug, mit dem man gekommen war, bezahlt, ein Übergangsgeld sowie vier Freiflüge nach Westdeutschland im ersten Jahr. Das Ganze diente als Anreiz, um Menschen auf die kapitalistische Insel mitten im sozialistischen Feindesland zu locken. Die Berliner nannten sie spöttisch die „Zitterprämie".

Die Stadt Berlin war ja eine von Mauern umgebene Insel mitten im sozialistischen Ostdeutschland und überlebte hauptsächlich mit Subventionen aus Westdeutschland. Damit Menschen dort hinzogen, unterstützte man großzügig die Universitäten und gewährte den Unternehmen, die sich dort ansiedelten, Steuererleichterungen. Für Kneipen und Lokale gab es keine Sperrstunde, und es wurde auch sonst alles Mögliche getan, um die Stadt ohne ihr Hinterland am Leben zu erhalten.

Da ich darum gebeten hatte, bei Michaelis anzufangen, steckten mich die Kollegen in die gleiche Schublade und behandelten mich recht abweisend. Das war mir anfangs ziemlich egal, ich brauchte jemanden, der mir half, mich einzuleben, und ich hatte sonst niemanden, an den ich mich wenden konnte. Er gab sich auch viel Mühe, mich in seiner Abteilung einzuführen, und begleitete mich in die Mensa der gegenüber dem Laden liegenden Technischen Universität, in der man preiswert essen konnte. Nach einer Woche lud er mich dann zu sich nach Hause ein. Ich nahm seine Einladung dankend an, hatte ich doch das Wochenende davor alleine verbracht und nur Trübsal geblasen. Es war das erste Mal in meinem Leben, dass ich mich darauf freute, am Montag wieder zur Arbeit zu gehen, um wieder unter Leuten sein zu können.

Ein Vorteil, wenn man der Einsamkeit entkommen will, ist, dass man Menschen näher kennenlernt, denen man unter anderen Umständen wenig Beachtung geschenkt hätte. Man nimmt sie so, wie sie sind, und besitzt eine gewisse Toleranz für ihre Eigenarten. So erging es mir denn auch mit Michaelis. Als ich ihn zum ersten Mal an einem Sonntag besuchte, war ich von seiner weiträumigen Altbauwohnung angetan. Besonders sein Bibliothekszimmer war geschmackvoll eingerichtet. Drei der hohen Wände waren mit Bücherregalen versehen, in denen kaum noch ein neuer Titel Platz gefunden hätte. Lästig war ein riesengroßes schwarzes Kaninchen, vor dem man sich immer schnell mit einem Kissen schützen musste, an dem es sich abarbeiten konnte. Sonst biss es sich am Hosenbein fest und ließ nicht eher los, bis es sich zuckend befriedigt hatte. Als es mich das erste Mal damit überraschte, fragte ich Michaelis, ob ich nun einen Orgasmus vortäuschen müsse.

Seine Frau war eine auffallende Erscheinung. Wie Michaelis und der siebenjährige Sohn hatte sie rote Haare. Es war ziemlich offensichtlich, dass sie sich nicht gut verstanden und der Knirps dies ausnutzte, um die beiden zu seinem Vorteil gegeneinander auszuspielen. Monate später sollten sie sich nur noch per Zettel über das Notwendigste verständigen. An einem Sonntag kam es zum Eklat, als wir beim Mittagessen zusehen mussten, wie der Kleine bei Tisch mit seinem Schniepel spielte. Darauf bekam er von seiner Mutter einen Klaps auf die Hand. Ich fand das angebracht, da er dies ja nicht unbedingt während der Mahlzeit zu machen brauchte. Aber Michaelis geriet außer sich, meinte, seine Frau kastriere das Kind. Sie würde ihn sexuell unterdrücken, was zu einer Psychose führen könne, in der er Sex als strafbar empfinden würde. Mir war das ganze Schauspiel peinlich, und ich verließ die Familie und ihren Zwist kurz nach dem Essen.

Eine der Annehmlichkeiten, die ich bei Frau Balschum genoss, war, dass ich ein Telefon in meinem Zimmer hatte. Kurz nachdem ich die Stelle bei Kiepert bekommen hatte, rief ich meinen Onkel Edgar Friederichsen an, um ihm von meiner neuen Arbeitsstelle zu berichten. Er war ziemlich entrüstet, als ich ihm erzählte, auf welch niedriges Gehalt ich mich mit Kiepert geeinigt hatte. Einen ausgelernten Lehrling mit guten Abschlussnoten so zu besolden sei eine Beleidigung nicht nur mir, sondern auch dem Verlag gegenüber. Er würde sich um diese Zumutung kummern. Ich war recht verblüfft, als kurz darauf Kiepert mein Gehalt auf die unterste Tarifstufe des Buchhandels erhöhte, immerhin um fast vierzig Prozent! Ich erfuhr nun, dass Edgar, der doch nichts von Beziehungen hielt, mit dem Rowohlt-Hauptvertreter, Herrn Geisler, und dieser wiederum mit Kiepert gesprochen hatte.

Ich sollte nun auch Herrn Geisler näher kennenlernen. Seinen Einfluss auf das Verlagsprogramm hatte ich damals schon auf der Vertreterkonferenz erlebt, bei der ich den Kellner spielte. Er lud mich des Öfteren ein und war recht spendabel bei der Bewirtung in verschiedenen teuren Lokalen. Er hatte seinen Wohnsitz in Berlin und war der typische Verkäufer, der die Gewinne aus seiner Kommission rapide unters Volk bringen musste, um so genötigt zu sein, sich wieder aufzumachen, um dem anstrengenden und doch etwas erniedrigenden Beruf des Vertreters nachzugehen. Obwohl er an die fünfzig war und frisch geschieden, hatte er sich eine hübsche Kolumbianerin in meinem Alter geangelt, die mir gegenüber keinen Hehl daraus machte, dass er ihr „Sugar Daddy" war und sie sich durch ihn, der finanziellen Sorgen entledigt, um ihr Studium kümmern konnte.

Eines Tages sagte mir Helga am Telefon, dass sie und Harry mich am Wochenende besuchen wollten. Da mir Frau Balschum schon bei unserem ersten Gespräch jeglichen Frauenbesuch in ihrer Wohnung untersagt hatte, bat ich sie nun um Erlaubnis, meine Gäste bei mir übernachten zu lassen. Ich bettelte um diese einzige Ausnahme, und schließlich willigte sie ein. Ich empfing Helga und Harry am Bahnhof Zoo, sie fanden mein Zimmer toll, aber als sie den Rest der Wohnung kennenlernten, war Helga unangenehm berührt. Angesichts des Haufens Gartenerde in der Mitte der schmuddeligen Küche nahm sie es mir übel, dass ich ihnen am Abend ihrer Ankunft in dem Dreck eine Kleinigkeit zu essen zubereitet hatte. Wir verbrachten ein schönes Wochenende miteinander, aber danach trübte sich meine Beziehung zu Frau Balschum. Als Erstes verbot sie ihrem Sohn jeglichen Umgang mit mir, obwohl er sich jedes Mal freute, wenn ich ihn zum Angeln an den Plötzensee begleitete. Auch ihre Freundin, eine rosige falsche Blondine, die ihren riesigen Busen wippend in tief dekolletierten Kleidern vor sich hertrug, fing an, sie gegen mich aufzuhetzen. Sie hatte es nämlich auf mein Zimmer abgesehen. Immer wenn sie mir ihren Busen vor die Nase hielt, musste ich an Werner Zech denken. Nach einem anstrengenden Tag am Rowohlt-Stand auf der Frankfurter Buchmesse nahmen wir mit eon paar Kollegen noch einen Drink in einer zwielichtigen Kneipe. Als wir aufbrechen wollten, wurden wir mit einer unverschämt hohen Rechnung konfrontiert. Werner brüllte daraufhin durch das ganze Lokal: „Also, das zahlen wir nicht, von mir aus holen Sie die Polizei!" Auf alles, was der Kellner dann noch sagte, kreischte er wiederholt: „Holen Sie die Polizei!" Eine der Animierdamen wollte ihn beruhigen. Sie legte dem auf dem Sofa sitzenden Werner von hinten ihren riesigen Busen auf die Schulter. Worauf er empört aufschrie: „Sie nehmen jetzt, und zwar sofort, Ihre schrecklichen Zementmischer von meiner Schulter!"

Irgendwann hatte ich von meinem Untermieterdasein genug und machte mich auf, mir eine Wohnung zu suchen. Doch sollte ich schnell feststellen, dass dies rechtlich nicht möglich war, denn ich war noch keine einundzwanzig. So besprach ich mich mit Michaelis, der meinte, er kenne einen befreundeten Makler. Er würde mal sehen, was sich da machen ließe.

Ein paar Tage darauf sollte ich den Wohnungsmakler Herrn Kopisch kennenlernen. Er saß wie zwei riesige Kröten hinter dem Schreibtisch, die obere und kleinere war sein Kopf. Er stand auch nicht auf, als Michaelis und ich reinkamen, und winkte nur müde in Richtung der niedrigen Sessel vor seinem Tisch. Michaelis stellte mich vor. Er erzählte ihm, dass ich auch bei Kiepert arbeitete, Ausländer sei, dass ich erst in drei Monaten einundzwanzig würde und deswegen Probleme bei Vermietern hatte, aber unbedingt eine Wohnung brauchte. Kopisch schaute mich traurig an und sagte dann: „Ich bin auch Ausländer, Jugoslawe. Ich kann Ihnen vielleicht problemlos helfen. Die Deutschen verwandeln alles in ein Problem, aber wissen Sie, welches ihr wirkliches Problem ist?" Nun, ich überlegte und mir fielen einige Antworten ein. Unter anderem der Spruch von Voltaire: „Am Grunde eines Problems sitzt immer ein Deutscher", aber bevor ich etwas sagen konnte, grunzte er: „Sie kommen nicht drauf, nein? Ist doch ganz einfach, die Deutschen ficken nicht! Merken

Sie sich das!" Ich schaute ihn nur verblüfft an, darauf wäre ich nun echt nicht gekommen! Und diese Kröte betrachtend, dachte ich mir, dass er auch nicht gerade so aussah, als würde er noch einen Fick hinbekommen.

Er wandte sich nun an Michaelis, meinte, *er* könne ja für mich unterschreiben, er hätte auch eine gerade frei gewordene Einzimmerwohnung in Kreuzberg, in der könnte ich für 50 DM Miete einziehen. Er füllte ein vorgedrucktes Formular aus, ließ Michaelis unterschreiben, und ich zahlte die 150 DM Kaution, die er sich sogleich in die eigene Jackentasche schob. Darauf verabschiedete er uns, ohne sich von seinem Sessel zu erheben, und rief mir nach: „Man muss sich im Leben immer durchficken! Vergessen Sie das nicht, junger Man!"

Am darauffolgenden Sonnabend hatten Michaelis und ich frei. So machten wir uns auf nach Kreuzberg zur Urbanstraße 171. Im Vorderhaus stiegen wir die fünf Stockwerke hoch und klingelten beim Hausmeister, Horst Edel. Horst war etwas älter als ich und hatte eine wunderschön eingerichtete große Wohnung. Seine hübsche und nette Frau bot uns einen Kaffee an und er sagte, dass Herr Kopisch uns schon angekündigt hätte. Er erzählte, dass er an der Philharmonie Bratsche studiere und in diesem Wohnhaus die Wohnungen entweder von Musikern wie ihm oder von Rentnern bewohnt seien. Er wundere sich, dass Kopisch uns eine Wohnung angeboten hätte, denn es wären eigentlich keine frei. Michaelis nannte ihm daraufhin die uns zugewiesene Wohnungsnummer. Darauf schaute er uns fassungslos an und meinte, da könnte man eigentlich nicht einziehen. Kurz und gut, wir baten ihn um die Schlüssel und sagten, wir wollten uns die Wohnung mal ansehen. Wir stiegen die Treppen wieder hinunter, durchquerten einen Innenhof und fanden auch gleich im Parterre die angegebene Wohnungstür. Michaelis schloss sie auf und uns schlug eine Welle muffiger Luft entgegen. Es roch nach Erbrochenem, Alkohol und abgestandenem Zigarettenrauch. Gleich im Eingangsflur stand ein riesiger Schrank, aus dem mir, als ich ihn aufmachte, feuchte Schlafsäcke und Steppdecken entgegenquollen. Das einzige schummerige Zimmer mit seinen grauen Wänden hatte bis auf ein feuchtes zerschlissenes Sofa und ein Bett mit dreckiger Matratze weiter keine Möbel. Das einzige große Fenster ließ kaum Licht durch, da die Scheiben seit Jahrhunderten niemand geputzt hatte. An das Zimmer anschließend gab es noch eine Küche. Darin stand ein gusseiserner Kohlenherd neben einem öligen grauen Waschbecken. Dann noch ein Tisch mit einer kaputten Plastikdecke und zwei Stühlen, alles im schummerigen Licht, das kaum von draußen durch die verschmierten Fensterscheiben drang. Vergeblich schaute ich mich nach einem Badezimmer um.

Ich hatte wohl keine Minute gebraucht, um mir diese Höhle anzuschauen. Als ich wieder draußen auf dem Hof stand, dachte ich mir, dass ich in diese Hütte nicht mal meinen Hund einsperren würde. Da rief mich Michaelis und zeigte mir das Klo im Treppenhaus. In dem engen Raum war nur ein Brett, das von Wand zu Wand reichte und in dessen Mitte sich über einer dreckigen Kloschüssel ein rundes Loch befand.

Ich fluchte, dass der Ficker von Kopisch sich ins Knie ficken könne. Ich würde die 150 DM als Verlust abschreiben, aber in dieses Loch würde ich nicht einziehen. Ich meinte, die Schlüssel brauche sowieso kein Mensch mehr, schmiss sie in die Mülltonne und verließ das Wohnhaus. Michaelis redete auf mich ein, und als ich um die Ecke zur U-Bahn laufen wollte, lud er mich zu einem Bier in der Eckkneipe ein. Bei unserem Eintreten sagte der Wirt: „Na, wieder zwei neue Musiker?", worauf Michaelis antwortete: „Schlimmer, viel schlimmer. Buchhändler!", worauf der Wirt uns amüsiert bediente. Wir tranken unser Bier, und ich zitierte Heinrich Zille, den Zeichner des Berliner Milljöhs: „Man kann mit einer Wohnung einen Menschen genauso gut töten wie mit einer Axt!" Doch Michaelis meinte, ich würde voreilig handeln. Die Wohnung, zu dem Preis, sei ein Hit! Wir müssten da nur sauber machen. Wir könnten uns von Kiepert den Kombi leihen und den ganzen Dreck in einen Bezirk fahren, in dem Sperrmüll angekündigt sei. Dort würden wir bestimmt auch prima Möbel finden, um die anderen zu ersetzen. Wenn wir die Wohnung dann noch neu tapezieren und streichen würden, hätten wir im Handumdrehen eine tolle sturmfreie Bude. Außerdem sei der Hausmeister doch nett …

Und so quasselte und quasselte er, bis er mich so weit hatte und wir nochmals zur Wohnung zurückgingen und mit zugehaltener Nase die

Schlüssel aus der Mülltonne fischten. Michaelis fragte mich, ob ich einen Führerschein hätte, worauf ich ihn verständnislos anschaute, da ich nicht erkennen konnte, was das mit dieser Scheißwohnung zu tun hatte. Als ich dennoch bejahte, meinte er: „Wir gehen jetzt in die Buchhandlung und bitten Kiepert um den Kombi, dann räumen wir hier schon mal das Gröbste weg."

Als wir nun mit Kieperts Wagen zurück zur Wohnung fuhren, erschrak er ständig über meine Fahrweise. Er fragte mich, wie ich eigentlich zu einem Führerschein gekommen sei. Wäre er der Prüfer, ich wäre schon bei der zweiten Kreuzung durchgefallen. Ich erklärte ihm, dass ich damals in Hamburg nur die schriftliche Prüfung nachholen musste, da ich bereits einen venezolanischen Führerschein besaß. Bei uns, wo es nicht so viele Regeln gab, genügte es dem Prüfer vollkommen, wenn man mit dem Auto ein paar Runden auf einem leeren Parkplatz drehte, ohne den Motor abzuwürgen. In Deutschland aber war die schriftliche Prüfung schon nicht einfach, und ich hatte erst beim dritten Versuch bestanden.

Es war eine Knochenarbeit, den schweren eisernen Küchenherd und das feuchte Sofa in den Kombi zu verfrachten. Unangenehm, die vollgepissten Schlafsäcke, Steppdecken, Gardinen und Kissen in Müllsäcke zu stopfen. Als wir den mit Brandflecken übersäten Teppich zusammenrollten, meinte Michaelis, dass der Fußboden wohl auch etwas Farbe gebrauchen könnte. Schöner wäre, ihn abzuschleifen, aber das sei eine Sauarbeit und wir hätten nicht das nötige Werkzeug dafür.

Als wir den Wagen beladen hatten, schlug er vor, zu sich in die Wohnung zu fahren, um uns frisch zu machen und etwas zu essen. Er hätte auch ein Verzeichnis mit den Sperrmülldaten, um nachzusehen, in welchem Bezirk heute Sperrmüll erlaubt sei.

Nachdem wir uns etwas frisch gemacht und belegte Brote zum Bier gegessen hatten, konsultierte er sein „Sperrmüllverzeichnis" und meinte, wir hätten ein Riesenglück. Am heutigen Tag sei der Bezirk Dahlem dran, eine wohlhabende Gegend, wo wir bestimmt prima Sachen finden würden. Ich konnte mit dem Begriff Sperrmüll nicht viel anfangen. Als wir aber Dahlem erreichten, war mir schnell klar, dass wir hier unseren ganzen Müll loswerden konnten. Ich sah auch, dass einiges, was die Bewohner der Gegend entsorgt hatten, durchaus noch brauchbar war.

Michaelis entpuppte sich als echter Sperrmüll-Experte. Man hätte ihn auch gut in einem Möbelhaus einstellen können. Von der Matratze, die er empfahl, war ich nicht so begeistert, aber sie war immerhin besser als die, die wir ausgeladen hatten. Mit geübtem Auge fand er auch ein paar schöne Stühle und ein gutes Sofa. Dann fischte er noch einige längliche dunkellila Tücher aus einem Müllsack. Als ich ihn fragend ansah, erklärte er, die seien aus gutem Leinen, hätten auch die richtige Größe, und wenn sie erst aus der Reinigung kämen, wären das prima Gardinen. Zu guter Letzt erspähte er noch einen weinroten Teppich, der, ordentlich ausgeklopft, durchaus brauchbar sei, um die Löcher im Fußboden zu bedecken.

Wir stellten den vollbeladenen Kombi vor seiner Wohnung ab, tranken noch ein paar Bier und legten uns schlafen. Am nächsten Morgen weckte er mich voller Elan. Ich staunte nicht schlecht über die Zimmererkluft, die er angezogen hatte – er musste einen ganzen Schrank voller Kostüme haben! Nach dem Frühstück luden wir Besen, verschiedene Reinigungsmittel und Werkzeug in den Wagen und fuhren zur Wohnung. Wir schufteten den ganzen Tag, am schlimmsten war das Klo. Als die Bude halbwegs sauber war und die Fenster wieder etwas Hinterhoflicht spendierten, luden wir die Sachen aus dem Kombi aus. Dann vermaß er die Wände der Wohnung für den Kauf neuer Raufasertapeten und diktierte mir eine Liste der Dinge, die wir während der Woche für die Renovierung besorgen mussten. Er meinte, er könne am kommenden Wochenende nicht mithelfen, da er arbeiten müsse, aber an den darauffolgenden würden wir die neuen Tapeten anbringen und die Farbarbeiten erledigen. Außerdem müssten wir zusehen, dass die Wohnung wieder Stromanschluss bekam. Irgendwie hatte er mich mit seinem Optimismus angesteckt, und um ehrlich zu sein, sah die Wohnung auch schon um einiges besser aus. Doch war mir auch klar, dass ich das ohne seine Hilfe nie zustande gebracht hätte.

Ich rief Helga an, um ihr mitzuteilen, dass ich nun eine sturmfreie Bude hatte. Sie versprach, mich gleich am Wochenende zu besuchen. Ich verbrachte die Woche damit, während der Mittagspausen das von Michaelis Diktierte zu besorgen. Außerdem kaufte ich neues Bettzeug und etwas Besteck und Geschirr sowie einen Campingkocher. Einen richtigen Herd würde ich mir dann zusammen mit einem Kühlschrank kaufen, sobald ich Strom- und Gasanschluss hatte. Beides zog sich hin, da Kopisch und Horst Edel mich vom einen zum anderen schickten, bis Michaelis mir auch hiermit half und die Versorger mir die Anschlüsse für die folgende Woche versprachen. Da ich nun während Helgas Besuch kein Licht haben würde, klaute ich mir auf einer Baustelle eine Petroleumlampe und kaufte auch noch einige Kerzen.

Am Freitagabend holte ich Helga vom Bahnhof Zoo ab, und mit der U-Bahn ging es nach Kreuzberg. Inzwischen hatte ich die Fenster die ganze Woche über offen gelassen, sodass der muffige Geruch fast vollkommen verschwunden war. Im Licht der Petroleumlampe und der Kerzen sah die Wohnung ganz annehmbar aus. Schon bald nach unserer Ankunft lagen wir im frisch bezogenen Bett, liebten uns und schliefen kurz darauf fest umschlungen ein.

Am nächsten Morgen, während ich den Kaffee machte, wachte auch Helga auf. Als sie nun die vom Hinterhofmorgenlicht beschienenen grauen Wände, den durchgescheuerten Boden und die bröckelige Farbe der Fensterrahmen sah, revidierte sie ihre Meinung über die Wohnung. Als ich ihr obendrein stolz vom Sperrmüll erzählte, wo ich all die Möbel und sogar eine gute Matratze gefunden hätte, sank ihre Laune merklich. Sie, die nur in ihrem von der Mutter aufs Peinlichste sauber gehaltenen Zuhause gelebt hatte, fand sich nun in dieser schmuddeligen Bude mit der von Fremden benutzten Matratze wieder. Nachdem sie dann noch auf dem Klo gewesen war, stand ihr der Ekel regelrecht ins Gesicht geschrieben.

Die beste Verteidigung ist oft der Angriff. Ich meinte, das wäre nun die Wohnung, eine andere hätte ich nicht vorzuweisen, und sie solle mit dem Gejammer aufhören. Wir könnten uns ja an die Arbeit machen und noch gründlicher putzen. Wir würden ohnehin das eine oder andere noch dazukaufen. Da Helga auch eine patente Frau ist, war sie einverstanden und so legten wir los. Als erste Handlung, entschied sie, müssten wir eine neue Matratze besorgen und zusätzliche Bezüge. Auch kaufte sie knallorange Ölfarbe, und nach langem Schrubben übermalte sie damit in mehreren Schichten die Holzverschalung vom Klo.

Beim Abschied am Sonntag einigten wir uns darauf, dass sie, bis sie ausgelernt hatte, nicht noch mal kommen würde, es waren ja nur noch zwei Monate. Da ich von der Stadt Berlin Heimatflüge spendiert bekam, könnte ich sie während dieser Zeit in Hamburg besuchen. Ich versprach auch, dass ich, bis sie dann käme, die Bude auf Vordermann bringen würde.

Am folgenden Sonnabend traf ich mich im Buchladen mit Michaelis, der für diese Gelegenheit ein tadelloses weißes Malerkostüm mit passendem Käppi trug. Wir liehen uns wieder den Kombi der Buchhandlung aus, luden das Eingekaufte ein und fuhren zur Wohnung. Hier schufteten wir das ganze Wochenende bis spätabends. Besonders das Anbringen der Tapeten war für mich eine neue Erfahrung, da man in Venezuela kaum welche benutzt. Doch erwies sich Michaelis in allem als ein Meister, und ich übernahm die Rolle des Gesellen. Als wir am Sonntag Feierabend machten, hatten wir alles Vorgenommene geschafft, und die Wohnung sah nun richtig bewohnbar aus. Die Tapeten spendeten Helligkeit, den Fußboden hatten wir grün gestrichen und auch die dunkellila Gardinen sahen gut aus. Ich musste eigentlich nur noch von den Fensterrahmen die alte Farbe abbeizen und sie dann neu streichen. Dabei würde mir aber überraschenderweise jemand anderes helfen.

Am folgenden Donnerstagnachmittag brüllte jemand laut durch den Buchladen: „Carsten Todtmann, 96 out!" (meinen Namen dabei englisch aussprechend). Zur Peinlichkeit kam die Überraschung: Es war mein Highschool-Freund Roberto Alonso. Das 96 hatte er damals auf seinen VW Käfer gepinselt. Als er mich mal besuchte und mit seinem Wagen die Garagenausfahrt versperrte, schnauzte mein Vater durchs ganze Haus: „96 out!"

Roberto war in Berlin, um seine jüngere Schwester Maria Conchita zu begleiten. Sie hatte im Vorjahr den „Miss Princess"-Wettbewerb gewonnen und sollte beim diesjährigen Wettbewerb, der in Berlin ausgerichtet wurde, der neuen Gewinnerin die Krone übergeben. Von meinem Vater hatte Roberto die Adresse der Buchhandlung Kiepert bekommen. Vater hatte ihm auch eine Flasche Rum für mich mitgegeben.

Für den Freitag lud Roberto mich ins Hotel Hilton ein, wo der Wettbewerb stattfinden würde. Als er mir seine Zimmertür aufmachte, erschrak er und meinte, in dem Aufzug könne ich ihn unmöglich zu der abendlichen Zeremonie begleiten. Daraufhin raste er los und kam mit einem geliehenen Jackett, Schlips und Hose wieder. Er nahm meine Schuhe, machte sie mit einem Hotelwaschlappen sauber und polierte sie dann mit etwas Seife. Auch meinte er, dass ich meine dünnen Haare nicht lang tragen könne, am besten wäre, er würde mir einen „GI Joe"-Haarschnitt verpassen. Ich erinnerte ihn an meine großen Ohren, woraufhin er von seinem Vorhaben abließ. Doch bestand er darauf, dass unbedingt ein Haarschnitt vonnöten sei. Er band mir kurzerhand ein Badetuch um den Hals und schnippelte drauflos. Ein Profi war er nicht. Als er fertig war und ich mich im Spiegel besah, war mein Haar zwar ordentlich und etwas kürzer geschnitten, aber an meinem Haaransatz über der Stirn hatte er sich vertan. Dort nämlich standen die übriggebliebenen Haare rasenkurz. Ich hatte es langsam dicke mit seinen Versuchen, aus mir ein Model zu machen. Als Revanche ließ ich seine Wanne volllaufen und genoss den lange nicht mehr erlebten Luxus eines Bads mit duftendem Badesalz. Etwas, dem ich, seit ich das Hotel Reichshof verlassen hatte, nachtrauerte.

Als wir in den Festsaal kamen, staunte ich nicht schlecht. Hollywood war nicht fern. Es war *Kitsch as Kitsch can*. Alles war in Rosa und Hellblau gehalten. Das Publikum saß um runde Tische, und so wie sie sich aufgetakelt hatten, schienen sie aus einer anderen Dimension zu stammen. Hier in Berlin würden sie außerhalb des Hotels mit ihren Glitzerkleidern und ihren rosa oder hellblauen Anzügen für Aufsehen sorgen.

Nach einer Weile endete die Kaufhausmusik, die das Geschnatter des Publikums untermalte. Es folgte ein lauter Tusch, dann ertönte eine geklimperte Melodie, zu der eine hohe Kinderstimme sang. Ein Entertainer im Elvis-Presley-Look trippelte auf die Bühne und eröffnete mit ein paar albernen Sätzen die Show. Als Erstes tänzelten acht- bis zwölfjährige Teilnehmerinnen des „Little Miss Princess"-Wettbewerbs auf die Bühne. Ich traute meinen Augen nicht, sie waren wie heiratsfähige Damen geschminkt, frisiert und gekleidet! Die Erwachsenen im Publikum klatschten frenetisch Beifall. Als sie alle auf der Bühne standen, wurden sie vom Entertainer einzeln aufgerufen, traten vor, machten einen Knicks und blickten mit falschem Lächeln ins Publikum. Der Entertainer hielt dann dem armen Kind das Mikrophon vor die Nase, und mit piepsiger Stimme plapperte die Kleine irgendeinen Unsinn wie: „I'm so happy to be here, I am a Berliner ..." Daraufhin klatschte alles begeistert. An den Tischen der Eltern und Verwandten des auftretenden Püppchens war der Applaus am lautesten. Eine achtjährige aufgetakelte Platinblonde gewann den Wettbewerb. Um jeglichem Vorwurf zu entgehen, dass die Jury Weiße bevorzugte, wurde eine dunkle, niedliche kleine Inderin Zweite.

Als wären es der Geschmacklosigkeiten nicht schon genug, hatten nun als Höhepunkt des Abends die Teenager vom „Miss Princess"-Wettbewerb ihren Auftritt. Wie Barbie, Ken und die anderen Puppen aus der Spielzeugwelt von Mattel trippelten sie, vom Entertainer und seinen Sprüchen begleitet, auf die Bühne. Auch sie durften einzeln vortreten und wurden von den vor der Tribüne sitzenden Juroren mit den dummerhaftigsten Fragen bombardiert. Die Jugendlichen gaben daraufhin noch dümmere Antworten. Doch war das overdresste Publikum begeistert, während es an den von der Limonaden-Firma gesponserten Coca Cola oder Sprite nippte. Ich fand die ganze Fiesta unerträglich und verließ den Saal.

An der typischen, faden, amerikanischen Einheitshotelbar bestellte ich mir einen sauteuren Bourbon Manhattan. Für den gleichen Preis hätte ich mir ein ganze Flasche Jack Daniels kaufen können. Ich war aber dem Irrwitz im Saal entkommen und konnte auf meinem Barhocker darüber sinnieren, wie etwas wie die „World Princess"-Wahl jeden nur erdenklichen Unsinn auf Erden bedient und damit auch noch ordentlich Geld verdient. Bestimmt wurde der Quatsch obendrein mit Geldern vom Berliner Senat subventioniert.

Endlich kam auch Roberto in die Bar. Er berichtete, dass der dümmste der Jungen und das flachbrüstigste Mädel gekrönt worden waren. Wir bestellten, diesmal auf seine Kosten, noch zwei Manhattan, aber mit schottischem Whisky. Während wir tranken, zog ich über die Veranstaltung her, die Roberto halbherzig verteidigte. Dann schwelgten wir in Erinnerungen an die Highschool-Zeit und an den einen oder anderen Unfug, den wir in Venezuela getrieben hatten. Später gingen wir auf sein Zimmer, wo ich mir wieder meine eigenen Klamotten anzog. Wir verabredeten uns für den nächsten Tag, um im Hotel gemeinsam zu frühstücken und dann zu meiner neuen Wohnung zu fahren, wo noch ein paar handwerkliche Arbeiten auf mich warteten, bei denen er mir helfen wollte.

Bei unserem Gang durch Kreuzberg am nächsten Morgen konstatierte Roberto, die Gegend erreiche nicht ganz meinen gewohnten Standard von La Florida in Caracas. Als wir dann vor der Nummer 171 standen, durch den dunklen Flur in den trostlosen Hinterhof liefen und ich meine Wohnungstür aufschloss, schaute er mich an, als hätte ich den Verstand verloren. Er meinte, es könne doch nicht mein Ernst sein, hier wohnen zu wollen! Na gut, im Vergleich zum Hilton war die Bude recht armselig. Doch nach einer Weile hatte ich ihn so weit, mir zu helfen. Ich schlug vor, er könne die Fensterrahmen, die ich schon abgebeizt hatte, mit roter Lackfarbe streichen. Dazu brauche er auch nicht die Wohnung zu betreten, sondern könne dies vom Hof aus machen. Währenddessen würde ich ein Bücherbord anbringen. Wir dürften gegen Mittag fertig sein, und ich würde ihn dann zum Essen bei einem Griechen in der Nachbarschaft einladen. Anschließend könne ich ihm Berlin zeigen.

Er meinte, er würde gern die Mauer sehen, von der ich ihm erzählt hatte. Er wollte nicht glauben, dass bis auf ein paar Grenzübergänge es unmöglich sei, sie zu bezwingen. Als Lateinamerikaner erschien es ihm unvorstellbar, dass man mit einem freundlichen Gespräch und einer kleinen Bestechung niemanden finden sollte, der einen durchlassen würde. Bestimmt gab es irgendwo Schlupflöcher, nur würde ich die nicht kennen. Ich dachte bei mir, dass er eben die deutsche Gründlichkeit noch nicht kannte. Als er dann später auf einer für Touristen errichteten Tribüne stand und in den Osten starrte, war er fassungslos. Er sah ein, dass man nicht unbedingt ein Meer brauchte, wie in seiner früheren Heimat Kuba, um die Menschen voneinander zu trennen. Vielen Ausländern, die sich mit deutscher Geschichte nicht auskannten, musste man erklären, dass es zwei Deutschland und zwei Mauern gab: eine, die Deutschland in zwei teilte, und die andere, die einen Teil von Berlin umgab. Welches wiederum, um die Verwirrung komplett zu machen, zum Teil zu Westdeutschland gehörte, aber mitten im anderen Deutschland lag. Ich kannte mal eine Inderin, die dachte, die Mauer wäre gebaut worden, damit die Stadt nicht von Menschen überrannt wird. Für jemanden, der aus einem überbevölkerten Land kommt, eine plausible Erklärung für etwas ansonsten schwer Verständliches.

Während ich in Ermangelung eines Bohrers immer wieder einen großen Nagel in die Wand hämmerte und wieder herauszog, um Löcher für die Dübel zu machen, sang Roberto kubanische Boleros und arbeitete an den Fenstern. Wir hatten noch keine halbe Stunde mit Hammer und Pinsel gearbeitet, als Robertos Gesang von einer hohen Stimme unterbrochen wurde, die schimpfte, man dürfe am Wochenende nicht so einen Krach machen. Ich hörte, wie Roberto in seinem rudimentären Deutsch ständig „mein Dame, Sie wunderschöne Dame" wiederholte. Kurz darauf sang er *Cuánta Ramera*, die Nationalhymne der Exilkubaner. Ich ging zum Fenster und sah, wie Roberto mit einer etwas widerstrebenden älteren Frau im Arm durch den Hof tanzte. Als sie mich erblickte, befreite sie sich von ihrem Tanzpartner und fragte mich, ob ich Deutsch könne. Auf mein Ja hin fing sie wieder an zu schimpfen, aber Roberto warf ständig lustige Sätze dazwischen, die er in seinem Deutschschnellkurs aufgeschnappt hatte und die mit dem Anschiss der Frau in keinerlei Zusammenhang standen. Schließlich musste sie lachen. Sie fragte, ob wir auch Musiker seien, und auf meine Antwort, wir seien Buchhändler, beruhigte sie sich. Da das Eis nun gebrochen war, erzählte sie, dass sie die Nase voll hatte von den vielen Musikern im Haus. Ständig würde jemand mit seinem Instrument rummusizieren. Als Roberto, der nicht aufhörte, sein erlerntes Deutsch an die Frau zu bringen, sagte: „Ich trinken Kaffee, mit etwas nur Zucker, aber ohne Sahne", lud sie uns zu sich ein. Sie wohnte mir gegenüber in einer vollgestellten Zweizimmerwohnung mit Bad. Während wir Kaffee tranken, erzählte sie, dass sie und ihr Mann in Danzig eine Schlachterei besessen hatten, die sie aber an die Polen abtreten mussten. Ihr Mann sei daraufhin vor Gram gestorben. Ich als Buchhändler könne vielleicht mit dem Namen Günter Grass etwas anfangen. Dessen Familie und auch er selbst, damals noch ein kleiner Junge, waren Kunden ihrer Schlachterei gewesen. Dann erzählte sie, dass außer uns nur noch das Ehepaar im zweiten Stock und die alte Frau Rabe im vierten keine Musiker seien. Die aus dem zweiten hätten eine kleine Tochter, die vor zehn Jahren im Treppenhaus zur Welt gekommen sei. Und da sie als Schlachterfrau ja an Blut gewöhnt war, hatte sie der Frau bei der Geburt beigestanden. Dennoch sei das Ganze eine ziemliche Schweinerei gewesen. Der Mann sei Busfahrer und verprügele regelmäßig seine Frau. Tatsächlich wurde ich eines Tages selbst Zeuge, wie er seine Frau übers Treppengeländer legte und auf sie einschlug. Es war nicht einfach, ihn davon abzubringen. Der Hausmeister Edel, fuhr sie fort, sei ja selbst Musiker, und jedes Mal, wenn einer der alten Mieter starb, vermittelte er die frei gewordene Wohnung an einen seiner Kollegen. Das Haus sei die reinste Orchesterherberge, nur würden sie leider, jeder für sich, alle durcheinander musizieren. Auch ich sollte eine Zeit lang an meinem Nachbarn verzweifeln, der auf seinen Kesselpauken ständig den „Bolero" von Maurice Ravel exerzierte. Gott sei Dank zog er nach ein paar Wochen in eine andere Wohnung.

Endlich konnten wir uns wieder an die Arbeit machen. Ich versprach, dass ich nur noch ein halbe Stunde hämmern würde. Roberto wiederum versprach: „Ich nix machen Krach, meine Dame, ich Sie pinseln, und ich Sie singen!" Sie lachte und meinte, sie würde uns inzwischen einen Kuchen backen. Doch bald unterbrach Roberto seinen Gesang und übte wieder eifrig sein Deutsch. So schlossen wir Bekanntschaft mit mehreren Nachbarn, die über den Hof kamen. Unter anderem auch mit der Kleinen, die im Treppenhaus geboren war. Sie behauptete sogar, dass Robert ein schlechter Maler sei und sie es besser könne. So überließ Roberto ihr den Pinsel und konnte sich voll seiner Aufgabe

der Public Relations widmen. Auch ein hübsches Mädchen in unserem Alter, die mit Eimer und Feudel vorbeiging, erlag seinem Charme. Als ich sie begrüßte, erkannte ich sie als die Frau vom Hausmeister. Sie stellte sich als Ina vor und erzählte, dass sie das Treppenhaus fegen und wischen müsse. Auf meine Frage, wo ihr Ehemann Horst sei und ob er nicht mithelfen würde, meinte sie, dass er es nicht riskieren dürfe, seine Bratschistenhände bei so einer Arbeit zu verletzen. Auch eine gute Ausrede, dachte ich bei mir.

Roberto erbot sich sofort, ihr zu helfen, und verschwand mit ihr im Treppenhaus. Nach einer Weile hatte ich das Bord an der Wand festgemacht und die Kleine war mit dem Streichen des Fensterrahmens fertig. Schäkernd kamen auch Ina und Roberto aus dem Treppenhaus zurück. Es war eindeutig, dass er sie verführen wollte und sie sich geschmeichelt fühlte. Wäre er noch eine Zeit in Berlin geblieben, hätte er Horst sicher Hörner aufgesetzt. Eine große Hilfe war Roberto also nicht, aber mit seiner lustigen, offenen Art hatte er mich mit meinen neuen Nachbarn bekannt gemacht.

Auch mein Vetter Klaus Humann besuchte mich in Berlin. Mit ihm kam sein Freund Alexander Bumann, den alle Xanny nannten, seine Schwester und seine Freundin. Doch fand ihr Besuch ein plötzliches Ende, als Klaus mit dem von seinem Vater ausgeliehenen Audi einen Unfall hatte. Der neue Wagen war stark beschädigt und musste abgeschleppt werden. Bevor sie in trüber Stimmung abreisten, gab mir Xanny die Adresse eines Freundes in Ostberlin, den ich unbedingt besuchen und dem ich Grüße von ihm ausrichten sollte. Später erfuhr ich von Klaus, dass der mir sympathische Xanny wie Wolfgang und Hannelore der gleichen obskuren linken Bewegung beigetreten war und seine Beziehung zu ihm abgebrochen hatte.

Bald darauf besuchte mich auch Harry. Wir beschlossen, uns Ostberlin anzusehen. Zu unserer Verblüffung benötigten wir fast eine Dreiviertelstunde, um die Grenze am Checkpoint Charlie zu passieren. Auf der westlichen Seite hatte man uns einfach durchgewinkt. Dann aber hieß es Schlange stehen, um schließlich eine unhöfliche Behandlung durch die ostdeutschen Grenzer zu ertragen. So sah der Grenzbeamte von meinem Pass auf und brüllte durch seine Glasscheibe: „Ohr!" Ich schaute ihn ratlos an. Darauf brüllte er: „Ohr frei!" Mir war immer noch schleierhaft, was er meinte. Schließlich machte einer hinter mir in der Schlange eine Handbewegung, mit der er sich die Haare hinters Ohr strich. Nachdem sich der unfreundliche Beamte mein Ohr angeschaut hatte, legte er meinen venezolanischen Pass auf ein Laufband, woraufhin dieser durch ein Loch in der Mauer hinter ihm verschwand. Noch nie hatte jemand, auch kein Grenzbeamter, einfach so meinen Pass verschwinden lassen. Nach einer recht langen Wartezeit bekam ich ihn mit einem gestempelten 24-Stunden-Visum wieder ausgehändigt. Man hatte den Eindruck, in ein anderes Land zu reisen und nicht von einem Stadtteil Berlins in einen anderen. Ich bemerkte, dass mein Pass außerdem ziemlich lädiert war, und als ich mich schon beschweren wollte, brüllte mich nun eine Beamtin an, ich solle mit meinem Pass besser umgehen. Als ob ich ihn selber mutwillig beschädigt hätte. Danach mussten wir ein Fünfmarkstück West gegen einen Fünfmarkschein Ost wechseln, der mich an Monopoly-Spielgeld erinnerte.

Endlich hatten wir diese beängstigende, muffige Grenzstelle passiert und befanden uns nun in der Hauptstadt der Deutschen Demokratischen Republik, dem Arbeiter- und Bauernstaat, in dem der „real existierende" Sozialismus mit Hilfe der Sowjetunion gesiegt hatte. Ein Staat an der Front des feindlichen kapitalistischen Auslands, welches gleich hinter der Mauer lag. Die Ost- und Westdeutschen lebten in ihrem Land wie ein geschiedenes Ehepaar, das sich nicht mehr versteht, aber weiterhin die Wohnung teilen muss. Ich erklärte Harry, dass dieses Deutschland, anders als die westlichen Staaten unter Führung des amerikanischen Imperialismus, nicht die Länder der Dritten Welt ausbeuteten. Harry meinte nur, dafür sehe es hier aber auch recht traurig aus. Statt bunter Farben wie im Westen herrschte im Osten das Grau. Einige rote Banner mit aufbauenden sozialistischen Sprüchen waren die einzigen Farbtupfer. Die Schaufensterscheiben der wenigen Läden waren schon lange nicht mehr geputzt worden, und die paar ausgestellten Produkte luden nicht zum Einkauf ein.

Wir erreichten den übergroßen, aber menschenleeren Alexander-
platz mit dem imposanten Fernsehturm und schauten auf der Weltzei-
tuhr die Uhrzeit in Venezuela nach. Danach setzten wir uns am Brunnen der Völkerfreundschaft und blickten auf die Bauten, die den Platz
umgaben. Sie erinnerten uns stark an Wohnbausiedlungen in Caracas.
Obwohl ich die gesamte Architektur wie auch die Uhr und den Brunnen
misslungen fand, überraschte mich doch die Weite und Helligkeit des
Platzes im Gegensatz zum bisher Gesehenen der Stadt.

Im Vergleich zu den moderneren Plattenbauten fand ich auch die
monumentale stalinistische Architektur der früheren Stalinallee gelun-
gener. Nachdem man Dschughaschwilis Gräueltaten endlich eingeräumt
hatte, musste nun Karl Marx seinen Namen für die Allee hergeben.
Auch hier sahen wir kaum Menschen. Von der vielen Lauferei waren
wir müde, aber es gab keine Kneipe, in der wir ein Bier trinken konnten.
Vor den wenigen Restaurants standen lange Schlangen, und was wir vom
Inneren erblicken konnten, sah kalt und ungemütlich aus. Da erinnerte
ich mich an den Zettel mit dem Namen und der Adresse, den Xanny
Bumann mir gegeben hatte. Ich meinte zu Harry, wir könnten den mal
besuchen, vielleicht wüsste der, wo wir ein Bier bekommen könnten.

Mehrmals hatten uns Jugendliche angehauen und wollten Westgeld
zu einem Schwarzmarktkurs mit uns in Ostmark wechseln. Auch boten
einige an, meine Blue Jeans gegen ihre Hose zu tauschen und noch einige Ostmark draufzulegen. Ich fand es skurril, dass Jugendliche im Sozialismus es auf Westgeld und Westklamotten abgesehen hatten. Harry
dagegen verhandelte jedes Mal aufs Neue den Wechselkurs, bis er sich
dazu bereit fand, zu einem hohen Kurs zu tauschen. Als nun wieder zwei
von ihnen uns ansprachen, fragten wir sie nach dem Weg zur Thulestra-
ße. Kurz darauf saßen wir in einer Straßenbahn, und keine halbe Stunde
später klopften wir im dritten Stock an Uwes Tür.

Ein hübsches Mädel mit langen braunen Haaren machte uns auf.
Sie hatte eine gute Figur, trug Hotpants und ein kurzes Top und sah uns
erschrocken an. Als wir nach Uwe fragten, verschwand sie wortlos in der
dunklen Wohnung. Da sie die Tür offen gelassen hatte, traten wir ein und

setzten uns im Wohnzimmer auf das Sofa. Es war das einzige Möbelstück außer einem runden Tisch und einer aufgeblasenen Luftmatratze. Es dauerte eine ziemliche Weile, bis endlich jemand erschien. Währenddessen unterhielten Harry und ich uns wie üblich auf Spanisch. Er war der Meinung, dass wir am besten wieder gehen sollten. Er hätte vom ganzen Osten und dem scheiß Sozialismus die Nase voll und wolle endlich wieder in den Westen, wo man ohne Stress ein Bier saufen könne!

Uwe schilderte uns unseren Besuch später folgendermaßen: *Patty kam, nachdem sie euch reingelassen hatte, zurück ins Schlafzimmer und erzählte erschrocken, da wären zwei komische Typen, und hätten nach mir gefragt. Der eine sehe aus wie ein Russe, der andere sei bestimmt einer aus dem Osten. Sie hätten auch so Geheimdienstmäntel an. Auch ich erschrak. Zur damaligen Zeit hatte ich mal wieder Ärger mit der Obrigkeit. Diesmal wegen meinen langen Haaren, die ich mir schneiden lassen sollte, da sie sich mit meiner Arbeit als Heizer nicht vertrügen. Man hatte mich zum Kohlenschippen verdammt, da ich den Militärdienst mit der Begründung verweigert hatte, dass ich nicht ein Land verteidigen könne, in dem ich gegen meinen Willen leben müsse.*

Ich schlich in den Flur. Von der Tür aus hörte ich euch sprechen. Ich fragte mich, in welcher Sprache ihr euch unterhieltet. Russisch, das ich in der Schule gehabt hatte, war es nicht. Mir kam das alles ziemlich spanisch vor. Endlich traute ich mich ins Wohnzimmer, mit der Gewissheit, dass ihr von irgendeinem Geheimdienst wärt. Ich bereitete mich seelisch darauf vor, den Rest des Tages in einem kahlen, hell erleuchteten Raum verhört zu werden.

Als Uwe ins Wohnzimmer trat, machte er auf mich einen sympathischen Eindruck. Er hatte lange gepflegte braune Haare, einen Vollbart und trug eine Brille, deren Fassung einer Ray Ban Aviator ähnelte. Obwohl er salopp gekleidet war, sah man, dass ihm sein Aussehen wichtig war. Auf jeden Fall bildete er einen ziemlichen Kontrast zu unserem Kurzhaarschnitt und unserer Kleidung. Harry gab ungern Geld für Klamotten aus, trug auch nie Blue Jeans, und unsere Columbo-Mäntel, Harrys hellbeige und meiner blau, waren auch nicht gerade der letzte Schrei.

Uwe taxierte uns mit finsterem Blick und fragte ziemlich barsch, was wir von ihm wollten. Ich erzählte, dass wir zum ersten Mal Ostberlin besuchten und Xanny Bumann uns seine Adresse gegeben hatte. Wir sollten von ihm auch Grüße ausrichten. Er antwortete grob, dass er keinen Xanny kenne. Ich zeigte ihm daraufhin den Zettel, den Xanny mir gegeben hatte. Er aber beharrte darauf, dass er niemanden dieses Namens kenne. Plötzlich verlangte er Ausweise zu sehen, die uns berechtigten, ihn aufzusuchen. Harry und ich schauten uns verblüfft an, und ich sagte ihm, dass wir keine Ausweise für irgendetwas hätten, wir seien Venezolaner und einfach nur Touristen. „Ihr und Venezolaner? Das könnt ihr dem Weihnachtsmann erzählen!", antwortete er.

Mir reichte langsam seine herausfordernde Art. Harry und ich verständigten uns mit einem Blick und standen auf. Schon im Gehen hielt ich ihm noch meinen Pass unter die Nase. Während er ihn ausgiebig studierte, meinte ich, dass es mir leid täte, ihn so unangemeldet besucht zu haben. Als er aufblickte, hatte sich sein Gesichtsausdruck verändert. Er gestand uns unerwartet, dass er Xanny doch gut kannte. Auf unseren verblüfften Blick hin erklärte er uns, für wen er uns gehalten hatte. Wir mussten lachen, das Eis war gebrochen. Wir setzten uns wieder hin, und bald brachte uns Patty das ersehnte Bier. Uwe erklärte uns ausführlich seine Sicht auf die DDR, meinte, das habe mit Sozialismus als Übergangsphase zum Kommunismus schon lange nichts mehr zu tun. Sie wären einfach nur ein Satellit der Sowjetunion, und in beiden Staaten herrschten die Mitglieder von Politbüro und Militär, die nur darauf bedacht waren, ihre Privilegien zu sichern. Jegliche Eigeninitiative würde im Keim erstickt, da eine freie Entfaltung der Menschen ihren Sturz herbeiführen könnte. Er zitierte ein Bonmot, das in der Bevölkerung oft wiederholt wurde: „Sie tun so, als ob sie uns regieren, und wir tun so, als ob wir arbeiten." Er war ein begeisterter Biermann-Fan und zitierte ihn gern. Er konnte auch ganze Gedichte auswendig und rezitierte uns Biermanns Version von Heinrich Heines *Deutschland ein Wintermärchen*, welches etwas derb, aber doch zutreffend das geteilte Deutschland beschreibt.

Nachdem wir uns eine Weile angeregt unterhalten hatten, fragte er, wo in Berlin wir schon gewesen waren, und bot daraufhin an, uns jetzt mal das sehenswertere Berlin zu zeigen. Wir fuhren mit der Straßenbahn wieder Richtung Stadtmitte und bewunderten bald darauf den Gendarmenmarkt, ein wirklich sehenswerter Platz, auf dem sich der Französische und der Deutsche Dom gegenüberstehen. Unter den Linden kamen wir an der Neuen Wache vorbei, wo Soldaten im Stechschritt gerade die Wachablösung exerzierten. Die Aufführung passte nicht ganz zu meiner Vorstellung vom Sozialismus und zu Deutschlands Vergangenheit. Uwe teilte meine Ansicht und meinte, dass auch in der DDR sich einiges von der trüben deutschen Geschichte in die Gegenwart gerettet hätte. Die ewig brennende Flamme und die Käthe-Kollwitz-Skulptur der trauernden Frau im Innern der Neuen Wache entsprachen schon eher dem Sinn eines Denkmals für die Opfer des Faschismus. Nachdem wir den Berliner Dom, die größte evangelische Kirche Deutschlands, und die Museumsinsel von Weitem gesehen hatten, führte uns Uwe in eine kleine Kneipe, in der wir wieder ein Bier trinken konnten. Auch wenn alles etwas trostlos und grau wirkte, mussten wir doch zugeben, dass es eine bemerkenswerte Stadt war.

Gegen Abend lud Uwe uns ein, ihn zu einer Party zu begleiten. Als Beitrag zur Fete könnten wir mit Westmark im Intershop eine Flasche Wodka und mit dem Ostgeld, das Harry gewechselt hatte, in einem anderen Laden eine Flasche Kirsch-Whisky kaufen. Das Gesöff, im Volksmund Kiwi genannt, schmeckte so abscheulich, wie wenn man eben Whisky mit Kirschsirup vermengt. Die Party fand in einem Wohnheim für Krankenschwestern und Medizinstudenten des Charité-Krankenhauses statt. Wir wurden herzlich empfangen, ich glaube, mehr der mitgebrachten Getränke als unser selbst wegen. Wir waren auch, da aus dem kapitalistischen Ausland, gewissermaßen eine Attraktion. Das Zimmer war randvoll mit Leuten. Anfangs unterhielten sich großenteils die Männer in der Kochnische miteinander. Einige hatten Bärte, längere Haare und waren mit ihren Jeansjacken oder Parkas wie im Westen gekleidet. Andere dagegen hatten Kurzhaarschnitte und trugen die biederen Polyesterklamotten und hellbraunen Sandalen wie die meisten DDR-Bürger, die uns auf der Straße begegnet waren. Das waren die Medizinstudenten, die sich an die Normen des Regimes halten mussten, wenn sie weiterhin studieren wollten. Die anderen aber sprachen offen und kritisch über die Regierung. Wir wurden viel über unser Land befragt, und ziemlich bald entbrannte die Diskussion über Sozialismus versus Kapitalismus. Ich konnte schon anhand der Kleidung erkennen, welche Positionen jeder Einzelne einnahm. Die meisten der gut aussehenden Frauen hatten glatte lange Haare, trugen kurze Röcke oder Shorts, gemusterte Nylonstrümpfe und wenig Make-up. Sie nahmen kaum an der Unterhaltung teil, saßen im Wohnzimmer oder lehnten an den Wänden, rauchten lässig, schnippten ihre Asche auf den Boden und sahen zu Tode gelangweilt aus.

Harry, der wenig Interesse an politischen Auseinandersetzungen hatte, trennte sich von der diskutierenden Gruppe. Schnell erregte er die Aufmerksamkeit der Frauen, mit denen er sich lebhaft unterhielt. Als mir die Debatte zu hitzig wurde, verließ ich die Männerrunde ebenfalls und schloss mich Harry an. Hier war das Gespräch unterhaltsamer und offener, auch waren die Frauen einem Flirt nicht abgeneigt, dennoch war mir unterschwellig klar, dass ihr Interesse an uns auch damit zu tun hatte, dass wir aus dem Westen kamen.

Mit Uwe sollte uns eine lange Freundschaft verbinden. Bei meinem dritten Besuch hatte er dann kurze Haare und keinen Bart mehr. Er erzählte, dass der Direktor des Volkseigenen Betriebs, in dem er im Keller als Heizer arbeiten musste, ihn in sein Büro bestellt hatte. Ihm dann verdeutlichte, dass es sich für einen jungen Sozialisten nicht schickte, sich die Haare lang und einen Vollbart wachsen zu lassen. Als Uwe ihn darauf aufmerksam machte, dass auf dem Bild hinter ihm an der Wand Karl Marx doch genau die gleiche Frisur hätte, brüllte der Direktor: „Junger Mann! Sie wagen es, sich mit einem Philosophen und Denker zu vergleichen!" Dann rief er den Werkschutz. Man fesselte Uwe an die Heizung und schnitt ihm brutal und schmerzhaft die Kopf- und Barthaare ab.

Im Jahr 1972, Erich Honecker war gerade ein Jahr als Generalsekretär an der Macht, besuchte Fidel Castro Ostberlin. In Reihen geordnet, wedelte zu seinem Empfang die uniformierte Freie Deutsche Jugend mit ihren roten Taschentüchern. Uwe und einige seiner Freunde aber jubelten außer der Reihe. Sie schwenkten Plakate mit Che-Gue-

Uwe Radtke.

vara-Sprüchen, die man sowohl als sozialistische Parolen wie auch als Kritik am real existierenden Sozialismus (so nannte die DDR-Führung ihre Politik) interpretieren konnte. Er und einige seiner Kumpel wurden sofort verhaftet. Nach einem langen Verhör gaben die meisten ihr eines Sozialisten unwürdiges Verhalten zu, übten Selbstkritik und wurden wieder freigelassen. Uwe aber diskutierte, wie er mir erzählte, mit Biermann-Zitaten: *Mit Marx- und Engelszungen sang ich, bis sie Feuer fingen, so brachten die im Kreuzverhör noch keinen Man zum Singen!* Man ließ ihn erst nach ein paar Tagen wieder frei, doch nun stand er unter Beobachtung der Staatsicherheit (Stasi). Eine wie mir scheint besonders perverse Taktik war, ihn spüren zu lassen, dass sie jederzeit in seiner Wohnung ein und aus gingen. So vertauschten sie zum Beispiel seine Wäsche gegen andere, oder es lagen, wenn er von der Arbeit nach Hause kam, Fotos auf seinem Schreibtisch, die sie aus einer Schachtel, in der er sie aufbewahrte, entnommen hatten. Auch hatte man einen seiner Freunde dazu gebracht, ihn zu bespitzeln.

Diese Bespitzelung und Uwes ewiges Aufbegehren gegen den Staat führten dazu, dass er, als ich schon längst wieder in Venezuela lebte, von einem Gericht zu einer zweijährigen Haft in Bautzen verurteilt wurde. Nachdem er sie abgesessen hatte, wurde er in den Westen abgeschoben.

Dieses Schicksal hatte Uwe einem Freund zu verdanken, der bei Fidel Castros Besuch ebenfalls festgenommen wurde und der einige Jahre später an einer Alkoholvergiftung starb. Er hatte sich seinen eigenen Schnaps gepanscht, da Alkohol in der DDR schwer erhältlich und teuer war. Es war ein grauer Herbstnachmittag, als Uwe und ich auf einem tristen Friedhof als Einzige an seiner Beisetzung teilnahmen. Wir waren ehrlich traurig und erschüttert. Außer uns waren noch zwei von irgendeinem Ministerium anwesend. Nach der Beerdigung verlangten sie, dass wir mit unserer Unterschrift die Beisetzung bestätigen sollten. Ich erwiderte, ich sei nicht als Zeuge zum Unterschreiben, sondern als Freund zum Trauern gekommen. Daraufhin befahlen sie mir mitzukommen. Da ich wusste, dass dies nur unnötige Scherereien mit sich bringen würde, unterschrieben wir lieber.

Als 1991 der Eiserne Vorhang fiel, der Ost und West trennte, konnte man bald darauf bei der Gauck-Behörde Einsicht in die eigene Stasiakte beantragen. Uwe hatte sich darum bemüht, von seiner eine Kopie zu bekommen. Daraus ging eindeutig hervor, dass jener, den wir für unseren Freund hielten und auf dessen Beerdigung wir die einzigen Trauernden waren, uns als Informant für die Stasi bespitzelte! Was mich darüber hinaus beeindruckte, war die Tatsache, dass die Gauck-Behörde sich die Mühe gemacht hatte, seinen, meinen und weitere Namen in Uwes Akte zu schwärzen. Millionen Akten hatten die fleißigen deutschen Ostler von der Staatssicherheit geschrieben und archiviert, und nun war wieder eine ganze Behörde damit beschäftigt, diese zu verwalten und mühsam die Namen in den Akten unkenntlich zu machen. Dennoch war es nicht schwer, die jeweiligen Personen im Zusammenhang mit den Geschehnissen zu identifizieren. Als ich mir Uwes Akte so besah, kam es mir wie eine doppelte Bespitzelung vor, und ich fragte mich, ob es außer Deutschland noch ein Land gibt, das eine so penible Bürokratie zustande bringt.

Aber solange ich in Berlin lebte, stand die Mauer noch, und es gab niemanden, der ihren Fall voraussagte. An einem Nachmittag, als ich mal wieder Uwe besuchte, lud er mich ein, ihn zu dem mit ihm befreundeten Paar Lucia und Apollo zu begleiten. Sie bewohnten ein kleines Haus etwas außerhalb Berlins, und dort wollten sich mehrere Freunde treffen. Wieder kauften wir im Intershop Westgetränke, und als wir damit die Straßenbahn bestiegen, stieg ein gut aussehendes blondes Mädchen mit ein. Sie begrüßte Uwe herzlich und setzte sich zu uns. Sie wartete nicht darauf, dass Uwe mich vorstellte, sondern stellte sich als Uschi vor. Sie hatte, was man Berliner Schnauze nennt, und quatschte fröhlich drauflos. Sie fragte uns, was wir vorhatten, und lud sich dann selbst ein. Ich merkte, dass Uwe sie nicht dabeihaben wollte, aber ich fand sie nett und lustig. Sie war auch eine hübsche Person mit ihrem langen, blond gefärbten Haar, dem runden lieben Gesicht und den sinnlichen Lippen. Da Uwe sich etwas von ihr abgewendet hatte, plauderte sie während der langen Fahrt mit mir. Sie erzählte, dass ihre Mutter, als sie zwei Jahre alt war, in den Westen „rübergemacht" hatte. Sie, ihr etwas älterer Bruder und ihre kleinere Schwester wurden tags darauf in der kalten Wohnung gefunden. Die Geschwister wurden in einem Heim untergebracht, aber bald darauf getrennt, als der Bruder in eine andere Einrichtung kam. Mit siebzehn aus dem Heim entlassen, wurde sie kurz darauf schwanger und hatte einen kleinen Sohn mit dem Namen Berko. Eine Freundin hatte angeboten, auf ihn aufzupassen, und ihr befohlen, mal wieder auszugehen.[7]

[7] Ursula Burkowski (Uschi) beschreibt ihre Jahre als Heimkind in ihrem Buch *Weinen in der Dunkelheit*, das in den siebziger Jahren im Bastei Lübbe Verlag erschien und ein Bestseller wurde. Insbesondere nach einer Fernsehtalkshow über Heimerziehung in der DDR stiegen die Verkäufe um etwa hunderttausend Exemplare. Diesem ersten Buch folgte *Draußen!*, das in der Zeit spielt, als wir uns kennenlernten, und kurz darauf *Es gibt kein Zurück*. Außer diesen drei autobiographischen Erzählungen schrieb sie noch die Romane *Medusa in der Platte*, *Die Lackfrau* und *Monbijou*.

Der Nachmittag auf Apollos und Lucias „Datscha" war gesellig und die meisten von uns blieben bis zum nächsten Morgen. In der kleinen Küche wurde unter Lucias Aufsicht nach russischem Rezept ein Borschtsch (deftiger Eintopf mit Rote Bete und Lammfleisch) gekocht. Lucia war Halbrussin, ihr Vater war Offizier der russischen Besatzungsarmee in Ostberlin gewesen. Er war aber wieder in seine Heimat verschwunden und hatte Lucias Mutter die kleine Lucia als Abschiedsgeschenk hinterlassen. Apollo war wie Uwe und die anderen Anwesenden gegen das DDR-Regime. Dies drückten sie hauptsächlich dadurch aus, dass sie lange Haare und westähnliche Klamotten trugen. Die meisten waren zudem Wehrpflichtverweigerer und erlitten deswegen unzählige Schikanen und Repressionen seitens des Regimes. So wurden sie nicht zum Studium zugelassen, auch wurde ihre Berufsauswahl eingeschränkt. Sie bekamen selten Wohnungen zugesprochen, und wenn, waren es meist minderwertige Behausungen.

Die Unterhaltung der Männer drehte sich wie so oft hauptsächlich um Politik, doch nach dem Essen wurde getanzt, und so tanzte ich mit Lucia, Patty und Uschi. Es war reichlich spät, als auch die letzte Flasche Alkohol geleert war. Die Stromanlage wurde ausgeschaltet, die Lichter gingen aus, und diejenigen, die die letzte Transportgelegenheit zurück nach Berlin nicht wahrgenommen hatten, legten sich kreuz und quer durcheinander zum Schlafen.

Ich hatte meinen Kopf auf eines der Mädchen gebettet, die ich in der Dunkelheit nicht erkennen konnte. Sie kraulte mir leicht die Haare, während ich langsam wegdöste. Doch plötzlich zog jemand mich aus meiner angenehmen Position, beugte sich über mich und fing an mich zu küssen. Bald erkannte ich, dass es Uschi war, erwiderte ihre Küsse, und umarmt schliefen auch wir bald ein.

Bei Kiepert hatte ich mich etwas von Michaelis distanziert, da er immer schrulliger wurde. So schloss ich neue Bekanntschaften unter meinen Kollegen. Als ich der Landkartenabteilung zugeteilt wurde, die sich in einem eigenen Geschäft neben der Hauptbuchhandlung befand, knüpfte ich eine langjährige Freundschaft mit Birgit Kordes und Kampf Corman Ting, die dort fest beschäftigt waren. Ting wurde von allen Butch genannt, was sich wohl eher auf Butch Cassidy bezog, den Banditen aus dem Wilden Westen, als auf den amerikanischen Begriff „Butch", der lesbische Frauen bezeichnet, die sich wie Männer kleiden. Ich hatte ihn schon länger beobachtet und hielt ihn für einen Südamerikaner mit Indio-Vorfahren.

Bei einer Betriebsversammlung hatten mir die Kollegen die Rolle zugeteilt, Herrn Kiepert anzugreifen, da ich ja nur noch ein paar Monate bleiben würde und daher keine Konsequenzen zu befürchten hätte. Nachdem ich die von den Kollegen erdachte Polemik vorgetragen hatte, tat mir Herr Kiepert leid und ich war ziemlich beschämt, als er mich später darauf ansprach. Er rügte, dass ich, wo ich doch die Buchhandlung meines Vaters übernehmen wollte, mehr Verständnis für seine Positionen als Unternehmer haben müsste. Kiepert hatte eigentlich Landwirtschaft studiert, übernahm aber die Leitung der Buchhandlung, als sein Bruder starb. Er war ein einfacher Mensch und nicht der klassische Unternehmertyp, den man bei einer so großen Firma erwarten würde. Er war auch äußerst sparsam, doch sparte er oft am falschen Ende. Ich erinnere mich an einen Betriebsausflug mit einem Ausflugsdampfer auf einem der vielen Seen im Berliner Umland. Als wir eine Insel erreichten und zu einem Restaurant liefen, überraschte uns ein Platzregen. Auf dem Heimweg bedauerte ich Kiepert in seinem nassen, billigen Anzug, der um zwei Nummern eingelaufen war.

Während ich also ziemlich nervös meinen Angriff auf Herrn Kiepert vom Stapel ließ, schaute mich der mutmaßliche Indio mit gekreuzten Armen und abwertendem Blick an. Als die Versammlung zu Ende war, kam er direkt auf mich zu und fragte mich ziemlich forsch, wo ich eigentlich herkäme. Ich fühlte mich daran erinnert, wie Helga mir dieselbe Frage gestellt hatte, als wir uns kennenlernten. Ich antwortete, ich käme aus der gleichen Gegend wie er. Darauf erwiderte er, dass ich nicht gerade den Eindruck eines Berliners machte, dazu müsste ich erst mal der deutschen Sprache mächtig sein. Ich erklärte, dass ich Venezolaner sei und er mir auch nicht wie ein Berliner vorkam. Wenn nicht aus Peru, dann müsste er aus Ecuador stammen.

Als ich nun mit ihm in der Landkartenabteilung arbeitete und ihn näher kennenlernte, erzählte er mir, dass sein Vater Chinese sei und mit der amerikanischen Armee nach Berlin gekommen war. Hier hätte er dann seine aus Berlin stammende Mutter geheiratet. Sein Vater war wieder nach China gezogen und Butch lebte bei seiner Mutter, zusammen mit seiner Schwester und der chinesischen Mutter seines Vaters. Später bezogen er und Birgit eine eigene Wohnung. Sie war hell, kaum möbliert und ziemlich Zen. Anfangs fiel nur eine teure Stereoanlage mit Bose-Lautsprecher auf. Auch für sein Geschirr muss er einiges an Geld ausgegeben haben. Ting gab immer lieber Geld für Qualität aus, als unbefriedigende kostengünstigere Kompromisse einzugehen. So trug er auch Lacoste-Poloshirts, die ich ebenfalls gerne trug und die mir, da teuer, stets Tante Renate schenkte. In Deutschland hatte ich sie seltener gesehen. Sie sind aus angenehmem Stoff, halten auch gut vier bis fünf Jahre, bevor an der Naht am Ausschnitt ein erstes Loch entsteht. Heutzutage kosten diese Shirts an die hundert Euro, obwohl sie nun in Peru hergestellt werden. Mich stört eigentlich nur das Krokodilemblem. Überhaupt nervt es mich, Klamotten mit einem Markenzeichen zu tragen. Ich sehe nicht ein, dass ich für teures Geld auch noch Reklame für Unternehmen laufen soll in Form von Logos wie den drei Streifen, der springenden Katze oder dem „Swoosh".

Meine Schwester Christiane hatte eine Europareise angetreten und besuchte mich auch in Berlin. Da das amerikanische Abitur in Venezuela nicht anerkannt wird, hatte sie nach ihrem Highschool-Abschluss ein Jahr die Amerikanische Universität in Puebla, Mexiko besucht. Dadurch hatte sie die Möglichkeit, jetzt an der Zentraluniversität von Venezuela ein Philosophiestudium zu beginnen. Mit ihr kam auch unsere Kusine Clarita nach Berlin. Beide waren schon seit ihrer Kindheit dick befreundet. Sie verbrachten die meiste Zeit miteinander und hatten viele gemeinsame Interessen. Ihre Verbundenheit ging so weit, dass sie sich, als sie mich besuchten, zu meiner Überraschung eineiige Zwillingsbrüder teilten. Es waren die Söhne des bekannten Wissenschaftlers Jacinto Convit, der sich in der Lepraforschung und der Entwicklung eines Impfstoffes gegen diese Krankheit internationales Renommee erworben hatte. Was ich faszinierend fand, war, dass er Vater von eineiigen Zwillingen war, wo er ja für seine Forschung Neunbinden-Gürteltiere benutzte, die einzigen Säugetiere, die Doppel-Zwillinge hervorbringen: Sie gebären vier identische Nachkommen, was den Wissenschaftlern exzellente experimentelle Kontrollmethoden ermöglicht.

Ich zeigte den vieren nun Berlin, und wir besuchten auch Uwe in Ostberlin. Hier traf ich Uschi wieder, und alle gemeinsam gingen wir abends in ein Lokal, in der eine bekannte Ost-Band auftrat. Der Laden war ziemlich voll, sodass wir uns auf einer Stufe zur Tanzfläche niederließen. Doch bald wurde uns unfreundlich mitgeteilt, dass wir ohne Sitzplatz das Lokal verlassen müssten. Es half auch nichts, dass mehrere Jugendliche uns an ihren Tischen Stühle anboten. Sie wurden daraufhin, allerdings um einiges rabiater, gleich mit rausgeschmissen.

Wir gingen zurück in Uwes Wohnung und an diesem Abend kamen Uschi und ich uns um einiges näher. Daraufhin besuchte ich sie des Öfteren. Wir verabredeten uns am Grenzübergang Bahnhof Friedrichstraße in einem Blumengeschäft, das eine Freundin von ihr leitete. Um Uschi in ihrer Wohnung in der Tabbertstraße zu besuchen, hätte ich von zu Hause zu Fuß nur etwas über eine halbe Stunde gebraucht. Wegen der Mauer und der Grenzkontrolle jedoch benötigte ich fast zwei Stunden. Ihre Wohnung lag im Parterre eines leicht heruntergekommenen Wohnhauses, war etwas klamm und hatte wie meine wenig Tageslicht, aber Uschi hatte sie einfach und geschmackvoll eingerichtet.

Ich lernte auch ihren kleinen Sohn Berko kennen, mit dem ich mich anfreundete. Einmal erzählte er mir, dass er, wenn er groß sei, gerne

Soldat werden wolle, woraufhin ich erklärte, dass ich davon wenig hielt. Als er nach dem Grund fragte, meinte ich, unter anderem würden Soldaten manchmal auf kleine Kinder schießen. Eines Tages saßen wir in der Straßenbahn, als zwei Soldaten der Nationalen Volksarmee zustiegen. Berko machte ein ängstliches Gesicht und fragte laut, sodass alle Mitfahrer es hören konnten, ob die zwei auch böse Soldaten seien, die auf Kinder schossen. Es entstand eine unheilvolle Stille. Ich erschrak nicht schlecht, sagte dann aber laut: „Nein, dies sind die guten. Die bösen Soldaten leben auf der anderen Seite der Mauer", und ergänzte noch schnell: „Im feindlichen Westen."

Durch ihn und Uschi lernte ich auch den Alltag im Osten besser kennen. Der Kontakt der Menschen untereinander war offener als im Westen, doch lag über allem eine vom Staat ausgehende bleierne Schwere. Es war offensichtlich, dass eine von der Politik erdachte Planwirtschaft nicht funktionierte. Es herrschte Mangelwirtschaft, die Bevölkerung war zum Befehlsempfänger degradiert, und jegliche freie Entfaltung des Individuums wurde unterdrückt. Man hatte das Gefühl, dass vieles verboten war, und für das Erlaubte brauchte man eine Bescheinigung.

Als Uschi einen Ausflug nach Potsdam vorschlug, hatte ich auf der ganzen Fahrt ein mulmiges Gefühl. Um Ostberlin zu verlassen, brauchte man eigentlich eine Sondererlaubnis. Das hatte ich schon mal erlebt, als ich mit Uwe an die Ostsee wollte. Wir wurden auf halber Strecke von der Volkspolizei kontrolliert, und da wir keine Bescheinigung dabeihatten, die uns erlaubte, Berlin zu verlassen, wurden wir nach einem ungemütlichen, stundenlangen Verhör zurückgeschickt.

Potsdam war damals von Ostberlin aus schwer zu erreichen. Man musste umständlich um Westberlin herumfahren. Doch wurden wir zum Glück nicht kontrolliert und verbrachten angenehme Stunden mit einem ausgedehnten Spaziergang in den Parkanlagen von Sanssouci und besahen uns aus der Ferne die imposanten Paläste, die noch nicht so prunkvoll von Gold glänzten wie heute. Die Residenzstadt Potsdam machte damals einen ziemlich heruntergekommenen Eindruck, auch waren große Teile zum Wasser Sperrzone. Das galt auch für die Verbindung nach Westberlin über die Glienicker Brücke, die, wie John le Carré es in *Der Spion, der aus der Kälte kam* schildert, nur zum Austausch von Spionen diente

Auf der Rückfahrt gestand ich Uschi, dass Helga ihre Lehre in Hamburg beendet hätte und bald zu mir ziehen würde. Ich versuchte darzulegen, dass sich zwischen uns zwar eine liebgewonnene Freundschaft entwickelt hatte, die ich nicht missen wollte, ich aber in Helga verliebt war. Unser Schweigen, das während der ganzen Fahrt andauerte, war jenes, das immer nach einer enttäuschenden Offenbarung entsteht, wenn derjenige, in den man sich verliebt hat, als Trost lediglich Freundschaft anbietet. Die enstandene Stille erklärte beinahe alles. Als ich am späten Abend in trüber Stimmung auf dem Heimweg mit der lästigen Grenzüberwindung war, tröstete ich mich mit dem Spruch: Wer zwei Frauen hat, verliert seine Seele, wer zwei Häuser hat, verliert den Verstand. Hinzu kämen dann noch zwei Welten in der gleichen Stadt. *You can't be wise and in love at the same time* (Bob Dylan).

Helga war nun mit ihrer Lehre endlich fertig und zog wie abgemacht zu mir nach Berlin ziehen. Rechtzeitig war auch Bola Shoga, den ich in Bob Sugar umgetauft hatte, ausgezogen. Er stammte aus Nigeria, einem Land, welches wie Venezuela Mitglied der OPEC ist. Als ich ihn in der Badeanstalt gleich um die Ecke kennenlernte, bezeichneten wir uns als OPEC Genossen. Er hatte gerade keine Unterkunft, war obdachlos, und so bot ich ihm in meiner kleinen Bude vorübergehend das Sofa an. Aus der einen Nacht, die er bleiben wollte, wurden mehrere Wochen. Da er nachts immer unterwegs war, trafen wir uns eigentlich nur morgens, wenn ich zur Arbeit aufbrach. Abends, wenn ich heimkam, war er meistens schon nicht mehr da. Er hinterließ die Wohnung stets aufgeräumt und sauber, sodass gar nicht weiter auffiel, dass er tagsüber dort geschlafen hatte. Traf ich ihn doch mal zu Hause an, lief immer afrikanische Musik, zu der er rhythmisch tänzelte. Wenn ich sie ausmachte, ließ er sich davon nicht stören und zappelte einfach weiter.

Nach seinem Auszug sah ich Bola Shoga des Öfteren in Kreuzberg. An seinem tänzelnden Schritt und seiner bunten Kleidung erkannte ich ihn immer schon von Weitem. Er hatte mit seinem Freund, der auch aus Nigeria stammte, die Wohnung einer frisch verstorbenen Rentnerin ergattert. Als er mich zu sich einlud, zeigte er mir stolz seine neue Bleibe, an deren Einrichtung die beiden nichts verändert hatten. Die schweren Möbel sahen aus, als stammten sie geradewegs aus einem Versandkatalog der dreißiger Jahre. Hinzu kam, dass jede freie Fläche mit Häkeldeckchen verziert war. Die frühere Mieterin musste eine regelrechte Häkeldeckchenfetischisten gewesen sein. Lustig fand ich, als mir das strahlende Pärchen auch das Schlafzimmer zeigte. In ihren bunten Klamotten und Käppis standen sie Hand in Hand vor dem riesigen Ehebett, über dessen Kopfende ein großes Landschaftsgemälde mit einem röhrenden Hirsch prangte.

Besteigung des Eiffelturms.

Gegen Zielsetzungen ist nichts einzuwenden,
sofern man sich dadurch nicht von
interessanten Umwegen abhalten lässt.

Mark Twain

Helga fand ziemlich schnell Arbeit in einer Buchhandlung, sollte aber erst in ein paar Wochen dort anfangen. So erbat ich mir Urlaub bei Kiepert und wir entschieden uns, nach Frankreich zu reisen.

Ich hatte einen entfernten Bekannten aus Venezuela, der Berlin besuchte, getroffen, und als er wieder heimreiste, fuhren Helga und ich in seinem Auto mit. Wir durften auch bei ihm übernachten und standen früh am nächsten Morgen an der Autobahn und zeigten unsere Daumen. Wir wurden auch bald mitgenommen. Zügig durchquerten wir Belgien, doch mussten wir vor Reims am Straßenrand aussteigen, da der Fahrer nach Südfrankreich wollte. In Frankreich war dann Schluss mit lustig. Die Tour nach Paris, die eigentlich an einem halben Tag zu schaffen war, dehnte sich auf anderthalb Tage aus. Die französischen Autofahrer fuhren, ohne uns zu beachten, stur an uns vorbei. Endlich nahm uns ein Kleinwagen mit, in dem die Frontscheibe mit Bommeln verziert und das Armaturenbrett mit allerlei Schnickschnack dekoriert war. Vorne saßen zwei freundliche Algerier, und da mein Französisch, wie meine Schulzeugnisse beweisen, mangelhaft ist und sie kaum Englisch konnten, beschränkte sich unsere Unterhaltung aufs Minimum. Sie bogen auch plötzlich von der Autobahn ab, und nun ging es über Landstraßen durch lauter kleine Dörfer. In einem von ihnen hielten sie an und meinten, sie hätten ihr Ziel erreicht. So standen wir am Dorfausgang, und nach einer Weile kam wieder so ein Kleinwagen, wieder mit zwei Algeriern, und so hangelten wir uns von Dorf zu Dorf und lernten verschiedene Varianten von Frontscheiben- und Armaturenbrett-Dekorationen kennen.

Gegen Abend, wir saßen inzwischen im dritten Kleinwagen, setzten uns wiederum Algerier an einer Kreuzung ab. Sie wiesen uns die Richtung, in der man die Skyline einer Stadt erkannte. Also liefen wir mit unseren Rucksäcken beladen in die gezeigte Richtung. Es war ein anstrengender Marsch. Vor uns in der untergehenden Sonne die Silhouette de r Stadt, die uns immer gleich weit entfernt schien. Dennoch erreichten wir die Ortschaft, bevor es dunkel wurde. Hier stellten wir verblüfft fest, dass es sich um Reims handelte. Wir hatten mit unseren algerischen Freunden nichts weiter erreicht, als einen weiten Bogen um die Stadt herum zu machen.

Wir übernachteten in einer billigen Pension und gingen hungrig zu Bett. Helga fing an grundlos zu weinen, was sich auf unserer Reise ein paarmal wiederholen sollte und wofür wir beide keine Erklärung fanden. Am nächsten Tag sollte es erneut mühsam werden, per Anhalter weiterzukommen. Wir schimpften auf die eingebildeten französischen Bourgeois, und als wir wieder skeptisch bei Algeriern in ihren dekorierten Kleinwagen stiegen, bat ich sie, uns am nächsten Bahnhof abzusetzen.

Außer dem, was wir in unserem mickerigen Polyglott-Reiseführer fanden, wussten wir beide wenig über Paris. Ich schlug vor, dass wir uns zum Place Clichy aufmachen sollten. Dort könnten wir bestimmt eine preiswerte Pension finden. Ich hatte das bei Rowohlt verlegte Buch *Stille Tage in Clichy* von Henry Miller mit Fotos von Brassaï verschlungen. Auch hatte die gleichnamige Schwarzweißfilmversion des dänischen Regisseurs Jens Jørgen Thorsen mit den unzensierten Sexszenen und den ungenierten lustigen Liedern von Country Joe McDonald und Ben Webster uns beide begeistert.

Wir bekamen auch ein Zimmer, welches, außer dass es billig war, keine Annehmlichkeiten vorzuweisen hatte. Dennoch freuten wir uns, endlich unser Reiseziel erreicht zu haben, und hielten uns nicht lange in dem Zimmer auf. Wieder besserer Laune schlenderten wir durch die Gassen der Gegend. Am Abend kauften wir uns Baguette und Käse, dazu eine Flasche Wein. Wir machten es uns in unserem Zimmer auf dem Bett gemütlich, doch der Käse schmeckte fade und der Wein war mit das Abscheulichste, was ich je getrunken hatte. Meiner Meinung nach nicht mal als Essig zu gebrauchen. Wir fanden während unseres Aufenthalts die Kochkunst, die wir aufgetischt bekamen, miserabel und wunderten uns, warum die französische Küche von Gourmands so gelobt wurde. Jahre später, mit einer besseren Reisekasse ausgerüstet, sollte ich diesen ersten schlechten Eindruck von französischen Speisen und Weinen gründlich revidieren.

Als ich einen Laden erspähte, in dem man Mopeds mieten konnte, hatten wir bald darauf einen fahrbaren Untersatz. Helga studierte den Stadtplan und dann fuhren wir zu den im Reiseführer angegebenen Sehenswürdigkeiten. Da Helga einen weit besseren Orientierungssinn als ich besitzt, übernahm sie die Führung. Wir erreichten mit unseren Mopeds auch Versailles und düsten durch die Parkanlagen, bis uns ein Parkwächter darauf aufmerksam machte, dass das verboten war. Am nächsten Tag stritten wir uns ganz oben auf dem Eiffelturm. Ich hatte gemeint, dass wir zur Schonung unserer Reisekasse die Fahrstuhlkosten sparen sollten, indem wir die kostenlose Treppe hinaufstiegen. Vollkommen aus der Puste oben angekommen, stürzte Helga an eine Theke und bestellte einen Kaffee, der den eingesparten Fahrstuhlpreis um einiges überstieg. Als ich ihr deswegen einen Vorwurf machte, fing sie wieder an zu weinen und ich musste sie erst mal trösten. Ich versprach, dass ich von nun an immer den Fahrstuhl bezahlen würde. Das brachte sie zum Lachen, und wir verbrachten den Rest des Tages im Rodin-Museum mit seinem schönen Garten.

Ich kenne keine fürstlichere und wohlhabendere Stadt als Paris. Sie und ihr Bürgertum halten sich nicht ganz zu Unrecht für den Nabel der Welt. Doch schüchtert sie einen auch etwas ein. Beim Betrachten der vielen Monumente erzählte ich Helga, dass ich den Film *Paris brennt* gesehen hatte. Darin wird erzählt, wie der Stadtkommandant von Groß-Paris, Dietrich von Choltitz, sich den Befehlen Adolf Hitlers widersetzte, wofür er mit der Todesstrafe rechnen musste. Hitlers Befehl lautete, Paris bis zum letzten Mann zu verteidigen. Müsste von Choltitz die Stadt dennoch aufgeben, sollte er sie vollkommen zerstört zurücklassen. Da er Paris vor der Zerstörung bewahrt hatte, fand ich, dass die Stadt ihm eigentlich auch ein Denkmal schulde. Helga war nicht einverstanden. Sie meinte, dass jemand, der während der Besatzung die Liquidation der Juden und der Gefangenen der Résistance nicht verhindert hatte, doch schwerlich ein Denkmal verdiene.

Als wir nach vier schönen Sommertagen im nördlichen Außenbezirk von Paris wieder an einer Autobahn standen und unsere Daumen in der Luft schwenkten, hielt nach etwas längerem Stehen ein LKW an, und der Fahrer öffnete uns die hinteren Türen des Frachtraumes. Da wir wegen unserer schlechten Tramperfahrungen in Frankreich nicht mehr sehr wählerisch waren, stiegen wir in den leeren Laderaum, und der Fahrer schloss hinter uns die Türen! Es war stockdunkel, als der Wagen losholperte, und wir konnten uns nirgendwo festhalten. In jeder Kurve, die wir ja nicht vorhersehen konnten, schlitterten wir auf dem Fußboden hin und her. So klammerten wir uns aneinander, und als wir uns vom ersten Schreck erholt hatten, fingen wir an, uns zu küssen, befreiten uns dann von unseren Beinkleidern, vereinten uns und ließen uns von den Vibrationen der nackten, eisernen Ladefläche und dem Schütteln des LKWs zum Höhepunkt treiben.

Anderthalb Stunden später stiegen wir an der belgischen Grenze wieder aus. Von dort nahm uns ein PKW bis nach Brüssel mit, wo wir uns in der etwas biederen Jugendherberge einen Platz sichern konnten. Man machte uns darauf aufmerksam, dass sie um zehn Uhr abends ihre Tore schloss. Wir liefen noch etwas durch die Altstadt, standen auch mit ein paar anderen Touristen vor dem Manneken Pis, von dem meine Großmutter Abuelita ein gerahmtes Foto über ihrer Toilette angebracht hatte. In einem kleinen Restaurant aßen wir zu Abend und machten uns wieder auf den Weg zur Jugendherberge. Ab acht Uhr war in der Stadt sowieso nichts mehr los. Wir trafen keine Menschenseele, genauso gut hätte man die Bürgersteige hochklappen können.

Außer dem bizarren Atomium mit den riesigen silbernen Kugeln, welches etwas moderne Verwirrung ins Bild der sonst lieblichen Altstadt bringt, war auch am nächsten Tag nicht viel zu sehen. Wir hätten uns an Henry Millers Einschätzung in *Stille Tage in Clichy* erinnern sollen:

„An der Wand hing eine große Landkarte von Europa, die wir fieberhaft studierten, um zu sehen, wie weit wir mit den bescheidenen Mitteln, die uns zur Verfügung standen, kommen konnten. Zuerst dachten wir an Brüssel, gaben den Gedanken daran aber wieder auf. Die Belgier waren uninteressant, darin waren wir uns einig."

So trampten wir dann nach Amsterdam weiter. In Belgien und Holland war trampen wieder einfach, und wir erreichten ziemlich zügig unser Ziel. Wenn man, wie wir damals, mit wenig Geld Amsterdam besuchte, fand man die Stadt mit den vielen jugendlichen Drogensüchtigen und den älteren Saufnasen abstoßend. Die Jugendherberge war rund um die Uhr geöffnet. Sie war ziemlich schmuddelig, laut und ständig wechselten die Betten ihre Besitzer. So meinte ich, wir seien nun allmählich genug durch Städte gelaufen und könnten doch zur nicht weit entfernten Küste fahren, am Strand faulenzen und einfach nur das Meer betrachten.

Als wir uns aufmachten, wurden wir bald von einem auf Hochglanz polierten biederen Ford Taunus mitgenommen. Der Fahrer, ein Mann mittleren Alters, stellte sich als eingefleischter Junggeselle vor und war genauso poliert und bieder wie sein Auto. Seine Scheitellinie war so akkurat gezogen, dass es schon fast weh tat. Seine Kleidungsstücke in verschiedenen Braun-Abstufungen hatte bestimmt seine Mutter gestärkt und gebügelt. Er quasselte ununterbrochen in einem Holländisch, welches er deutsch klingen ließ. Als wir ihm erzählten, dass wir an den Strand wollten, meinte er, wir müssten unbedingt nach Texel. Er fuhr aber zu sich nach Hause und stellte uns in der mit Nippes vollgestellten Wohnung seiner bieder angezogenen, rosigen, platinblonden Mutter vor. Sie machte uns Kaffee, lud dazu eine Unmenge Kuchen und Torten auf den Wohnzimmertisch und nötigte uns ständig, mehr davon zu nehmen. Währenddessen beschäftigte sich ihr Sohn mit dem Plattenspieler, und daraufhin ertönte in voller Lautstärke die Stimme eines Sängers, der einen simplen Schlager sang. In jeder Strophe betonte er das Wort Texel, und die Satzenden reimten sich. In etwa so: Wir fahren nach Texel, die Insel im Friesenland. Wir fahren nach Texel, da ist der schönste weiße Strand, solches weiß ein jeder, denn Texel ist ja weltbekannt …

Mit Kuchen vollgestopft stiegen wir wieder in sein Auto und er fuhr uns nach Den Helder. Während der Fahrt spielte eine Kassette immer wieder das Lied „Wir fahren nach Texel …". Dort angekommen, besorgte er uns die Karten für die Fähre und winkte mit seinem hellbraunen Taschentuch am Steg, als das Schiff ablegte.

Die Jugendherberge, in der wir einen Platz bekamen, war ein schönes altes Bauernhaus und machte einen gemütlichen, gepflegten Eindruck. Dumm war nur, dass wir sie die nächsten Tage kaum verlassen konnten. Regen wechselte sich mit Nieseln ab, und ständig wehte ein stürmischer eisiger Wind. So saßen wir oft im großen Gemeinschaftsraum, wo einige Jugendliche sich um Tische, an denen Schach gespielt wurde, versammelt hatten und schweigend den Spielern zusahen. An einem der Tische aber war eine rege Diskussion im Gange. Ständig blickten sie auf den Fernsehbildschirm, auf dem man nur ein Schachbrett mit Figuren sah, deren Positionen sich nur nach längeren Zeitabständen änderten. Ich hatte schon länger nicht mehr Schach gespielt und im Grunde nur oberflächliche Kenntnisse des Spiels. Aber das schlechte Wetter brachte es mit sich, dass ich bald wie die anderen Jugendlichen die Züge auf dem Bildschirm verfolgte und an deren Kommentierung teilnahm. Es handelte sich um das Schachmatch des Jahrhunderts: Der Russe Boris Spasski verteidigte seinen Weltmeistertitel gegen den Amerikaner Bobby Fischer. Es war die Zeit des Kalten Krieges, zwei bis an die Zähne bewaffnete Mächte standen sich feindselig gegenüber. Am meisten hatten die Länder der Dritten Welt darunter zu leiden, in denen sie ihre Aggressionen und Differenzen mit Invasionen und Bürgerkriegen austrugen. Seit dem Zweiten Weltkrieg hatte immer die Sowjetunion den Schachweltmeister gestellt, und Bobby Fischer, im ureigenen Geist der Amerikaner, sah sich als Einzelkämpfer gegen die erdrückende sowjetische Übermacht.

Mit Spannung verfolgte ich am nächsten Tag die sechste Partie. Fischer hatte schon zwei Partien gewonnen, und nach seinem Sieg wurde diese als die glanzvollste Partie des Matches bezeichnet. Sogar Spasski applaudierte nach seiner Niederlage Fischers elegantem, siegreichem Spiel. Nach dieser Partie sollte Spasski nicht mehr recht zum Zug kommen. Er erreichte in den nächsten fünfzehn Spielen nur noch sieben Remis und verlor die anderen acht. Aber als die restlichen Partien stattfanden, hatten wir Texel schon längst verlassen. Seit jener Zeit spiele ich gerne Schach, und noch heute treffe ich mich einmal im Monat mit Freunden auf ein paar Partien, aber mehr *Chess for fun* als *Chess for blood*, laut Bobby Fischer die einzig mögliche Variante des Spiels. Obwohl Raymond Chandler behauptet, Schach sei „die komplizierteste Vergeudung menschlicher Intelligenz, die sich außerhalb einer Werbeagentur nur finden lässt!"

Der Jugendherbergsvater, der es sich zur Aufgabe gemacht hatte, auch die Rolle des Entertainers zu erfüllen, meinte an einem Abend, wir hätten nun genug herumgesessen und sollten alle auf den Hof. Dort hielt er eine kurze Ansprache auf Holländisch, legte dann eine Schallplatte auf und fragte uns, die wir im Kreis um ihn herumstanden, wer von uns zu der heiteren Volksmusik tanzen könne. Da keiner vortrat, fragte er nun, ob eine der Frauen ihn nicht zu einem Tanz begleiten wolle. So könne er uns zeigen, wie zu dieser Volksmusik zu tanzen sei. Ich stand hinter Helga im verdutzten Publikum, von dem keiner sich zu der albernen Musik und schon gar nicht mit ihm lächerlich machen wollte. So erlaubte ich mir den Scherz, eine verblüffte Helga in den Kreis zu schieben, und rief auf Englisch, sie würde gerne mit ihm tanzen, aber traue sich nicht so recht.

Das fand sie überhaupt nicht lustig. Sie fauchte mich wütend an, und wie von einer Tarantel gestochen lief sie davon. Ich konnte sie erst am Strand wieder einholen. Dort saß sie auf einen Baumstamm und betrachtete das Grau in Grau von Himmel und Meer. Es dauerte, bis sie mir den dummen, typischen venezolanischen Jugendstreich, in dem man jemanden in eine unerwünschte Lage bringt, endlich verzieh. Ich nahm sie an dem windigen Strand wieder in meine Arme und sang ihr leise das friesische Lied: „Dat du min Leevsten büst, dat du woll weeßt. Kumm bi de Nacht, kumm bi de Nacht, segg mi wat Leevs" … Erstaunt fragte sie mich, woher ich dieses Lied kannte. „Ich stamme doch von einer Hallig, hast du das schon vergessen?", antwortete ich. Und da ich sah, dass sie lächeln musste und ihre Tränen wegwischte, sang ich auch noch „Wo die Nordseewellen". Ich erzählte ihr, dass meine Mutter es uns immer vor dem Schlafengehen vorgesungen hatte, als ich und meine Schwester noch klein waren. Und während wir auf das Meer blickten und enger aneinanderrückten, erzählte ich von dem Haus meines Onkels an der Küste in Venezuela, wo ich fast jedes Wochenende mit meinen Vettern und Kusinen verbracht hatte. Und wie das ewige Rauschen der Wellen und das Rollen der dadurch aneinanderstoßenden Steine mich in den Schlaf entließen.

Am nächsten Tag verließen wir die unwirtliche Insel. Die Wettervorhersage verhieß keine Besserung auf der den Holländern zufolge schönsten Insel der Welt. Während der Überfahrt zum Festland lernten wir ein gleichaltriges Paar kennen, und sie boten an, uns in ihrem Auto mitzunehmen. Sie erzählten, dass sie in Leeuwarden Mathe studierte und er in Groningen die Minerva-Akademie für Graphik besuchte. So hatten sie sich ein kleines Haus auf dem Land zwischen den beiden Städten gemietet. Auf der Fahrt unterhielten wir uns gut, und sie luden uns auf einen Tee ein, bevor wir weiter in Richtung Deutschland wollten. Aus dem Tee wurde ein Spaziergang, danach tranken wir Wein und machten gemeinsam Abendbrot. Angeregt unterhielten wir uns, und ich war erstaunt, wie kritisch die beiden über ihr Land herzogen. Unter anderem meinten sie, dass Holland im Grunde erzkonservativ sei, und während der Besatzungszeit hätte ein Großteil der holländischen Bevölkerung ihren Antisemitismus offen gezeigt und ohne weiteres Juden an die Gestapo verraten. Es war kurz nach Mitternacht, als wir uns schlafen legten. Am nächsten Tag standen wir ziemlich spät auf, und es war schon gegen Mittag, als wir mit ihm nach Groningen fuhren. Er setzte uns dort an der Autobahn ab und wir ergatterten ziemlich schnell eine Mitfahrgelegenheit nach Bremen. Der nette Fahrer, mit dem wir ausgiebig plauderten, setzte uns in der Innenstadt ab. Dummerweise hatten wir die Gelegenheit verpasst, vorher an einer Raststätte auszusteigen, um weiter nach Hamburg zu kommen. Da unsere Reisekasse leer war, fiel mir nichts anderes ein, als meinen Patenonkel anzurufen, der in Bremen lebte und den ich zuletzt mit meiner Mutter besucht hatte. Helga meinte, ich könne nicht einfach so jemanden anrufen, den ich nur einmal und vor längerer Zeit gesehen hatte. Doch fand ich, wenn einer schon Patenonkel ist, dann soll er auch helfen. Ich blätterte in einer Zelle im Telefonbuch, fand seine Nummer und rief an. Heute bräuchte ich, würde ich ein Handy besitzen, nur seine gespeicherte Nummer aufzurufen, aber damals gab es ja noch Telefonzellen und Telefonbücher. Seine Frau Hildegard freute sich riesig, dass ich mich meldete. Außer einer Geburtstagskarte, die ich ihr geschickt hatte, hatte sie nichts mehr von mir gehört. Im Stillen war ich froh, diese kleine Aufmerksamkeit getan zu haben. So kam ich mir nicht mehr so unverschämt vor, aus heiterem Himmel bei ihr anzurufen. Ich erzählte ihr nun, dass ich mit meiner Freundin in Bremen sei und sie gerne besuchen würde. Ich hörte, wie sie sich mit ihrem Man besprach, dann schlug sie vor, uns am Hauptbahnhof abzuholen. Dr. Peter hatte sich einen neuen größeren Ford zugelegt, und da schon später Nachmittag war und Helga die Stadt nicht kannte, meinte er, wir könnten ein bisschen durch Bremen spazieren. Danach lud er uns noch zum Essen ein. Wieder speisten wir in einem angenehmen Restaurant, und wieder gab er sich viel Mühe mit der Weinkarte. Wir erzählten von unserer Reise. Sie selbst waren auch gerade aus Frankreich zurückgekommen, wo sie mit ihrem Wohnwagen jedes Jahr auf demselben Campingplatz Urlaub machten. Ich konnte dem nichts abgewinnen. Warum sollte man aus einer gemütlichen Wohnung ausziehen, um in einem engen Blechcontainer und immer am gleichen Ort ein paar Wochen „Urlaub" zu verbringen? Ich konnte mir aber vorstellen, dass dies für meinen biederen und im Grunde auch ängstlichen Patenonkel eine sichere Abwechslung in seinem geregelten Alltag war. Wir übernachteten bei ihnen im Gästezimmer und am nächsten Morgen fuhr uns mein Patenonkel zum Hauptbahnhof. Dort kaufte er uns zwei Fahrkarten nach Hamburg, da er von trampen nicht viel hielt.

Wir verbrachten noch zwei Tage bei Helgas Eltern. Am dritten fuhr uns ihr Vater frühmorgens nach Mölln und wartete, bis ein Auto anhielt, welches uns über die von Ostdeutschland erlaubte Transitstrecke nach Berlin mitnahm.

Karlsbrücke, Prag.

XI

Und jedem Anfang wohnt ein Zauber inne

Herman Hesse

In der kleinen Wohnung in Kreuzberg fing nun für uns ein gemeinsames Leben an. Beide hatten wir, außer mit Familienmitgliedern, noch nie mit jemandem fest zusammengelebt. Lustig fand ich anfangs, wie Helga mir bei den Pflichten im Haushalt zuschaute. Sie saß auf dem Sperrmüll-Sofa und beobachtete, wie ich die Wohnung sauber machte. Sie hob sogar ihre Füße, wenn ich darunter wischen musste. Auch aß sie gerne, was ich zum Essen zubereiten konnte, doch hatte sie selbst vom Kochen keine Ahnung. Dies kam wohl daher, dass bei ihr zu Hause ihre Mutter streng nach einem Plan den Haushalt führte und darauf beharrte, alle damit verbundenen Tätigkeiten alleine auszuführen. Ich bestand aber schnell darauf, dass Helga sich an den Arbeiten beteiligte. Irgendwann überraschte sie mich dann mit ihrem ersten selbst zubereiteten Essen. Sie hatte gut ein Pfund Tütenreis gekocht und mit einer kleinen Dose Erbsen und hundert Gramm Schinken vermengt. Wir mussten beide lachen, als wir in dem Reis herumstocherten und ab und zu auf eine Erbse oder ein Stückchen Schinken stießen. Es brauchte aber nicht lange, bis Helga mit Hilfe von Kochbüchern leckere Mahlzeiten zubereitete, und heute hat sie mich in Sachen Kochkunst weit hinter sich gelassen.

Helga fing mit ihrer Arbeit in einer Buchhandlung in Neukölln an. Ich war weiterhin in der Landkartenabteilung von Kiepert beschäftigt. Eines Tages luden mich Arbeitskollegen ein, mit ihnen in die Sauna zu gehen. Helga war begeistert von der Idee, und so nahm ich die Einladung an. Doch war ich baff, als ich die Sauna in Unterhose betrat, um dann meine Kollegen und Kolleginnen vollkommen nackt anzutreffen!

Sich nackt zu zeigen, hatte mich schon vormals erstaunt, als ich den Sohn meiner früheren Vermieterin Frau Balschum zum Angeln an einen See begleitete. Am gegenüberliegenden Ufer sah ich eine Menge Personen jeden Alters nackt herumlaufen. Man erklärte mir, dass es sich um Menschen handelte, die der Freikörperkultur (FKK) frönten. Anfangs vom Schweizer Arzt Arnold Rikli propagiert, verband ich es mit den mystischen Bewegungen, die in Deutschland Anfang des zwanzigsten Jahrhunderts Konjunktur hatten. So wie die Anthroposophie von Rudolf Steiner, die Homöopathie von Hahnemann und die Wasserbäder Kneipps. Aus Venezuela war mir diese freie Körperkultur unbekannt, obwohl Venezolanerinnen am Strand winzige Bikinis tragen, die im Volksmund „Zahnseide" genannt werden, da das Unterteil zwischen den Pobacken nur zu erahnen ist. Insofern haben die FKKler eigentlich recht, wenn sie meinen, dass „der Körper durch Kleidung überhaupt erst sexualisiert wird und damit schwüles Begehren schafft". Würde aber eine Person im katholischen Venezuela nackt am Strand rumlaufen, müsste sie damit rechnen, von der Polizei abgeführt zu werden.

Ich zog also meine Unterhose aus und setzte mich zu den anderen, um etwas zu schwitzen. Obwohl wir nun unbekleidet und entsexualisiert waren, kostete es mich doch einige Mühe, nicht auf den Riesenbusen meiner Arbeitskollegin Helga Kilanski zu schauen. Nach der Sauna gingen wir noch ein Bier trinken, um das Ausgeschwitzte zu ersetzen. Helga Kilanski und ihr Freund Lothar erzählten, dass sie am nächsten verlängerten Wochenende nach Prag fahren wollten und ob wir nicht Lust hätten mitzukommen. Lothar war Taxifahrer, und ich war verblüfft, als er mir erzählte, dass man, um einen Taxischein zu erwerben, den gesamten Berliner Stadtplan auswendig kennen musste. Die Prüfer würden bei der Taxischeinprüfung eine Route von A nach B vorgeben, und der Bewerber müsse die gesamten Straßen aufsagen, die er befahren würde, um sein Ziel zu erreichen. Das Tolle ist, dass trotz GPS auf jedem Handy einige deutsche Städte auch heute noch auf solch unsinnigen Kenntnissen bestehen, um einen Taxischein zu erteilen.

Nun gut, wir fuhren mit – nicht, wie ich erhofft hatte, in einem Mercedes-Taxi, da der Wagen einem Taxiverleiher gehörte, sondern hinten in Lothars VW Käfer. Die Fahrt von Berlin über Dresden nach Prag, die heutzutage unter vier Stunden zu schaffen ist, dauerte wegen der lästigen Grenzkontrollen damals fast sieben Stunden. Ich hätte gerne Dresden besucht, aber es war in Ostdeutschland streng verboten, von der vorgeschriebenen Route abzuweichen. Auch eine Pause, um sich die Beine zu vertreten, war nur an besonders ausgezeichneten Tank- und Raststellen erlaubt.

Prag war anfangs eine Enttäuschung. Wie Ostberlin war es grau und irgendwie trostlos. Ein Bekannter sagte mir mal, wenn man eine Stadt hinter dem Eisernen Vorhang gesehen hatte, hätte man im Grunde alle gesehen, sie seien alle gleich grau und trostlos. Die Prager waren uns gegenüber auch nicht gerade freundlich, schließlich war die Nationale Volksarmee als Mitglied des Warschauer Pakts im Sommer 1968 in Prag einmarschiert. Die Kommunistische Partei der Tschechoslowakei unter Alexander Dubček hatte den Staat reformieren wollen, was als Prager Frühling weltbekannt wurde. Der „Sozialismus mit menschlichem Antlitz", wie seine Befürworter es nannten, wurde nur wenige Monate später von der Militärmacht des Warschauer Paktes unter Führung der Sowjetunion brutal wieder entmenschlicht.

Für Lothar kam erschwerend hinzu, dass sein Exemplar von des deutschen Mannes Liebling abgeschleppt wurde. Wir hatten an einer mehrspurigen Hauptstraße, auf der kaum ein Auto fuhr, vor einem Hotel geparkt. Während der Portier ziemlich zeitraubend unsere Papiere prüfte und wir unser Gepäck in den uns zugewiesenen Zimmern abluden, verschwand Lothars VW.

Lothar war außer sich. Ich aber hielt ein Taxi an und erklärte dem Fahrer, dass man seinem deutschen Kollegen offenbar das Auto entführt hätte, und falls er es nicht schnell wiederbekäme, könnte er sich eventuell sogar umbringen. Teilweise amüsiert über meine Erzählung meinte der Fahrer, er könne uns zur zuständigen Behörde fahren. So stiegen Lothar und ich bei ihm ein. Der Taxifahrer war nicht viel älter als ich. Als ich ihm erzählte, dass ich Venezolaner sei, glaubte er mir erst nicht, doch nachdem ich ihm meinen Pass gezeigt hatte, unterhielten wir uns bestens. Währenddessen wütete Lothar auf dem Rücksitz vor sich hin. Er meinte, weit und breit sei kein Halte- oder Parkverbotsschild in Sicht gewesen. Das Ganze sei widerrechtlich, und er würde der Polizei wegen ihres illegalen Vorgehens die Leviten lesen.

Als wir die zuständige Behörde erreichten, brauchten der Taxifahrer und ich eine ganze Weile, um Lothar zu beruhigen. Wir versuchten ihm klarzumachen, dass Protest zu nichts führen würde. Die Angelegenheit würde sich nur in die Länge ziehen, und am Ende müssten wir doch die Strafe zahlen. Wie so viele Westdeutsche hatte er wenig Ahnung, wie der Umgang mit der Staatsmacht im real existierenden Sozialismus funktionierte. Das Ganze läuft nach dem Motto: Paragraph I: Der Staat hat immer recht. Paragraph II: Sollte der Staat mal nicht recht haben, tritt automatisch Paragraph I in Kraft. Oder wie man es im Westen zu hören bekommt, wenn man mit dem Staat in Konflikt gerät: „Sie haben das Recht zu schweigen. Alles, was Sie sagen, kann und wird vor Gericht gegen Sie verwendet werden." Also schluck und schweig.

Wir verplemperten fast den ganzen Vormittag, bevor wir mit dem Käfer endlich von dem fast leeren, riesigen Parkplatz der Verkehrspolizei fahren konnten. Lothar sollte, bis wir wieder in Berlin waren, den Wagen nur zum Schlafen verlassen. Helga und mir wurde es aber zu bunt, immer hinten zu sitzen und uns durchs graue Prag kutschieren zu lassen.

Am späten Nachmittag trennten wir uns von den Autonarren und schlenderten durch die trostlose, baufällige, doch schöne Altstadt und über die vielen wundervollen Brücken. Es wurde schon dunkel, als wir auf die Stadtmauer stiegen. Hier konnten wir im blassen Vollmondlicht auf die Stadt blicken und hörten nicht weit entfernt eine liebliche Musik. Davon angezogen, trafen wir auf vier junge Musikstudenten, die ein Streichquartett bildeten, und eine schöne, schwarz gekleidete junge Frau, deren langes schwarzes Haar ihr bleiches, ernstes Gesicht betonte. Als sie zu Schuberts „Ave Maria" anhob, überlief uns ein genussvoller Schauer. Der Blick auf die Stadt und die himmlische musikalische Begleitung verwandelten unsere bisher geringschätzige Meinung über Prag in eine liebevolle Erinnerung.

Die Rückfahrt nach Berlin ist bis auf einen von mir erzwungenen Halt nicht erwähnenswert. Denn als wir durch Böhmen fuhren und ich ein Ortsschild erblickte, welches Pilsen ankündigte, sagte ich zu Lothar: „Also hier musst du anhalten! Ich werde es mir nie verzeihen, wenn ich durch Pilsen gefahren bin, ohne ein schönes Pilsner in der historischen Pilsner Brauerei zu trinken. Schließlich wurde in dieser wunderbaren Stadt das Pilsner Bier erfunden!" Aber trotz dieses schlagkräftigen Arguments wollte er nicht halten. Ich musste recht energisch werden, bevor wir dies herrliche Bier genießen konnten, während Lothar im Auto sitzen blieb.

Im Oktober nahmen wir die uns zustehenden Freiflüge der „Zitterprämie" in Anspruch, um an Liesels und Harrys Hochzeit teilzunehmen. Als Hochzeitsgeschenk hatte mir Butch Ting aus der Landkartenabteilung einen Globus zum halben Preis organisiert. Als Jahre später die Buchhandlung Kiepert pleite ging, musste ich an den Globus denken. Ich erinnerte mich außerdem an den Tag, als ich im Buchlager arbeitete und vom Suhrkamp Verlag hundertzehn Exemplare der zwanzigbändigen Brecht-Gesamtausgabe geliefert wurden. Nach nur zwei Tage waren sie alle aus dem Lager verschwunden. Ich hegte starke Zweifel, dass sie sich so schnell verkauft hatten. Obwohl es mehrere Gründe für die Pleite der größten Buchhandlung Europas gab, darunter eine fehlgeschlagene Filialexpansion, argwöhne ich, dass auch eine zu lasche Inventarkontrolle dazu beigetragen hatte.

Die Hochzeitsfeier fand im Liesels Elternhaus in Hamburg-Rahlstedt statt. Von Harrys Seite waren nur seine Eltern anwesend: Fritz wie immer schweigsam, dafür redete Anna für beide. Die anderen Gäste waren Bekannte von Liesels Familie, und Jeanette konnte auf ihren strammen Beinchen schon prima laufen und wieselte durch die ganze Wohnung. Es trafen zwei Welten aufeinander: die proletarische Welt von Harry und die bürgerliche Welt von Liesels Familie.

Am nächsten Tag fuhren Liesel, Harry, Helga und ich in Liesels kleinem Mini Cooper zur Hochzeitsreise an die Nordsee. In Büsum hatten Verwandte von Liesel ihr als Hochzeitsgeschenk eine kleine Ferienwohnung zur Verfügung gestellt. Wir unternahmen bei Ebbe die mir unbekannte Wattwanderung, für die sich deutsche Urlauber begeistern können. Ehrlich gesagt ist mir der Sandstrand in der Karibik allemal lieber, als mit nackten Füßen im kalten Schlick herumzuglitschen.

Zum Herbstende wurde es wieder kalt, und der umständlich zu bedienende kleine Kohleofen verrußte die Wohnung mehr, als dass er sie erwärmte. Da meine Vertragszeit bei Kiepert sich dem Ende näherte und sowohl Herr Kiepert als auch ich wenig Lust verspürten, sie zu verlängern, neigte ich dazu, Deutschland zu verlassen und nach Venezuela zurückzukehren. Zum einen waren die Briefe meiner Mutter, in denen sie über den Gesundheitszustand meines Vaters schrieb, besorgniserregend. Zum anderen hatte ich den Plan aufgegeben, weitere Volontariate in Städten wie Mexiko-Stadt, London und New York zu machen. Ich hatte ja mit Berlin die Erfahrung gemacht, dass sich in einer neuen Stadt einzuleben kein Kinderspiel ist.

Auch vor dieser Entscheidung besprach ich mich mit meinem Mentor Edgar Friederichsen. Wir kamen zu dem Schluss, dass meine Überlegung, nach Venezuela zu gehen, um nach dem Rechten zu sehen, Sinn ergab. Ich könnte ja ein Volontariat in einer dortigen Buchhandlung machen. Dies wäre auch notwendig, um im kommenden Herbst einen Studienplatz an der Fachhochschule in Frankfurt zu bekommen, für die ich unter anderem eine mindestens zweijährige Arbeit im Buchhandel nachweisen musste.

Helga zu überreden, mit mir nach Venezuela zu kommen, war nicht schwer. Sie wollte schon länger bei ihrer Buchhandlung kündigen, da sie mit ihrer Arbeit dort nicht ganz glücklich war. Außerdem hatten Butch und Brigitte ihr zugesichert, dass sie, wenn sie im nächsten Herbst wiederkäme, einen Arbeitsplatz in der Landkartenabteilung bekommen würde.

Im kalten Monat Dezember fuhr ich mal wieder nach Ostberlin. Seit Helga in Berlin war, waren meine Besuche bei Uschi oder Uwe sporadischer geworden. Obwohl ich Uschi meine Beziehung zu Helga erklärt hatte, gab sie ihre Zuneigung zu mir nicht auf und versuchte unsere Verbindung aufrechtzuerhalten. Wir hatten uns mehrmals schon gestritten, dann doch wieder versöhnt, und nach einem langen Gespräch in Uwes Wohnung waren wir uns in etwa einig, dass wir nicht füreinander bestimmt seien. Es war spät geworden, und Uwe hatte sich zurückgezogen. Draußen schneite es. Im Zimmer war es saukalt, und während Uschi und ich redeten, saß ich die meiste Zeit auf seinem Kohleofen. Doch dann legte ich mich zu ihr auf die Luftmatratze. Wir umarmten und wärmten einander.

Sie spricht zu ihrer Liebe halb im Schlaf,
In dunkler Stunde,
Im Flüstern halber Worte:
Die Erde regt sich im Winterschlaf,
Lässt Gras und Blumen sprießen
Trotz des Schnees,
Trotz des fallenden Schnees.   (Robert Graves)

In dieser Nacht wurde Christoph gezeugt.

XII

Jedes einzelne Wesen im Universum
kehrt zur gemeinsamen Quelle zurück.
Zur Quelle zurückkehren
– das ist heitere Gelassenheit.

Laotse

W ieder ging es mit einem Flieger die achttausend Kilometer über den Atlantik. Für Helga war es das erste Mal und sie hatte den ganzen Flug über furchtbare Angst. So schwärmte ich ihr, wie schon so oft, pausenlos von den vielen Schönheiten und Vorzügen meiner Heimat vor. Doch erging es mir, als mein Vater uns abholte und wir bald darauf Caracas erreichten, ähnlich wie dem Doktor Juvenal Urbino im Roman *Die Liebe in Zeiten der Cholera* von Gabriel García Márquez:

Wenn er in Paris mit einer Gelegenheitsfreundin im Spätherbst spazieren ging, war ihm kein reineres Glück vorstellbar gewesen, … hatte sich aber dennoch, Hand aufs Herz, dazu bekannt, dass er nicht bereit war, all dies für einen einzigen Augenblick seiner Karibik im April zu tauschen. Er war noch zu jung gewesen, um zu wissen, dass das Gedächtnis des Herzens die schlechten Erinnerungen ausmerzt und die guten erhöht und dass es uns dank dieses Kunststücks gelingt, mit der Vergangenheit zu leben. Als er aber dann von der Schiffsreling aus das weiße Kolonialviertel sah, die reglosen Bussarde auf den Dächern, die ärmlichen Kleider, die man zum Trocknen auf die Balkone gehängt hatte, erst da begriff er, dass er eine allzu leichte Beute der mildtätigen Fallen des Heimwehs gewesen war.

Wir wohnten in meinem früheren Zimmer. Helga arbeitete in der Buchhandlung meiner Eltern und besuchte nachmittags einen Spanischkursus. Wie geplant suchte ich mir Arbeit in einer venezolanischen Buchhandlung. Gleich bei der ersten hatte ich Glück, doch es sollte auch seine Schattenseiten haben.

Boulevard Sabana Grande. Foto: Tito Caula 1970.

Mit meiner Schwester Christiane schloss Helga eine langjährige Freundschaft. Auch mit meiner Kusine Clarita, bei der sich Christiane meistens aufhielt, verstand sie sich gut, mit meinen Kusinen Bella und Renatica dagegen weniger. Renatica und ihr Mann Norberto Barrio luden uns kurz nach unserer Ankunft zum Essen ein. Wir aßen in dem damals bei Jugendlichen beliebten Restaurant BQ Bar, über dessen Eingang auf einem großen Neonschild in verschnörkelten Lettern *Chicken* stand und das außer dem *Chicken Special* österreichisch-ungarische Gerichte, oder was der Besitzer dafür hielt, servierte. Die Gäste waren sich alle einig, dass man als Nachtisch den besten *milhojas* (Blätterteig mit Cremefüllung) Venezuelas bestellen müsse.

Das Restaurant lag am Ende des Boulevards Sabana Grande, an dem sich die edelsten Läden der Stadt befanden. So machten wir nach dem Essen einen Bummel durch die mit unzähligen Neonreklamen erleuchtete Straße. Hier präsentierte die Schokoladenfirma Savoy stolz ihre erlesenen Kreationen. Über dem großen Eckladen prangte eine riesige Leuchtreklame mit dem Schriftzug Savoy – eines der Wahrzeichen der Avenida. Die Firma wurde in den neunziger Jahren von Nestlé aufgekauft, und der Weltkonzern verwandelte die einst feinsten Savoy-Schokoleckereien in minderwertigen überzuckerten internationalen Schrott.

Hier konnte man im Schaufenster auch die neusten Modelle von Ferrari oder Porsche bestaunen. Es gab mehrere Juweliergeschäfte wie Joyerias Gathmann, in denen die Damen der High Society ein und aus gingen; Läden wie Troconis mit Geschirr aus Meissener Porzellan und Gläsern aus böhmischem Kristall; oder Reflejos der Schwestern Morreo mit den letzten Kreationen von Lalique, Baccarat, Limoges und Royal Copenhagen. Die feinsten Modehäuser und Herrenausstatter der Welt besaßen hier Filialen. Hier befanden sich auch mehrere der besten Buchhandlungen und Schallplattenläden der Stadt. In den Straßencafés trafen sich Cineasten, Künstler, Intellektuelle, Dichter, Schriftsteller und solche, die sich dafür hielten. In den oberen Etagen einiger Hochhäuser gab es die edelsten Bordelle. Studenten und Professoren der nahe gelegenen Zentraluniversität bevölkerten die Kneipen und Discos. Helga staunte nicht schlecht über ein Restaurant, vor dem die Leute ihre Autos parkten, woraufhin ihnen kleine Blechtabletts an die Fenster gehängt wurden und Kellner die bestellten Arepas (runde Maiskuchen) mit einer Auswahl von über fünfzig Füllungen brachten. Als der gesamte Boulevard in eine Fußgängerzone umgewandelt wurde, dann noch mehrere U-Bahn-Stationen hinzukamen, Einkaufszentren modern wurden und zuletzt ein Bürgermeister der Chávez-Regierung die Neon- und Reklameschilder über den Läden entfernen ließ, verwandelte sich die einst beliebte Straße in eine trostlose Gegend.

Ich bat Norberto, für Helga eine kleine Sightseeing-Tour zu machen. Als wir eine Weile durch den Westen der Stadt gefahren waren, schlug ich vor, doch auch in den viel sehenswürdigeren Osten zu fahren. Ich merkte aber bald, dass er sich in diesem älteren Teil der Stadt kaum auskannte. Er wurde auch sichtlich nervös, als ich ihn auf den Kalvarienberg mit seiner Parkanlage dirigierte, die 1883 vom damaligen Diktator Guzmán Blanco eingeweiht wurde. Von dort oben hat man eine gute Aussicht auf die Urbanisierung der vierziger und fünfziger Jahre mit den Zwillingstürmen, die über viele Jahre hinweg das Wahrzeichen der Stadt darstellten. Der schön angelegte Park mit der aus England importierten großen Standuhr, den Statuen verschiedener Befreiungshelden und der kleinen Kapelle senkt sich über Treppen und Terrassen bis zur damaligen Kolumbus-Statue, die aber auch seinerzeit schon eine vorherige ersetzt hatte. Die Originalstatue steht heute in dem gottverlassenen Dorf Macuro auf der Halbinsel Paria. Hier soll Kolumbus zum ersten Mal den amerikanischen Kontinent betreten haben. Im Jahre 2004, als Chávez und seine Anhänger meinten, mit Kolumbus hätte der Genozid an der indianischen Urbevölkerung seinen Anfang genommen, wurde Kolumbus entfernt und 2010 durch eine Statue von Ezequiel Zamora ersetzt. Die Figur mit wild schwingendem Schwert gedenkt des Führers eines blutigen Bürgerkrieges, bei dem über hunderttausend Menschen ihr Leben verloren.

Ich äußerte die Idee, wir sollten anhalten und etwas durch den Park spazieren. Norberto war über meinen Vorschlag entsetzt. Er sprach von den Gefahren, selbst eine Massenvergewaltigung sei in diesem Park nicht auszuschließen. Ich erwiderte, dass ich Helga den Park aber gerne zeigen würde. Wir würden zu Fuß bis zur Hauptstraße hinuntergehen, wo er uns dann abholen könne.

Immer wieder sollte ich feststellen, wie getrennt in Ost und West die Bürger dieser Stadt leben – fast wie in Ost- und Westberlin. Obwohl keine Mauer die Stadt trennt, wagen sich die Einwohner aus dem Westen nur ungern in den Osten; die aus dem Osten wiederum fühlen sich im Westen fehl am Platz.

Bevor wir uns an jenem Abend trennten, lud uns Norberto zu einer Feier ein. Carlos Andrés Pérez war von den Sozialdemokraten gerade zum Präsidentschaftskandidaten für die Ende des Jahres stattfindenden Wahlen gekürt worden. Helga und ich nahmen die Einladung dankend an und fuhren am besagten Abend ins Villenviertel im Süden der Stadt. Obwohl wir uns so präsentabel wie nur möglich angezogen hatten – ich band mir sogar einen Schlips um –, konnten wir mit den anderen Gästen, die nach neuster Mode gekleidet waren, kaum mithalten. Norberto, der mit einem der hohen Tiere der Sozialdemokraten verwandt war, stellte uns verschiedenen Gästen als frisch aus Deutschland angereiste Verwandte vor. Diese lobten Deutschland und drückten ihre Verehrung für Willy Brandt aus, war er doch nicht nur Bundeskanzler, sondern auch Präsident der Sozialistischen Internationale und Carlos Andrés unter ihm Erster Sekretär. Als man nun Helga freundlich fragte, ob sie schon etwas auf Spanisch sagen könne, und ihr nicht so richtig klar war, in welcher Gesellschaft wir uns befanden, sagte sie laut und deutlich: „Carlos Andrés es un marico!" (Carlos Andrés ist eine Schwuchtel.) Daraufhin verließen wir das Fest so schnell wie möglich.

Auf dem Heimweg meinte ich, da sei sie ja schön ins Fettnäpfchen getreten. Sie warf mir vor, ich hätte mich mit Renatica und Norberto die ganze Zeit auf Spanisch unterhalten und sie zu keinem Moment aufgeklärt, dass wir auf einer Fete von Sozialdemokraten gelandet waren. Überhaupt hätte sie die Nase voll vom ständigen Lachen meiner Freunde und Bekannten, wenn sie mal mühevoll etwas auf Spanisch sagte. Ich verstand, dass es für sie nicht einfach war, aber beschwichtigte, dass der Venezolaner mit seinem Lachen im Grunde sein Wohlwollen gegenüber ihren Spanischversuchen zum Ausdruck bringen wolle. Es sei nicht spöttisch oder bös gemeint. Um sie etwas aufzuheitern, meinte ich, die Sozialdemokraten immerhin hätten nicht gelacht. Sie wetterte daraufhin über meine bürgerliche Verwandtschaft. Ich konterte, dass ihre Eltern ja auch recht bürgerlich gesinnt seien und regelmäßig die *Pommersche Zeitung* lasen, in der gegen Polen und die Sowjetunion gehetzt und die Vertreibung der Deutschen aus Pommern nie in Zusammenhang mit ihren Gräueltaten während des Zweiten Weltkriegs gebracht wurde. Außerdem, so richtig konservativ und antiquiert sei nur mein Onkel Roland. Und ich erzählte ihr, wie er Renatica hinterhergefahren war, als sie mit Norberto ausging. Wie er die beiden regelrecht gezwungen hatte zu heiraten. Er veranstaltete eine riesige Hochzeit mit Hunderten Gästen. Die Hochzeitsgeschenke füllten ein ganzes Zimmer. Sie hatten genug kostbares Geschirr bekommen, um ein Jahr lang nicht abwaschen zu müssen. Auch erzählte ich ihr, wie ich in einem minderwertigen, schlecht sitzenden Mietfrack Trauzeuge spielen musste. Wie Onkel Roland gegenüber seinen Schwägern – Rudolf und meinem Vater – äußerte, er sei stolz darauf, seine Tochter als Jungfrau vermählt zu haben. Woraufhin Onkel Rudolf erwiderte, solches sei in der heutigen Zeit ein ziemlich unsinniges Unterfangen. Roland wurde recht ärgerlich und wandte sich Unterstützung erwartend an meinen Vater. Der aber erwiderte, dass er sich in die Angelegenheiten seiner Kinder, seit sie volljährig waren, nicht mehr einmische. Schließlich müssten sie ihr Leben selbst meistern, dazu seien sie schließlich erwachsen. Standpunkt den Onkel Rolando auch nicht sonderlich beruhigte.

Ich ging nun jeden Tag zur Arbeit in den Laden, in dem mir Stefan Gold eine Anstellung angeboten hatte. Er war der Besitzer der Librería Lectura, einer gut gehenden Buchhandlung in einem neuen und modernen Einkaufszentrum in Chacaito. Er war Jude tschechischer Herkunft, und wie ich später erfuhr, hatte er den Namen Tannenbaum, den ein preußischer Standesbeamter seinen Vorfahren aus Jux verpasst hatte, in Gold ändern lassen. Er war ein freundlicher älterer Herr von ausgeglichenem Wesen, pflegte einen höflichen Umgang mit anderen Menschen und kleidete sich nach nordamerikanischer Mode. Er sprach immer mit sanfter Stimme, doch an seinem Blick erkannte man, dass er sich durchaus durchzusetzen verstand. Seine Frau war noch kleiner als er, hatte eine Kreischstimme und war die reinste Xanthippe. Böse Zungen behaupteten, dass sie ihm Hörner aufsetzte. Mir machte sie das Leben zur Hölle. Sie weigerte sich, mich Carsten zu nennen, sprach mich stattdessen mit Carlos an, und bei jeder Gelegenheit erteilte sie mir gekreischte Befehle wie: „Carlos, ordnen Sie diese Bücherwand alphabetisch nach Autoren", oder: „Carlos, bedienen Sie den Kunden!" Es half auch nichts, wenn ich ihr sagte, dass ich die Bücher schon mehrmals geordnet hatte. Ich erhielt daraufhin nur die patzige Antwort, es nochmals zu machen. Auch fragte ich jeden Kunden, der in den Laden kam, ob ich ihm behilflich sein könne. Wenn sie sich nur umschauen wollten, ließ ich sie in Ruhe. Sie aber hetzte mich immer wieder zu den Kunden, sodass ich ihnen zuflüsterte, sie sollten sich ruhig weiter umschauen, dass ich aber in ihrer Nähe bleiben müsse, um mir die Olle vom Hals zu halten.

In der Buchhandlung arbeiteten noch eine Kassiererin mit ihrer Gehilfin, ein liebenswerter junger Man aus Trinidad, der für die Schreibwarenabteilung zuständig war, ein Fahrer und ein Indio, der das Lager in einem Zwischenstockwerk verwaltete. In der oberen Etage betreute eine Angestellte die Mitglieder des zum Bertelsmann-Konzern gehörenden venezolanischen Buchclubs sowie die englischsprachigen Bücher des amerikanischen Buchclubs *Literary Guild*. Außer Wulfram, einem angenehmen Venezolaner aus den Anden, der später einen Buchladen in der Innenstadt führte, gab es noch zwei Buchhändler, die den Laden leiteten. Beide waren Spanier, der kleinere und ältere der zwei war ein unangenehmer Sockenlutscher, der sich ständig bei Frau Gold einschmeichelte und der verlängerte Arm ihrer Schikanen war. Der jüngere, Mitte dreißig, war baskischer Herkunft und sollte mit den Jahren einer meiner besten Freunde werden. Er war ein ausgezeichneter Buchhändler mit einem ausgeprägten Erinnerungsvermögen. Immer wieder verblüffte er mich, wenn er mir noch die unbedeutendsten Autoren und deren Buchtitel zitieren konnte. Selbst wenn er ein Buch nicht gelesen hatte, kannte er in groben Zügen seinen Inhalt. Er besaß auch die außergewöhnliche Fähigkeit, bei Buchbestellungen genau zu wissen, wie viele Exemplare der Laden von einem einzelnen Titel verkaufen konnte. Bei noch unbekannten Schriftstellern sah er oft voraus, ob sie sich zu Bestsellern entwickeln könnten.

So hatte er zum Beispiel die Masterthesis des Anthropologen Carlos Castañeda gelesen, welche 1968 bei University of California Press erschienen war. Er hatte einige Exemplare in englischer Sprache bestellt und erfolgreich verkauft. Als die spanische Übersetzung unter dem Titel *Las enseñanzas de Don Juan* erschien, wollte er davon hundert Exemplare bestellen. Als vorsichtiger Kaufmann, der er war, bestellte Stefan Gold nur fünfzig. Arturo verkaufte sie binnen einer Woche! Als sich der Furor um Don Juan wieder legte, hatte die Buchhandlung mehrere Hundert Bücher der Don Juan-Serie verkauft. So geschah es auch mit den Kochbüchern des Japaners Georges Ohsawa. Stefan Gold hegte schwere Zweifel, als Arturo die Bücher des Verkünders der Makrobiotik in immer größeren Mengen bestellte. Er konnte sich nicht vorstellen, dass diese kargen integralen Reisrezepte Anhänger finden könnten. Doch auch hier bewies Arturo den richtigen Riecher. Makrobiotik, Zen und der ganze Yin-Yang-Gedanke machte bei vielen in Caracas Furore. Ich selbst praktizierte später über mehrere Jahre hinweg einmal im Jahr die Diät Nummer 7 des Meisters. Sie besteht darin, dass man zehn Tage lang nur ungeschälten Reis (den man fünfzig Mal kauen soll) mit geröstetem Sesam und Meersalz isst und so wenig wie möglich trinkt – nur Wasser oder etwas Bancha-Tee. Liebe Leser, erinnert euch, es waren die siebziger Jahre und die Leute waren zu jeglichem Abenteuer bereit. So kamen dann auch bald die Zen-Welle, die Hare-Krishnas und Anhänger anderer asiatischer Gurus. Für diejenigen, die ihr Bewusstsein ohne viel Mühe erweitern wollten, hatte der Schweizer Albert Hofmann gerade das LSD entdeckt. Auch mit sämtlichen anderen Drogen wurde fröhlich herumexperimentiert.

Aber zu der Zeit war die sozialistische Weltanschauung, die ich mir in Deutschland angeeignet hatte, noch so stark, dass ich an diesem Trend erst viel später teilnehmen sollte. Ich war mehr am politischen Geschehen in Venezuela interessiert und an den gerade neu entstehenden linken Alternativen. Präsident Calderas Amnestiegesetz, welches das Verbot der Kommunistischen Partei Venezuelas (PCV) aufhob, ermöglichte es vielen aus der Guerilla-Bewegung, den ausweglosen Weg des bewaffneten Kampfes aufzugeben. 1971 gründeten Teodoro Petkoff, Sohn jüdischer Emigranten aus Osteuropa, Pompeyo Márquez und andere frühere

Mitglieder der PCV und der Guerilla-Bewegung der sechziger Jahre die Partei „Movimiento al socialismo" (Bewegung zum Sozialismus), die den sowjetischen Sozialismus nach der Unterdrückung des Prager Frühlings ablehnte. Sie fand eine breite Gefolgschaft unter den Intellektuellen und Künstlern, an den Universitäten und in den Gewerkschaften.

Ich hatte festgestellt, dass wir acht Angestellten der Buchhandlung zusammen nur halb so viel verdienten wie Arturo. So traf ich mich mit ihnen oft nach der Arbeit und an unseren freien Tagen und bearbeitete sie mit meinem sozialistischen Gedankengut. Stefan Gold sollte aber davon erfahren, als einige von ihnen aufmüpfig wurden und bessere Gehälter verlangten. Um die Situation zu entschärfen, versetzte er mich in die Buchhandlung ABC, seine Filiale im Einkaufszentrum Palos Grandes, wo ich die letzten drei Monate der vereinbarten Zeit verbrachte. Ich war wegen dieser Versetzung nicht allzu traurig, entkam ich doch so den Fängen der Frau Gold. Obwohl die Leiterin von ABC, Señora Lucia, nicht ganz so nervig war wie sie, war sie wegen ihrer Strenge und autoritären Führung auch nicht gerade mein Ideal. Es erinnerte mich an meine Schulzeit, als ich zwei Jahre lang von der schrecklichen Lehrerin Frau Urquiaga gequält wurde und mich zu früh freute, als sie ersetzt wurde. Die neue Spanischlehrerin Frau Garcia war ja dann noch schlimmer.*

Obwohl mir die Zeit in der Buchhandlung insbesondere wegen Frau Gold in unguter Erinnerung geblieben ist, habe ich dort eine gewisse Kenntnis über die Funktionsweise des venezolanischen Buchhandels erworben. Besonders dankbar bin ich Arturo, der mir die neueren lateinamerikanischen Autoren nahegebracht hat. Er drückte mir immer wieder Bücher von Jorge Luis Borges in die Hand, doch wusste ich dessen Fiktionen, in denen er viele Elemente des postmodernen Erzählens vorwegnahm, damals noch nicht zu würdigen. Erst Jahre später sollte ich ihn schätzen lernen. Mit seinen Techniken, Themen und Inhalten hat er der spanischsprachigen Literatur neue Impulse gegeben, sie von der post-romantischen Schreibweise befreit, wie sie bei venezolanischen Schriftstellern wie Rómulo Gallegos, Arturo Uslar Pietri und anderen Lateinamerikanern üblich war. Man könnte behaupten, dass er einer der Wegbereiter des Magischen Realismus war. So gefiel mir Gabriel García

Márquez' Roman *Hundert Jahre Einsamkeit*, dagegen empfand ich Vargas Llosas Roman *Das grüne Haus* mit seinem blumigen Stil und seinen weitschweifigen Beschreibungen als zäh und ermüdend. Umso mehr schätzte ich seinen peruanischen Landsmann Alfredo Bryce Echenique und dessen Beschreibung der Lebensweise der oberen Schichten seiner Heimat in *Eine Welt für Julius*. Wie alle Leser von *Pedro Páramo* beklagte ich, dass Juan Rulfo mit seiner knappen, auf das literarisch Notwendige reduzierten Sprache nur diesen einen Roman geschrieben hat. Durch den Roman *Alter Gringo* seines Landsmanns Carlos Fuentes gewann ich Einblick in die Wirren der mexikanischen Revolution und die Erkenntnis, dass die neuen Machthaber oft die Unsitten der von ihnen gestürzten übernehmen. Doch bis heute gehört für mich *Sor Juana Inés de la Cruz oder Die Fallstricke des Glaubens* von Octavio Paz zu den wichtigsten Büchern. Hier fand ich zum ersten Mal eine Annäherung an das Thema, warum die Gesellschaftsformen Latein- und Nordamerikas sich so grundsätzlich anders entwickelt haben. Teilweise, meint Octavio Paz, liege dies an den unterschiedlichen Glaubensrichtungen. Es gab im Süden eine zentrale Eroberung unter Führung der spanischen und portugiesischen Krone mit Beteiligung der katholischen Kirche. Die Kolonisierung Lateinamerikas ging vom zentralistischen Prinzip der Krone und des Vatikans aus, während die Kolonialisierung Nordamerikas dezentral erfolgte, mit Menschen aus diversen europäischen Ländern und unterschiedlicher Religionen, wie Protestanten, Baptisten, Methodisten, Anglikanern, Quäkern, zu denen später mit der Eroberung des Westens noch eine ganze Reihe neuer Religionen wie die der Mormonen hinzukam. Oft wählten die Gemeindemitglieder ihren Prediger aus den eigenen Reihen. So wie vor kurzem in der venezolanischen lutherischen Gemeinde: Angesichts des Fehlens eines aus Deutschland entsendeten Pastors übernahm ein gewähltes Mitglied der Gemeinde den Gottesdienst. Eine katholische Kirchengemeinde hätte auf einen vom Vatikan bestimmten Priester warten müssen. Nach der Unabhängigkeit von Spanien weigerten sich die Länder Lateinamerikas, anders als in Nordamerika, sich zu einem einzigen Land zu vereinen, doch wurde das zentralistische Prinzip in den einzelnen Staaten beibehalten. Da das Militär dort oft die mächtigste Fraktion ist, braucht sie diese Zentralmacht nur an sich zu reißen, um über das Land zu herrschen.

In seinem Buch erklärt Octavio Paz auch den Marienkult in Lateinamerika, wo die Jungfrau in allen Ländern auf verschiedene Weise erschienen ist und verehrt wird. Die Konquistadoren, die die vorkolumbianischen Kulturen mit dem Schwert eroberten, bekehrten sie mit Hilfe der Priester gleichzeitig zum Christentum. Die zwei Großkulturen der Azteken und Inka waren beide zentralistisch geführte Reiche, zu deren Religionen grausame Menschenopfer gehörten, bei denen den Göttern herausgeschnittene Herzen en masse dargebracht wurden. So konnte die christliche Kirche damit trumpfen, dass sie in puncto Grausamkeit durchaus mithalten konnte. Hatten sie doch den Sohn ihres eigenen Gottes nicht nur ans Kreuz genagelt und drei Tage lang qualvoll verenden lassen, sondern ihm auch noch eine Dornenkrone aufgesetzt, ihn zum Jux mit spitzen Lanzen gepikt und dem Verdurstenden einen Schwamm mit Essig gereicht. Es war der Urbevölkerung klar, dass mit einer solchen Tat den Menschenopfern genüge getan war. Angesichts der Grausamkeit der ihnen aufgezwungenen neuen Religion wandte sie sich an die Mutter um Hilfe, die den schrecklichen Mord an ihrem Sohn erdulden musste. So bildete sich der Marienkult der lateinamerikanischen Länder, und in Mexiko erstaunte es mich, dass die beeindruckenden goldenen Altäre der Kolonialkirchen als Hauptmotiv die Jungfrau präsentieren und ihr Sohn am Kreuz nur einen unauffälligen Platz auf dem Altar einnimmt.

Doch auch von Stefan Gold lernte ich einiges, besonders den kaufmännischen Aspekt des Buchhandels. So meinte er, dass, wenn man etwas verkaufen will, man sich ausgiebige Kenntnisse über das Produkt aneignen muss. Dies vermittelte er mir bei der einzigen Gelegenheit, bei der er sich fast einen ganzen Vormittag Zeit für mich nahm. Bis ins kleinste Detail erklärte er mir den Inhalt einer Sendung. Das Paket, in dem sich eine stilvolle Holzkiste befand, stammte von dem Schreibwarenkonzern Mont Blanc. Als Erstes klärte er mich darüber auf, dass dies keine französische, sondern eine Hamburger Firma sei. Dann nahm er nacheinander die einzelnen Füllfederhalter und Kugelschreiber aus ihren Kästchen, bat mich, mit den Kugelschreibern zu schreiben, fragte mich, wie es sich anfühle und ob ich das Gefühl hätte, etwas Besonderes in der Hand zu haben. Dann forderte er mich auf, die verschiedenen Schreibutensilien vorsichtig auseinanderzunehmen, sprach über die ex-

akt ineinanderpassenden Teile und erklärte mir, welche davon vergol-
det und aus welchem Material die anderen waren. Besondere Sorgfalt
verwendete er auf den „Meisterstück"-Füllfederhalter, auf den es eine
lebenslange Garantie gab. Die Gravur „4810" auf den Federn, erläuterte
er, sei die damalige offiziell gemessene Höhe des Berges Mont Blanc.
Obwohl ich von der Ware angetan war, verstand ich nicht recht, warum
er sich so viel Zeit nahm, mir alles so genau zu erklären. Als er mir aber
die Verkaufspreise der einzelnen Objekte nannte, erfasste ich den Auf-
wand dann doch. Die Schreibgeräte der Firma mit dem weißen Stern
kosten ein Vermögen! Jahre später schenkte mir Guillermo Valentiner*
einen Mont Blanc-Kugelschreiber. Dank jenem Vormittag mit Stefan
Gold besitze ich ihn noch heute, der ich sonst jeden Kugelschreiber oder
Bleistift verschussele.

Doch meistens kam ich ziemlich missgelaunt von der Arbeit nach
Hause. Nie im Leben habe ich so oft auf die Uhr geschaut wie während
meiner Zeit in den Buchläden von Stefan Gold. Es war, als ob die Zeiger
sich kaum bewegten, um endlich die Mittagspause oder den Feierabend
anzuzeigen. Erst nach dem gemeinsamen Abendessen mit Helga und
meinen Eltern erholte ich mich etwas von dem langweiligen Arbeitstag.
Helga wiederum gefiel die Arbeit in unserem Buchladen und sie verstand
sich auch prima mit meinem Vater. Meine Mutter hätte es lieber gesehen,
wenn ich in den gehobenen Kreisen der deutschen Kolonie eine Frau
gefunden hätte, doch verlor sie darüber kein Wort und behandelte Helga
freundlich, ohne aber richtig warm mit ihr zu werden. Abuelita dagegen rief sofort an, und da sie wusste, dass mein Vater ihr kaum Gehör
schenken würde, verlangte sie meine Mutter zu sprechen. Sie äußerte
spitz, ihr sei zu Ohren gekommen, dass ich mit einer Frau unter einem
gemeinsamen Dach schlafe, ohne mit ihr verheiratet zu sein! Mutter beruhigte sie, wir hätten getrennte Zimmer und Helga sei eine wertvolle
Hilfe im Buchladen. Daraufhin bestellte uns Abuelita zu ihrer Teestunde
um siebzehn Uhr. Auch ihre älteste Tochter Gisela und ihr Sohn Richard
Victor, der Junggeselle, waren eingeladen. Den Nachmittag bei Abuelita
und Giselas Erzählungen über ihre Studienzeit an der Sorbonne sowie
Abuelitas Mahnung, wir sollten uns nicht über Sozialismus unterhalten,
das bringe nur Unglück, habe ich schon im ersten Band von *Zwei Welten*

beschrieben. Am nächsten Tag meinte Abuelita im Telefongespräch mit meiner Mutter, das Mädel sei ja ganz nett, gut erzogen, doch harmlos. Als harmlos habe ich Helga allerdings nie empfunden.

So vergingen die acht Monate, in denen ich in den venezolanischen Buchhandel hineinschnupperte, und mir wurden zwei Dinge klar: Erstens lag mir der Beruf des Buchhändlers nicht besonders, ich musste also zusehen, wie ich verlegerisch tätig sein könnte. Zweitens war ich ein miserabler Angestellter, so dass ich auch als Chef nicht zu gebrauchen bin.

Ich korrespondierte weiterhin mit meinem Onkel Edgar Friederichsen, der sich liebevoll darum kümmerte, mir einen Platz im dritten Studiengang der Fachschule des Deutschen Buchhandels in Frankfurt zu beschaffen. Er hatte auch erreicht, dass ich ohne Aufnahmeprüfung angenommen wurde, wusste er doch, dass ich in Prüfungen keine Leuchte war. Als die Schule mir einen Umschlag zuschickte, las ich als Erstes ein Merkblatt mit den Kosten des Studiums. Daraufhin sanken meine Hoffnungen rapide. 1.275 DM Studiengebühren, 150 DM Prüfungsgebühren, 120 DM für Arbeitsmaterial und Lehrmittel, also 1.545 DM. Hinzu kamen noch 480 DM pro Monat für Verpflegung und Zimmermiete. Summa summarum waren 4.425 DM nötig, um das sechsmonatige Studium zu absolvieren! Doch im Umschlag fand ich auch ein Schreiben vom Arbeitsamt, bei welchem ich einen Antrag auf finanzielle Unterstützung stellen konnte. Diese konnte im besten Fall achtzig Prozent meines letzten Einkommens betragen. Aber nach genauerem Durchlesen war klar, dass diese Hilfe nur für deutsche Staatsbürger galt. Ich besprach das Ganze mit meinem Vater, der meinte, ich könnte ja einen deutschen Pass beantragen. Ich wies ihn darauf hin, dass ich dafür meine venezolanische Staatsbürgerschaft aufgeben müsste, denn weder Venezuela noch Deutschland erlaubten zu der Zeit eine doppelte Staatsbürgerschaft. Er konterte, ich bräuchte ja keinem der Länder meine doppelte Staatsbürgerschaft unter die Nase zu reiben. Ich solle mir bei der Botschaft einen Termin bei Herrn Haag geben lassen, der könne mir weiterhelfen. Als ich ihn fragend anschaute, meinte er, ich würde ihn kennen, da er ja Brunhilde geheiratet hatte. Sie war eins der netten Au-pair-Mädchen bei Matthies gewesen und mir in guter Erinnerung geblieben. Das Ehepaar war mit unserer Familie befreundet und auch auf verschiedenen Familienfeiern dabei gewesen. So erinnerte ich mich wieder an ihn. Er war ein ziemlich schüchterner Mann, der ein Priesterseminar abgebrochen hatte und als einer der bescheideneren Bürokraten an der hiesigen deutschen Botschaft arbeitete. Wie Vater scherzhaft kommentierte, war er einer von denen, bei dem immer, wenn mit dem Diplomatengepäck aus Deutschland eine Sendung Wein und Schampus für die Botschaft eintraf, gerade die ihm zugedachten zwei Flaschen kaputt ankamen. Wie es der Zufall wollte, kamen just, als wir über ihn sprachen, Herr Haag und seine Frau Brunhilde in den Laden. Beim Abschied sagte er mir, was ich mitzubringen hatte, und gab mir für den nächsten Tag einen Termin. Keine Woche später händigte er mir meinen deutschen Pass aus. Er empfahl nur, damit in kein Land ein- oder auszureisen, sondern dafür weiter meinen venezolanischen Pass zu verwenden. Seit beide Länder die doppelte Staatsbürgerschaft erlauben, benutze ich für meine Reisen in der Europäischen Union gerne den deutschen Pass.

Somit war die erste Hürde für einen Antrag auf finanzielle Unterstützung seitens des Arbeitsamts geschafft. Daraufhin studierten Vater und ich meine Gehälter bei Kiepert und Lectura und sahen bald ein, dass sie nicht reichen würden, um die Kosten des Studiums zu decken. Er erbot sich daraufhin, mir mit der Differenz auszuhelfen. Ich aber rechnete mir aus, wie viel ich hätte verdienen müssen, um vom Arbeitsamt das Studium finanziert zu bekommen, und begab mich zu Stefan Gold. Ich erklärte ihm meinen Wunsch, am Studiengang in Frankfurt teilzunehmen, und bat ihn, mir in meinem Arbeitsvertrag doch bitte ein höheres Gehalt zu bestätigen, da die Schule mich wegen des niedrigen Gehalts vielleicht nicht annehmen würde. Ich bat ihn außerdem, den Arbeitsvertrag in deutscher Sprache zu verfassen. Daraufhin meinte er, ich solle das selber tun, mit dem von mir gewünschten Einkommen, er würde ihn dann unterschreiben. Schließlich genehmigte mir das Arbeitsamt das Geld für die sechs Monate!

Ende Mai erfuhren wir, dass meine Großtanten Emmy und Tony, die ihr ganzes Leben gemeinsam verbracht hatten, beide am gleichen

21. Mai gestorben waren. Emily Mercedes starb am frühen Morgen und die ein Jahr jüngere Antoine am späten Nachmittag. In ihrem Testament hatten die ledigen Schwestern drei ihrer acht Neffen mit ihrem Erbe bedacht. Dass mein Vater darunter war, kam wohl daher, dass sie nach der Scheidung seiner Eltern sich seiner angenommen und ihn liebgewonnen hatten. Außer meinem Vater waren seine Kusine Hildegard Humann und sein Vetter Edgar Friederichsen erwählt worden; die Geschwister hatten sich während der letzten Jahre liebevoll um die Tanten gekümmert. Nun baten sie meinen Vater, nach Deutschland zu kommen, um bei der Testamentsvollstreckung Ende August anwesend zu sein.

Die Erbschaft bestand hauptsächlich aus dem Haus an der Blumenstraße, einer wertvollen Immobilie in bester Lage. Dennoch wurde ich das Gefühl nicht los, dass man meinen gutgläubigen Vater bei der Erbteilung übers Ohr gehauen hatte. Hunderttausend DM erhielt er von den anderen zwei für ein Drittel des Hauswerts. Obwohl das damals viel Geld war, erschien es mir doch recht wenig für eine Immobilie in einer von Hamburgs besten Wohngegenden. Doch Vater war zufrieden und außerdem glücklich, vieles aus dem Haushalt übernehmen zu dürfen. Er hatte auch damit wenig Fortune. Die Spedition hatte einiges schlecht verpackt, so dass sehr viel aus Emmys und Tonys Haushalt die Schiffsreise nicht überstand. Dennoch hängt in meinem Wohnzimmer ein damals von Vater mitgebrachtes größeres Ölporträt von Tony, angefertigt vom Hamburger Maler Hermann Kaufmann. Dieser hat im Auftrag von Emil Todtmann auch ein Bild von Emmy gemalt, doch habe ich keine Ahnung, wo es sich heute befindet.

Während Vater sich in Hamburg aufhielt und dann über den Atlantik schipperte, war Helga meiner Mutter im Buchladen eine große Hilfe. Helga hatte auch mit meiner Schwester Christiane und Clarita, der Tochter von Onkel Rudolf und Tante Betzy, Freundschaft geschlossen, und so nahmen wir einige Tage vor unserer Abreise eine Einladung zu einem Wochenende in ihrem Strandhaus in Río Chico an. Hier wollte die Regierung von Diktator Marcos Pérez Jiménez in den fünfziger Jahren ein Kopie von Miami errichten lassen. Ein sumpfiges Deltagebiet an der Ostküste nicht weit von Caracas wurde urbar gemacht und mit Kanälen durchzogen. Zu der Zeit war man nicht allzu zimperlich und verschwendete keine Zeit mit ökologischen Überlegungen. Große Teile der Mangrovenwälder verwandelten sich in Parkettböden für Luxuswohnungen in den Städten. Viele Tierarten mussten sich ein neues Zuhause suchen, so verschwanden der Küstenkaiman und der Manati, um nur zwei der größeren Arten zu nennen. Windige Baugesellschaften hatten das touristische Potenzial erkannt, und so wurden die Parzellen an besser verdienende Städter verkauft, die dort ihre Wochenendhäuser bauten. Rötters Strandhaus war ein schmuckloser, zweckmäßiger Bau ohne viel architektonische Ambitionen. Eine große Rasenfläche umgab das Haus, und ein paar einzelne Bäume erinnerten noch entfernt an die ursprüngliche Natur. Außerdem gab es einen Swimmingpool und eine Anlegermole für ein leistungsstarkes Motorboot. Damit konnte man Wasserski laufen und auch Ausflüge durch die Kanäle sowie Ausfahrten aufs offene Meer machen. Das Meerwasser ist in dieser Gegend wegen der vielen hineinmündenden Flüsse leider braun und hat nicht die schöne Farbe der Karibik. Doch wenn man weit genug hinausfuhr, erschien wieder die schöne aquamarine Farbe. Auch waren die Fahrten durch die vielen Kanäle mit den noch übrig gelassenen Mangrovenwäldern sehenswert. Onkel Rudolf lieh mir auch seine BMW, und so konnte ich die Gegend auch auf dem Landweg erkunden. Er war ein aufmerksamer Gastgeber und dem Alkohol nicht abgeneigt. Abends führten wir angeregte politische Diskussionen, in denen er geschickt die Vorteile des Kapitalismus verteidigte. Etwas befremdlich fand ich, als er uns nach ein paar Drinks alle dazu aufforderte, nackt in den Swimmingpool zu springen. Er bestand sogar darauf, dass Tante Betzy, der vor nicht allzu langer Zeit eine Brust amputiert worden war, mitmachen sollte. Im Grunde hatte er ja recht, warum sollte sie sich deswegen schämen, doch Betzy erschien wie Helga und ich in Badezeug.

An einem Abend in Río Chico saß ich mit Helga auf der Mole am Haus, und wir genossen den Sonnenuntergang über dem Wasser und den Mangrovenwäldern auf dem gegenüberliegenden Ufer. Wir erlebten, wie Schwärme von kreischenden Papageien, scharlachrote Ibisse und weiße Reiher in elegantem Flug zu ihren Nistplätzen zurückkehrten.

Wir genossen das Schauspiel, und als die Sonne am Horizont unterging, wagte ich meine erste schwere, unsere Beziehung belastende Beichte.

Schon vor ein paar Wochen hatte Uschi mir einen längeren Brief geschrieben, dessen Inhalt ich Helga verschwiegen hatte. Darin gestand sie mir, dass sie von mir im sechsten Monat schwanger sei. Dass diese Möglichkeit bestand, hatte sie mir schon vor meiner Abreise gesagt. Wir hatten eine mögliche Abtreibung besprochen, die sie aber in der DDR nicht vornehmen konnte, da sie erst kürzlich einen Eingriff gehabt hatte. Sie müsste dafür nach Polen reisen und das würde viel Geld kosten. Ich wusste nicht, was ich sagen sollte, meinte aber, dass ich von solch einem Schritt nicht viel halten würde. Ich besorgte ihr trotzdem das Geld, falls sie sich dazu entschließen wollte. Sollte sie sich gegen die Reise nach Polen entscheiden, versicherte ich ihr, dass ich alles tun würde, um ihr beizustehen. Eine Heirat, um mit mir im Westen zu leben, war keine Option, da sie Berko hätte zurücklassen müssen. Auch waren wir uns einig, dass wir auf Dauer nicht zusammenpassten, geschweige denn zusammen leben könnten. Ich muss gestehen, die ganze Konstellation hatte etwas von Carol Clewlows Buch *Anleitung zum Ehebruch,* in dem sie schreibt: *Liebe weckt Todesmut bei den einen und den Wunsch, sich bei Nacht und Nebel aus dem Staub zu machen, bei den anderen.*

Aus dem Staub machen war nach diesem Brief keine Option mehr.

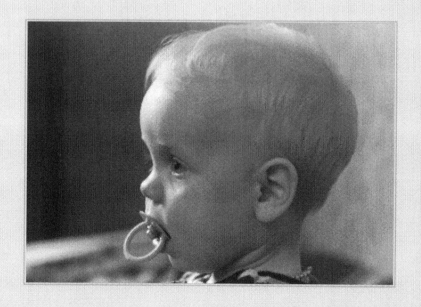

Christoph.

*Die Liebe ist so unproblematisch wie ein
Fahrzeug. Problematisch sind nur die Lenker,
die Fahrgäste und die Straße.*

Franz Kafka

E nde August 1973 verabschiedeten wir uns von Freunden, Verwandten und meinen Eltern, um zurück nach
Deutschland zu fliegen. Wir hatten sehr preiswerte
Flugtickets bekommen. Ich erinnere mich nicht mehr, ob die Fluglinie
Air Luxembourg, Air Bahamas oder anders hieß. Auf jeden Fall mussten
wir in den Bahamas umsteigen, und ein Stempel der dortigen Einwan-
derungsbehörde in meinem Pass gibt den 21.8.1973 als Einreisedatum
an. Der Flieger Richtung Luxemburg, in den wir dann umstiegen, war
um einiges größer. Wegen ihrer fürchterlichen Flugangst hatte Helga
sich in Caracas zwei Valium-Tabletten eingepfiffen und befand sich in
einem Zustand jenseits von Gut und Böse. Ich bugsierte sie zu den uns
zugewiesenen Sitzplätzen und setzte sie zwischen mich und eine junge
Französin, die auf dem Fensterplatz saß. Bald darauf wurde das Mittagessen serviert, doch Helga war so weggetreten, dass ich auch ihre
Portion aß, während ich mich in meinem mangelhaften Französisch ein
bisschen mit der jungen Dame am Fenster unterhielt.

Nach dem Essen wurde es ruhiger im Flugzeug und man versuchte
sich etwas bequemer einzurichten, soweit das in der Holzklasse möglich
ist. Während ich die sedierte Helga auf ihrem Sitz angeschnallt ließ,
hatte ich selbst, als das Zeichen für die Anschnallpflicht erlosch, meinen Gurt geöffnet. Als ich so vor mich hin döste, gab es plötzlich einen
furchtbaren Ruck, der Flieger sackte ab und ich klebte an der Decke!
Dann ein Knall, und ich landete unsanft im Gang! Bevor ich mich von
dem Schrecken erholen konnte, sackte der Flieger nochmals ab, und
wieder war ich oben an der Decke, um kurz darauf erneut auf den Boden

zu knallen. Ich dachte mir, beim dritten Mal ist es aus, und schon klebte ich wieder oben! In diesem Moment erlebte ich, was man wohl unter der Relativität der Zeit verstehen muss. Denn in den wenigen Sekunden, als ich zum dritten Mal an der Decke haftete, hatte ich genügend Zeit, um alle Erinnerungen aus meinem ganzen Leben durch meine Gedanken sausen zu lassen.

Als ich mich endlich wieder anschnallen konnte, befand sich die Maschine im starken Sinkflug. Helga war von ihrem Sitz gerutscht, und der Gurt hielt sie nun unter den Achseln. Es kostete mich einige Mühe, die Tiefschlafende wieder aufrecht auf ihren Sitz zu hieven. Ihre Sitznachbarin war nur bis zu den Handgepäckfächern über sich geflogen, hatte sich dabei aber ihr Gesicht ziemlich übel zerkratzt. Nach einem Blick aus dem Fenster meinte sie bibbernd, dass sie jetzt statt der Wolkendecke das Meer sah.

Die Stewardessen verteilten nun Plastikbecher randvoll mit Alkohol und wir tranken es wie Wasser. Mehrere Passagiere waren leicht verletzt, besonders schlimm hatte es eine zierliche Oma erwischt, auf die ein schwarzer Mittelgewichtsboxer gefallen war.

Bald darauf kündigte der Pilot an, dass wir landen würden, was uns alle etwas beruhigte. Als wir schließlich aus dem Flugzeug stiegen, sah ich noch, wie im Cockpit der Copilot und eine der Stewardessen sich in den Armen lagen. An ihrem Gesichtsausdruck war abzulesen, dass auch sie heilfroh waren, das Abenteuer überlebt zu haben. Zu meiner Verwunderung empfingen uns auf der Landepiste uniformierte US-Soldaten und Rotkreuzschwestern. Als ich in Richtung des Flughafengebäudes blickte, konnte ich auf dem Dach in riesigen Lettern „Terceira-Portugal" lesen. Sofort fasste ich den Plan, hier irgendwo ein Zimmer zu nehmen, bis Helga wieder zu sich gekommen war, und dann zu trampen. Nie wieder würde ich in ein Flugzeug steigen! Mir fiel ein, wie ein Reporter einmal den vor dem Abflug sichtlich nervösen Gabriel García Márquez fragte, ob er Angst vor dem Tod habe. Márquez antwortete ihm: Vor dem Tod habe ich keine Angst, aber vor Flugzeugen!

Man versammelte uns in einer großen Halle. Die freundlichen amerikanischen Rotkreuzschwestern kümmerten sich um die leicht Verletzten und verteilten Beruhigungspillen an diejenigen, die sich immer noch nicht von dem Schrecken erholt hatten. Eine Stewardess, die sich einen Finger, ein Passagier, der sich den Arm gebrochen hatte, und die plattgedrückte Oma wurden von einem Krankenwagen abgeholt. Der schwarze Boxer erzählte, *fucking* und *fuck* als Kommas benutzend, wie er auf der Oma gelandet war und wie leid ihm das tat. Er meinte, dass er nicht einmal im Ring so viel Angst ausgestanden habe. Wie wir anderen Passagiere auch, sprach er mit heiserer Stimme, wir müssen wohl alle wie die Wahnsinnigen geschrien haben, als das Flugzeug dreimal absackte.

Durch das Erlebte entstand ein Gemeinschaftsgefühl unter uns Reisenden. Ich unterhielt mich mit einer Gruppe junger Venezolaner und erfuhr, dass wir uns auf einem amerikanischen Militärstützpunkt auf den Azoren befanden, die zwar zu Portugal gehören, aber weit entfernt vom Festland eine Inselgruppe im Atlantik bilden. Ich überlegte schon, ob ich hier vielleicht ein Grundstück erwerben könnte, um mich für den Rest meines Lebens genügsam der Landwirtschaft zu widmen.

Während mehrere Männer auf unserem Flugzeug herumturnten, kam der Ambulanzwagen zurück. Die Stewardess und der verletzte Passagier bestiegen die Maschine mit frischen Gipsverbänden, und auch die Oma verschwand, auf einer Bahre liegend, im Inneren des Flugzeuges. Dann wurden wir vom Militärpersonal gebeten, wieder unsere Sitzplätze einzunehmen. Diejenigen von uns, die den Gedanken hegten, ob erneut die Maschine zu besteigen nicht ein Akt der Todessucht war, wurden in etwas barscherem Ton aufgefordert, uns in Bewegung zu setzen. Noch nie hatte ich so widerstrebend einen Befehl befolgt!

Ziemlich verzweifelt stieg ich wieder ins Flugzeug, das man notdürftig aufgeräumt hatte. Dennoch sah man Spuren der Verwüstung, die das dreimalige Absacken hinterlassen hatte. Drei Stunden später als geplant landeten wir in Luxemburg. Noch Monate danach sollte ich mich ein paarmal panisch an meinem Stuhl festklammern, wenn mich plötzlich ein Gefühl überkam, als würde ich in ein tiefes Nichts stürzen.

Auf dem Flughafen besprach ich mit drei Venezolanern, von denen einer in Köln und zwei in Bremen studierten, ob es nicht am sinnigsten und preiswertesten wäre, zu fünft ein Auto zu mieten. Wir bekamen einen größeren Opel. Wir halfen der immer noch weggetretenen Helga auf den Beifahrersitz, und die anderen drei nahmen hinten Platz. Bald darauf lenkte ich den Wagen auf die Autobahn. Es war schon tiefe Nacht, und da wenig Verkehr war, gab ich ordentlich Gas. Langsam nickten auch die auf der Rückbank ein, und so düste ich schweigend über die Grenze nach Deutschland. Plötzlich sah ich in der Dunkelheit rote Lichter. Recht spät erkannte ich, dass wir auf eine Straßensperre zurasten, und trat voll auf die Bremse. Schleudernd und mit quietschenden Reifen brachte ich den Wagen zum Stehen. Im diffusen blinkenden Rot- und Blaulicht erkannten wir mehrere Uniformierte, die mit Maschinengewehren und Pistolen auf uns zielten. Über ein Megaphon wurden wir aufgefordert, mit erhobenen Händen langsam aus dem Wagen zu steigen. Helga war trotz Sicherheitsgurt mal wieder von ihrem Sitz gerutscht und döste weiter. Echt stark, dies Valium! Wir mussten uns bäuchlings auf den kalten, nassen Boden legen. Ich rief immer wieder: „Bitte tun Sie der Frau auf dem Beifahrersitz nichts, sie kann den Befehlen nicht Folge leisten, sie ist ohnmächtig!" Bald darauf lag auch Helga auf dem Boden und murmelte etwas von wegen, sie wolle endlich in ihrem eigenen Bett schlafen.

Es dauerte ziemlich lange, bis wir unsere missliche Lage klären konnten. Nachdem sie Koffer und Auto durchwühlt, wir Flugtickets und Pässe vorgezeigt hatten und Helgas Arme keine Einstiche aufwiesen, glaubten sie uns, dass wir harmlose Studenten aus dem Ausland waren. Sie ermahnten mich, langsamer zu fahren, denn so wie ich auf die Straßensperre zugerast sei, hätten sie uns für Mitglieder der Rote Armee Fraktion gehalten. Endlich durften wir weiterfahren.

Wir übernachteten alle, so gut es ging, in der Einzimmerwohnung unseres neuen Bekannten in Köln. Am nächsten Tag fuhren wir weiter, setzten die anderen zwei in Bremen ab und erreichten zur Mittagszeit Helgas Elternhaus in Schwarzenbek.

Dort ließen wir uns von Helgas Mutter Lotte mit einem guten Mittagessen verwöhnen und erzählten ihnen von unserer Zeit in Venezuela. Da Helga sich gerade erst vom Valium erholt und von der ganzen Rückreise nach Deutschland so gut wie nichts mitbekommen hatte, hielten ihre Eltern meine Erzählung vom Flug und der Autofahrt für reichlich übertrieben. Einige Tage später fuhren wir mit der Bahn nach Berlin. Unsere kleine Wohnung in Kreuzberg, obwohl etwas verstaubt und stickig, hatte unsere lange Abwesenheit gut überstanden. Wie versprochen hatten unsere Freunde Butch Ting und Birgit Kordes Helga zu einem Arbeitsplatz in der Landkartenabteilung von Kiepert verholfen, und am dritten September fing Helga dort an.

Uschi hatte mir mehrmals von ihrer fortschreitenden Schwangerschaft geschrieben. Da ich erst Anfang Oktober in Frankfurt an der Buchhändlerschule erscheinen musste, hatte ich viel Zeit und besuchte sie. Bei meinem zweiten Besuch, am 11. September, hatte ich einen Sack voller Dinge mit, um die sie mich gebeten hatte und die in Ostdeutschland nur schwer erhältlich waren. Außerdem hatte ich für Uwe die neuste Langspielplatte der Rolling Stones besorgt und auf meinem Rücken mit Klebeband befestigt. Ich machte mir Sorgen wegen der Mitbringsel und hoffte, dass die ostdeutschen Grenzposten mich nicht zu gründlich durchsuchen würden. Ich wurde immer nervöser, die Sache mit der Schallplatte war ja echt eine Schnapsidee. Sollten die mich richtig filzen, würden sie nicht nur alles beschlagnahmen, sondern ich würde auch ziemlichen Ärger bekommen und eventuell sogar ein längeres Einreiseverbot in die DDR.

Zu der Zeit war elektronische Musik der letzte Schrei. Im Radio an der Grenzkontrolle spielte eine gerade angesagte alberne Melodie, die sich anhörte, als würde ein Ton wie von einer Registrierkasse auf der Tonleiter herumhüpfen. Plötzlich brach die Musik ab, und eine schwermütige Stimme verkündete, dass vor wenigen Minuten der Genosse Salvador Allende vom faschistischen, konterrevolutionären chilenischen Militär ermordet worden war. Der Ansager bat um eine Schweigeminute zu seinen Ehren, und ich schaute mir die Grenzbeamten an, die bedrubst eine stramme Haltung eingenommen hatten. Als das Schweigen ein Ende hatte, wurde ich einfach durchgewinkt. Der Genosse Allende hatte mich als letzte Amtshandlung vor einer Durchsuchung meiner Sachen bewahrt.

Uschi war kugelrund, doch stand ihr die Schwangerschaft gut. Was uns aber beiden Sorgen machte, war ihre feuchte Wohnung, wegen der Berko ständig einen Keuchhusten hatte. Ein Neugeborenes in dieser Wohnung war eigentlich eine Zumutung. Uschi hatte ein paarmal deswegen beim Wohnungsamt vorgesprochen, doch hatte man sie nur in eine ellenlange Warteliste eingetragen. Ich meinte, sie sollte dort mal energischer auftreten, von wegen zwei Söhne, zukünftige sozialistische Vaterlandsverteidiger, die doch nicht kränklich aufwachsen dürften. Sie aber schlug einen anderen Weg ein, der dann auch zum Erfolg führte. Sie ging immer wieder zum Wohnungsamt und machte sich bei den Sachbearbeitern beliebt. Über mich besorgte sie ihnen auch begehrte Westwaren, und langsam, aber stetig rutschte sie auf der Warteliste nach oben.

Am 19. September, es war schon wieder kalt und wurde früh dunkel, fuhr ich in die Klinik. In einem Dreibettzimmer lag Uschi mit dem kleinen Christoph in den Armen, der kräftig an ihrem Busen nuckelte. Freudestrahlend drückte ich dem kleinen Knirps einen Kuss auf die Stirn und auch Uschi bekam einen. Ich gratulierte auch den anderen zwei Müttern im Zimmer und den dazugehörigen Vätern. Dann fing ich an, das von Uschi Erwünschte auszupacken: Penatencreme, Windeln, Babysachen und anderes mehr. Musste mir daraufhin den Vorwurf gefallen lassen, keine Blumen mitgebracht zu haben, wie es die anderen Väter getan hatten. Alle Anwesenden lachten, als ich erwiderte, dass ich auch nur zwei Hände hätte.

Während ich das friedliche Bild der stillenden Mutter betrachtete, trat plötzlich eine Krankenschwester ans Bett und riss ihr das Kind ziemlich grob aus den Armen. Empört sprang ich auf und beanstandete ihre rüde Handlungsweise. Sie antwortete nur schnippisch, dass Mutter und Kind ihre Ruhe bräuchten, dass sie einen Plan zu erfüllen habe, die Besuchszeit außerdem zu Ende sei, und verließ mit dem Baby das Zimmer. Die Planwirtschaft machte wohl auch vor Neugeborenen nicht halt. Erst als die beiden aus dem Krankenhaus entlassen und bei sich zu Hause waren, konnte ich den kleinen Christoph endlich in die Arme nehmen.

Ich hatte außer Helga und meiner Schwester Christiane niemandem von der bevorstehenden Geburt erzählt. Christiane schrieb mir aber in einem Brief, dass meine Mutter etwas ahne. Da Christoph nun da war, rief ich nach dem Besuch im Krankenhaus kurz entschlossen bei meinen Eltern an. Mein Vater meldete sich und freute sich sehr über den Anruf. Im Hintergrund hörte ich Stimmen und Gelächter. Offenbar gab es bei uns zu Hause eine Feier. Als ich meinem Vater eröffnete, dass er nun Großvater sei, hörte ich ihn ein paarmal tief durchatmen. Dann sagte er: „Das ist ja ein etwas überraschendes Geburtstagsgeschenk!", worauf mir einfiel, dass er am 19. September Geburtstag hatte! Die Geräusche im Hintergrund waren wohl die Gäste seiner Geburtstagsfeier. Er bat mich, am nächsten Tag nochmals anzurufen, er wolle gerne mehr erfahren, aber im Moment ... mit den vielen Gästen ... Ich wünschte ihm noch alles Gute zum Geburtstag, und legte auf.

Helga wollte nun Christoph kennenlernen, und so begleitete sie mich an einem Sonntag nach Ostberlin. Wir machten einen längeren Spaziergang. Helga und Uschi schoben abwechselnd den Kinderwagen, während ich mit Berko hinter ihnen herlief. Was die zwei miteinander redeten, konnte ich nicht hören, und obwohl sie sich nicht gerade näherkamen, klärten sich nach diesem Besuch unsere Beziehungen untereinander. Dennoch würden die Wunden der Seele bleiben. *The first cut is the deepest* (Cat Stevens).

Ich war schon zwei Monate in Frankfurt, als Uschi endlich eine andere Wohnung in einem Altbau an der Edisonstraße zugeteilt bekam. Das Wohnhaus war zwar etwas heruntergekommen, die Wohnung aber schön und hell, und besonders anziehend fand ich das putzige runde kleine Turmzimmer. Uschi bat mich, ihr zu helfen, ihre Wohnung wohnlicher zu gestalten. Obwohl wir das eine oder andere einkaufen konnten, war uns bald klar, dass vieles im Osten einfach nicht erhältlich war, oder man bekam es erst nach langer Wartezeit. Uschi erzählte mir daraufhin den DDR-Witz: „Was ist DDR-Sex?" – „Nackte Regale." So machte sie mich auf die Firma GENEX aufmerksam. Im Westen konnte man einen volkseigenen Geschenkedienst-Katalog erhalten, in dem man sich luxuriöse Ferienwohnungen, Autos, Haushaltsgeräte, Lebensmittel und vieles mehr aussuchen und bestellen konnte – natürlich nur mit hartem West-Geld. Die Waren wurden dann an die Verwandten und Freunde in der DDR geliefert. Verblüffend fand ich, dass im Katalog zwar auch Westwaren angepriesen wurden, die meisten Artikel aber aus volkseigener DDR-Produktion stammten. Diese Waren konnten die Bürger der DDR allerdings gar nicht oder nur nach Jahren des Wartens erwerben. Das Ganze diente dem DDR-Regime zur Devisenbeschaffung, um notwendige Importe aus dem westlichen Ausland zu bezahlen. Hier bestellte ich nun einen Kühlschrank, einen Heißwasserspeicher, 12 m^2 Linoleumboden und mehrere m^2 Raufasertapete. Zusätzlich konnte ich auch noch das Verlegen des Bodens und das Tapezieren bestellen.

Fachhochschule des deutschen buchhandels, Seckbach bei Frankfurt.

XIV

Lernen ist Erfahrung. Alles andere ist einfach nur Information.

Albert Einstein

Am Sonnabend, den 29. September 1973, flog ich nach Frankfurt. Ich hatte Vilma Schulz, die Witwe von Karl „Loco" Schulz (die Familie Schulz habe ich im ersten Band von *Zwei Welten* ausführlich beschrieben), von Berlin aus angerufen, dass ich nach Frankfurt fliegen würde, da ich am Sontagnachmittag in der Buchhändlerschule erscheinen müsste, wo ich für die nächsten sechs Monate studieren würde. Vilma freute sich über meinen Anruf und bestand darauf, mich vom Flughafen abzuholen. Sie empfing mich herzlich, und wir verbrachten einen angenehmen Tag mit Plaudereien und einem längeren Spaziergang durch Frankfurt. Die Stadt kam mir weiterhin wie eine riesige Baustelle vor. Im Vergleich zu meinen vorherigen Besuchen mit meiner Mutter und später als Rowohlt-Lehrling auf der Frankfurter Buchmesse war sie eigentlich nur noch unansehnlicher geworden. Vilma erzählte mir, dass sie sich nach dem Tod ihres Sohnes Carlitos, der in Puerto La Cruz mit dem Motorrad tödlich verunglückt war, für einige Jahre in einer von ihrem Vater geerbten Jagdhütte bei Frankfurt von der Welt abgekapselt habe. Doch eines Tages, als sie in dem Wald, der die Hütte umgab, spazieren ging, begegnete sie einem jungen Mann, der Pilze sammelte. Vilma, Ende vierzig, war noch immer eine sehr attraktive Frau. Sie verließ ihre Jagdhütte und zog zu dem jungen Mann, der Gabelstaplerfahrer bei Klosterfrau Melissengeist war. Verglichen mit den Unternehmungen von „Loco" Schulz* eine eher harmlose Tätigkeit.

Weiter erzählte sie, dass ihre gut aussehende Tochter Carlota – auf die ich immer scharf war – ihre Ausbildung als Zahnarzthelferin ab-

229

gebrochen hatte. Zurzeit halte sie sich in Bangkok auf, da sie nun als Stewardess bei Lufthansa arbeite. Sie hatte einen der meiner Meinung nach überbezahlten Piloten geheiratet.

Ich finde, dass Busfahrer, die nur ein Zehntel oder noch weniger dessen verdienen, was ein Pilot verdient, dafür mehr leisten müssen und eine höhere Risikoverantwortung tragen. Sie sollen während ihrer ganzen Arbeitszeit ständig Lenkrad, Gangschaltung und Pedale bedienen, außerdem auf ihre Passagiere und auf den Straßenverkehr achten. Obendrein fungieren sie noch als Kassierer. Ein Pilot muss nur bei Abflug und Landung etwas aufpassen. Während der restlichen Flugstunden schaltet er den Autopiloten ein und langweilt sich in seinem blinkenden Cockpit. Statistisch gesehen verunglücken auch mehr Busfahrer als Piloten tödlich.

Ich erzählte Vilma von der Frankfurter Buchmesse, an der ich vor drei Jahren als Rowohlt-Lehrling teilgenommen hatte. Schon alleine die Zahlen dieses Events waren ungeheuerlich. Über hundertfünfzig Länder stellten dort ihre Bücher aus. Die Verlage präsentierten fast vierhunderttausend Neuerscheinungen, und rund eine Viertelmillion Besucher drängte sich durch die Gänge der riesigen Hallen. Das Ganze sei so gewaltig, dass ich mich fragen musste, wozu ich da noch Verleger werden wollte und ob überhaupt noch neue Bücher notwendig waren.

Bei Rowohlt hatte man mich dazu eingeteilt, auf den Stand aufzupassen, da viel geklaut wurde. Einmal, als ich mich einem verdächtigen Subjekt im weiten Mantel näherte, flüsterte es mir zu: „Stell dich mal so hin, dass man mich nicht so sieht, kriegst auch ein paar Bücher von mir!" Als er aus dem Taschenbuchständer Bücher entnahm und in seinem Mantel verschwinden ließ, war ich ob seiner Frechheit so verblüfft, dass ich erst reagierte, als er schon weiterging. Ich lief ihm hinterher, hielt ihn am Mantel fest, worauf er sich umdrehte, entschuldigte, mir dankte und mir zwei neue Suhrkamp-Taschenbücher vom argentinischen Schriftsteller Julio Cortazar in die Hand drückte. Daraufhin verschwand er in der Menge.

Am nächsten Tag wurde ich vom Leiter unseres Standes ermahnt, dass ich den unbeliebten Job besser ausführen solle. Da ich auch dazu eingeteilt war, verschwundene oder von den Vertretern verschenkte Bücher aus dem Lagerraum zu ersetzen, stellte ich fest, dass von den mitgebrachten Exemplaren von Henry Millers *Sexus* nur noch eins übrig war. Damit man mir keinen Vorwurf machte, wenn auch noch dieses Exemplar verschwand, schraubte ich den rückseitigen Buchdeckel am Ausstellungstisch fest. Dumm war nur, als Heinrich Maria Ledig-Rowohlt persönlich an seinem Stand erschien und das Buch einem Gast überreichen wollte. Ab da war ich für die Getränke zuständig.

So verging der Tag mit Erzählungen, und als wir abends zurück in ihre Wohnung kamen, erwartete uns der Gabelstaplerfahrer und Pilzsammler. Er hatte uns ein ungemein wohlschmeckendes ungarisches Gulasch gekocht und dazu einen Reis, der einen köstlichen leichten Pilzgeschmack hatte. Verblüfft war ich, als er mir gestand, dass er für das Gulasch tatsächlich nur verschiedene Pilzsorten verwendet hatte. Ich hätte schwören können, es sei Fleisch gewesen. Dazu servierte er einen einfachen Tischwein, den er direkt bei einem Winzer erworben hatte und der ausgezeichnet dazu passte.

Am Sonntagnachmittag fuhr Vilma mich zur Schule, da am nächsten Tag der Unterricht beginnen sollte. Wir waren recht spät aufgebrochen und überdies war ihr Orientierungssinn noch schlechter als meiner. So war es schon dunkel, als wir endlich Seckbach und dann unser Ziel erreichten. Eine ziemlich mürrische Dame empfing uns, monierte, wir seien spät dran, wollte nichts von unserer Irrfahrt wissen und führte uns durch die Anlage direkt zu dem mir zugewiesenen Zimmer. Sie zeigte noch kurz das Bad, welches ich mit dem Bewohner des Nachbarzimmers zu teilen hätte. Dieser sei Ausländer wie ich und halte sich nur tagsüber in seinem Zimmer auf. Er wohne nicht weit von der Schule entfernt mit seiner Frau zur Untermiete. Dann teilte sie uns noch mit, dass die restlichen Teilnehmer des Studiengangs sich gerade in der Halle befanden, wo der Direktor der Schule ein Einführungsgespräch mit ihnen führte. Damit verschwand sie.

Das Zimmer war etwa zwanzig Quadratmeter groß. Es hatte einen Sessel, in dem Vilma Platz nahm, während ich mich auf die Bettkante setzte. Außerdem gab es noch einen Schreibtisch, einen Beistelltisch und eine Schrankwand. Alles war nagelneu. Vilmas Freund hatte mir eine Flasche Rotwein geschenkt. Ich holte zwei Gläser aus dem Badezimmer, öffnete die Flasche und weintrinkend unterhielten wir uns noch eine ganze Weile, bis ich sie zum Abschied zu ihrem Wagen begleitete. Dann legte ich mich schlafen, träumte von Vilma, Carlota, Carlitos und wie wir mit einem Einbaum mit Karl „Loco" Schulz auf dem Orinoko schipperten. Erst Jahrzehnte später sollte ich von meiner Kusine Bella, die in Miami lebte, erfahren, dass Carlota mit ihrem Piloten ebenfalls nach Miami gezogen war, wo sie ihre Rente genossen. Ich stellte mir den Piloten in hellblauer Kleidung in einem Golfwagen vor und Carlota in Rosa beim Bridge im Clubhaus.

Am nächsten Morgen stand ich früh auf, und nachdem ich mich geduscht und angezogen hatte, unternahm ich eine Besichtigung des Schulungsgeländes. Mein Zimmer lag in einem zweistöckigen Wohnhaus. Außer den Gästezimmern hatte es eine große Halle, an deren Glasfront die Logos der Verlage und Buchhandlungen zu sehen waren, die wohl zur Finanzierung des Neubaus beigetragen hatten. An die Halle schlossen sich einige helle Unterrichtsräume an. Gegenüber dem gerade eingeweihten Neubau lag das Gebäude der Alten Buchhändlerschule. Dort wohnten und lernten Lehrlinge aus Orten, in denen es keine Berufsschule gab, um ihren dreimonatigen Blockunterricht zu absolvieren. Etwas oberhalb stand zwischen den zwei Gebäuden ein neuer einstöckiger Bau, der wie eine Buchhandlung eingerichtet war. Eine weite Rasenfläche mit ein paar Bäumen fiel zu einer großen Halle hin leicht ab, daneben waren der Eingang zur Anlage, der Parkplatz und ein kleines Bürohaus. Durch die Fenster der Halle konnte ich sehen, dass es der Speiseraum war, wo einige der Kursteilnehmer schon frühstückten.

Im Speisesaal erkannte und begrüßte ich Jörg Röhler, den ich aus meiner Zeit bei Kiepert oberflächig kannte. Nachdem ich mich am Büfett bedient hatte – ich würde feststellen, dass auch das Mittagessen und Abendbrot recht gut waren –, setzte ich mich zu ihm. Er erzählte mir vom Vorabend und von der Einführungsrede des Direktors, Herrn Storm. Er fand, ich sollte mich bei ihm noch vorstellen, und brachte mich nach dem Frühstück zum Bürohaus, wo wir mit Direktor Storm etwas plauderten. Er war ein freundlicher Herr in den Fünfzigern, und er begleitete mich und Röhler zum Lehrsaal und stellte mich den anderen 24 Teilnehmern des Studiengangs vor. Wie sich zeigte, waren nur vier von ihnen aus der Verlagsbranche, die anderen kamen alle von Buchhandlungen. Auch waren es doppelt so viele Frauen wie Männer.

Aus den Schreiben, die ich erhalten hatte, entnahm ich, dass wir in den sechs Monaten 850 Stunden Lehrveranstaltungen haben würden. Davon waren Allgemeine Betriebswirtschaftslehre, Literaturkunde, Buchhandelsbetriebslehre, Werbung und Verkaufsförderung Pflichtfächer, deren Prüfungen man bestehen musste, wollte man den Studienabschluss erreichen. Außerdem gab es noch Soziologie, Rechtskunde, Buchmarktforschung, Volkswirtschaftslehre und Staatsbürgerkunde. Für die Klausuren musste man sich drei davon aussuchen.

Der Unterricht fand vormittags statt. An den Nachmittagen waren Persönlichkeiten aus dem Buchhandel eingeladen, über ihre jeweilige Tätigkeit Referate zu halten oder Gespräche mit uns zu führen. So besuchten uns Autoren, Journalisten, Literaturkritiker, Buchhändler, Drucker, Graphiker und Verleger, darunter auch der Suhrkamp-Verleger Siegfried Unseld. Er blieb mir wegen seiner arroganten Art in Erinnerung, besonders aber, weil ich ihn am Abend dabei beobachtete, wie er beim Schachspiel seinen Läufer unauffällig in eine vorteilhaftere Position verschob, während sein Gegner, gleichzeitig der Gastgeber, eine neue Flasche Wein aus dem Keller holte. Der Gastgeber, ein bekannter Sozialdemokrat, bei dem mein Schweizer Kollege mit seiner Frau zur Untermiete wohnte und der mich zu diesem Abend dazugeladen hatte, brach das Spiel kurz darauf ab. Er meinte, er hätte wohl zu viel Wein getrunken und könne sich nicht richtig auf das Spiel konzentrieren, außerdem sei es unhöflich den anderen Gästen gegenüber. Es war aber klar, dass er die neue Stellung des Läufers durchaus bemerkt und die Lust verloren hatte, gegen so einen Gegner weiterzuspielen.

Die Unterrichtsstunden begannen mit dem Fach Volkswirtschaft. Dazu verteilte der Dozent sein selbstverfasstes Lehrwerk, welches in einem mir unbekannten Verlag erschienen war. Seine Vorlesungen hielten sich genau an das Buch und waren so aufgeteilt, dass wir am Ende der Studienzeit jedes Kapitel mit ihm durchgenommen hatten. Im Grunde hätte es vollkommen genügt, sein sterbenslangweiliges Werk alleine zu lesen, das in etwa so spannend war wie ein Roman von Siegfried Lenz (eine Ausnahme ist wohl nur seine *Deutschstunde*). Hinzu kam, dass er wahnsinnig langsam sprach, sich ständig wiederholte und seinen eintönigen Redestrom nur durch ein drolliges, juchzendes Japsen unterbrach, welches an eine Filterkaffeemaschine erinnerte, wenn sie die letzten zischenden Tropfen von sich gibt.

Doch ist ein Grundwissen der Volkswirtschaft recht nützlich, und in den anderen Fächern gestalteten die Lehrkräfte ihren Unterricht weniger eintönig. In Buchhandelsbetriebslehre lernte ich, die kaufmännischen Kennzahlen eines Ladens zu erarbeiten und zu interpretieren. Mit dieser Erkenntnis konnte man Entscheidungen treffen, um den Umsatz des Ladens zu erhöhen. Interessant war auch das Fach Werbung und Verkaufsförderung, da es mir Instrumente an die Hand gab, die ich später in meiner Laufbahn mit Erfolg anwenden sollte. Während dieser Unterrichtsstunden besuchte uns auch ein renommierter Ladenbauer und gab uns in der auf dem Gelände befindlichen Buchhandlung eine Einführung in Ladengestaltung. Hierbei stellte er mit unserer Hilfe ständig die beweglichen Möbel und Regale um und erklärte ausführlich die Vor- und Nachteile der jeweiligen neuen Ordnung. Seine detaillierten Ausführungen beschränkten sich nicht nur auf Arbeits- und Kundenabläufe, sondern gingen gar so weit, dass er auch über verkaufsfördernde Beleuchtung, Teppichböden, Farben, ja sogar Gerüche dozierte, von denen er meinte, dass Vanilleduft beim Kunden erhöhte Kaufbereitschaft auslöse. Vieles davon habe ich dann auch in der Buchhandlung meines Vaters verwendet, doch ging ich nicht so weit, aus seinem gemütlichen Laden eins dieser modernen, im Grunde austauschbaren Geschäfte zu machen, wie sie in letzter Zeit immer mehr zu finden sind.

Der Dozent für Soziologie war ein angenehmer Zeitgenosse. Sein Fach hatte zwar nicht viel mit dem kaufmännischen Geschehen in einem Betrieb zu tun, doch gestaltete er seine Unterrichtsstunden recht unterhaltsam. So bei seiner Einführung in die Interpretation von Statistiken. Hier rezitierte er folgendes Beispiel: Zwei Männer sitzen an einem Esstisch. Einer davon verzehrt ein Huhn mit einem Brot, dazu ein Glass Wein, der andere trinkt nur ein Glas Wasser. Es folgt daraus: dass pro Kopf jeder ein halbes Huhn, ein halbes Brot, ein halbes Glas Wein und ein halbes Glass Wasser konsumiert hat.

Auch die anderen Fächer waren lehrreich, und besonders angenehm waren die Treffen und Unterhaltungen mit den Besuchern, die aus ihrem jeweiligen Erfahrungsbereich berichteten. Außerdem lernte ich bald die anderen Teilnehmer des Studiengangs kennen und schätzen. Dies eröffnete nicht nur die Möglichkeit, von ihren Berufserfahrungen zu lernen; mit vielen würde ich auch enge Freundschaft schließen.

Eine besondere Freundschaft verband mich mit meinem Tages-Zimmernachbarn, dem Schweizer Manfred Beck. Er musste als Kriegsdienstverweigerer seine Heimat verlassen. Ich war erstaunt, dass dieses doch neutrale Land so obligatorisch mit dem Militärdienst umging. Er erzählte, wie er trotz Verweigerung eingezogen wurde. Als er auf Zielscheiben schießen sollte, die einen menschlichen Körper darstellten, weigerte er sich. Daraufhin wurden er und seine Kameraden mitten in der Nacht aus dem Bett geholt, und der Feldwebel meinte, da sich unter ihnen einer befinde, der offenbar das Ziel nicht treffen könne, würden sie jetzt so lange üben, bis alle es könnten. Dies machte ihn natürlich alles andere als beliebt, und seine Kameraden betrieben gegen ihn, was wir heutzutage als *Bullying* bezeichnen. Er beharrte aber auf seiner Wehrdienstverweigerung, und so blieb ihm nicht anderes übrig als die Fahnenflucht und der Schweiz den Rücken zu kehren.

Um für die verschiedenen Fächer zu lernen, bildeten wir Arbeitsgruppen. Jörg Röhler bot mir an, an seiner Arbeitsgruppe mit Karin Ziegler und ihrer Zimmernachbarin Angelika Steingrobe teilzunehmen. Ich lernte mit ihnen nicht viel, was sich bald in meinen Noten bemerkbar

machte. Stattdessen verguckte ich mich in Karin. Nach einer leiden-
schaftlichen Affäre brachte mich aber die Tatsache, dass sie gleichzeitig
mit dem lautesten Lehrling des Blockunterrichts eine Liebelei hatte, auf
den Boden der Tatsachen zurück. Nun war ich auch um die Erfahrung
reicher, wie es sich anfühlt, wenn man betrogen wird. Ich verließ die
Arbeitsgruppe und beteiligte mich nun an der von Maria Höffling, Ro-
semarie Klose und Klaus Dieter Halemeier.

Neben dem gemeinsamen Lernen unternahmen wir auch längere
Spaziergänge in der Umgebung. Auf unseren Streifzügen durch die liebliche Landschaft um Seckbach konnten wir in netten kleinen Lokalen
deren Weine genießen. Klaus Dieter hatte auch ein Auto und lud uns
des Öfteren zu Ausflügen in die Rhein-Main-Gegend ein. Als ich meiner
Mutter schrieb, dass ich gut mit dem Studium vorankam und mich auch
wieder verliebt hätte, schrieb sie mir, dass sie sich über meine Ausbil-
dungsfortschritte freue. Aber sie, die mich nur selten kritisierte, schrieb
auch, ich solle mich nicht wie ein Pascha aufführen – mit Helga und
der Verantwortung für Uschi und das Kind wäre es doch wohl mehr als
genug. Womit sie ja vollkommen recht hatte.

Wieder lebte ich auf einer Art Insel, und das Weltgeschehen trübte
in keiner Weise meinen gemütlichen Aufenthalt in Seckbach. Dennoch
geschahen weltbewegende Ereignisse, die Einfluss auf mein späteres Leben haben sollten.

Im Oktober drosselte die OPEC bewusst ihre Erdölfördermengen,
um die westlichen Länder wegen ihrer Unterstützung Israels im Jom-
Kippur-Krieg unter Druck zu setzen. Die sogenannte Ölpreiskrise von
1973 demonstrierte den Industrienationen ihre Abhängigkeit von der
fossilen Energie. Statt mit über 200 Stundenkilometern über die Autobahn zu brettern, führte die Regierung Tempolimits und autofreie
Sonntage ein. Diese Maßnahmen erbrachten keine wirklichen Einspa-
rungen, dienten aber dazu, die Bevölkerung daran zu gewöhnen, dass
die Energiepreise von nun an ständig steigen würden. Meiner Meinung
nach hätte es auch mal dazu führen sollen, Israels Politik etwas kri-
tischer zu betrachten. Ich finde, es geht nicht an, dass Menschen ein

Land beschlagnahmen, auf welches sie mit einer tausend Jahre zurückliegenden Begründung Anspruch erheben, und die zur Zeit ihrer Wiedereinwanderung dort lebenden Menschen in Flüchtlinge oder Staatsbürger zweiter Klasse verwandeln.

Venezuela, obwohl Mitbegründer und Initiator der OPEC, beteiligte sich nur halbherzig an dem Boykott und lieferte weiterhin Öl an die USA, wobei es prächtig verdiente. Während die Industrienationen in eine Wirtschaftskrise schlitterten, waren es für Venezuela Boom-Jahre. Ein beliebter Spruch im damaligen *Venezuela saudita*, wie die Epoche im Volksmund hieß, lautete: „Ist ja billig, gib mir gleich zwei!"

Die Zeit in Seckbach verging also angenehm – mit dem Studium kam ich nun besser voran, und es war ja wieder wie in einem Hotel. Man bekam seine drei Mahlzeiten, und auch die Zimmer wurden gereinigt. Ich hätte das lehrreiche *dolce far niente* gerne noch um ein paar Monate verlängert.

Zum Ende der Zeit bestand ich die Abschlussprüfungen mit zufriedenstellenden Noten. Nur den mündlichen Teil der Ausbildereignungsprüfung bestand ich nicht. Gemäß einem gerade neu eingeführten Gesetz mussten zukünftige Lehrväter, die Lehrlinge ausbilden wollten, ein Prüfung ablegen. Es war eine der typischen Reformen, die sich unterbeschäftigte Abgeordnete ausdenken. Für die Vorbereitung waren vierzig Unterrichtsstunden vorgesehen. Diese diktierte ein Bürokrat, der eine gewisse Ähnlichkeit mit Oma Ducks Knecht Franz Gans besaß. Die schriftliche Prüfung für den Ausbilderschein war der einer Führerscheinprüfung nicht unähnlich. Um zu bestehen, musste man nur die Hälfte der Multiple-Choice-Fragen richtig beantworten, was mir auch knapp gelang. Da ich aber während der vierzig Unterrichtsstunden eine Aversion gegen Franz Gans entwickelt hatte, die auf Gegenseitigkeit beruhte, nahm dieser mich in der Mündlichen ziemlich hart ran. Er brachte mich sogar dazu, dass ich in meinen Antworten zweimal das Wort Lehrling benutzte, wo doch die Bürokratie gerade das Wort Auszubildender kreiert hatte. Schlussendlich schaffte es Franz Gans, mir den Schein vorzuenthalten.

Auf der Fähre Richtung England.

Das Leben ist eine Reise, die heimwärts führt.
Herman Melville

Obwohl ich von einigen Verlegern, die uns nach Abschluss des Studiums interviewt hatten, einige recht interessante Arbeitsangebote bekam, verabschiedete ich mich von meinen Studienkollegen und fuhr nach Hamburg. Hier nahm mich Klaus Human übergangsweise in seiner Wohngemeinschaft auf. Seit einiger Zeit hegte ich den Gedanken, einen Bildband über Venezuela herauszugeben. Meine Schwester Christiane hatte auf meine Bitte hin schon angefangen, mit meinen Freunden Henri und Guillermo Fotos dafür zu machen. Ich hoffte auch, dass Klaus mir mit dem Buch helfen könnte, doch sollte sich unsere Zusammenarbeit nicht weiterentwickeln. Von meinem Vetter Andreas Matthies erfuhr ich, dass er in Hamburg eine Lehre antreten wollte, und wir überlegten, ob wir nicht gemeinsam eine Wohnung nehmen könnten.

Mit Andreas waren auch seine Eltern nach Hamburg gekommen. So lud mich Onkel Roland zu einem Mittagessen im Hotel Vier Jahreszeiten ein. Immer wenn er in Hamburg war, nahm er sich dort ein Zimmer mit Blick auf die Binnenalster. Ich kleidete mich so gut wie möglich, um mich der vornehmen Umgebung des Hotels anzupassen. Ich kannte es, da ich schon ein paarmal mit Herbert Langer zum Abendessen dort gewesen war. Als wäre ich ein Michelin-Gastronomiekritiker, bestellte er dann immer zwei bis drei Gerichte, damit ich sie probierte. Erwartungsgemäß bestätigte ich jedes Mal, dass die Küche des Reichshofs die des Vier Jahreszeiten um einiges übertraf.

239

Ich traf pünktlich ein und war etwas erstaunt, dass Onkel Roland alleine an einem Tisch saß. Nach der Begrüßung meinte er, Tante Renate sei noch einkaufen, würde aber bald dazukommen. Ohne Getränke zu bestellen, fing er gleich an, eine der unangenehmsten Reden, die ich mir je habe gefallen lassen, vom Stapel zu lassen. Es sei ausgeschlossen, dass ich mit Andreas oder irgendeinem seiner Kinder zusammenwohnen könnte. Ich sei, wie er es leider schon immer vorausgesehen hatte, eine durch und durch verdorbene Person. So würde ich zum Beispiel unehelichem Geschlechtsverkehr frönen, ohne jegliche Verantwortung für meine unwürdigen Handlungen zu übernehmen! Mir sei von nun an jeglicher Kontakt mit seiner Familie verboten, und er bereue zutiefst, mich über all die Jahre in seiner Umgebung aufgenommen zu haben. Sprachlos folgte ich seinem nicht enden wollenden unerquicklichen Monolog.

Schon als Kinder hatten wir alle eine Heidenangst vor seinen Strafpredigten. Da war mir mein Vater um einiges lieber, der mir in seiner Wut entweder eine schmierte oder seine Missbilligung dadurch ausdrückte, dass er mich nur schweigend und traurig ansah. Kurz, der Sinn seiner Predigt lief darauf hinaus, dass mir nicht mehr zu helfen war und er mich nie wiedersehen wollte. Ich stand daraufhin auf, meinte, in dem Fall gebe es nichts, was uns veranlassen könnte, zusammen an einem Tisch zu sitzen, und verließ das Hotel.

Am Jungfernstieg traf ich Tante Renate, die auf dem Weg zum Hotel war. Nach einer kurzen Umarmung fragte sie, wieso ich nicht mit Roland auf sie gewartet hätte. Ich antwortete nur kurz, Onkel Roland hätte mich schon abgefertigt, mir wäre dabei der Appetit vergangen, und bevor sie noch etwas sagen konnte, ging ich einfach weiter. In meiner trüben Stimmung fiel mir das Calypso-Lied *Woe is me, Shame and Scandal in the Family* ein, und es summend beruhigte ich mich mit einem längeren Spaziergang um die Alster.

Tante Renate aber, für die der Friede in der Familie nicht verhandelbar war, besonders wenn ihr geliebter Bruder Oscar davon betroffen war, rief mich noch am gleichen Tag bei Klaus an. Sie kam erst gar nicht auf das Treffen mit Roland zu sprechen, sondern erklärte, sie hätte über eine Schulfreundin eine Wohnung ausfindig gemacht und auch schon die Miete für drei Monate überwiesen. Sie gab mir die Adresse und legte auf. Am Tag darauf brach sie mit Onkel Roland zu ihrer geplanten Reise durch Persien auf.

Ich wusste nicht so recht, ob ich ihr Angebot annehmen sollte. Doch wollte ich den Zwist nicht auf die Spitze treiben, außerdem dachte ich mir, dass auch Klaus erleichtert sein würde, wenn ich die Übergangslösung, bei ihm zu wohnen, nicht überstrapazierte. Später konnte ich mir auf Onkel Rolands Reaktion einen Reim machen. Ich hatte Andreas Uschis Adresse gegeben, worauf er sie besucht hatte. Das graue Ostberlin, die traurige Wohnung und Uschi, die sich bestimmt bei ihm beschwert hatte, dass ich sie schon länger nicht besucht hatte, müssen ihn schwer beeindruckt haben. Seine Eindrücke hat er dummerweise seinem Vater mitgeteilt, was bei dessen verschrobenen moralischen Ansichten eine solche Entrüstung ausgelöst haben muss.

Das Ganze sollte Monate später, als ich wieder in Caracas lebte, noch ein Nachspiel haben. Mein Vater und Tante Renate wollten, trotz Widerstand seitens meiner Mutter und Onkel Roland, die Beziehungen der beiden Familien wieder in Ordnung bringen. So folgten wir eines Abends ihrer Einladung, sie zu besuchen. Nach einem seiner berüchtigten Cocktails, als Onkel Roland schon wieder mit einer Predigt anfangen wollte, klingelte das Telefon. Tante Renate nahm das Gespräch an und kam bald darauf erschüttert zurück. Sie sagte, ihre Tochter Bella, die sich bei Renatica und ihrem Mann in Houston aufhielt, sei am Apparat und müsse Roland etwas mitteilen. Als Onkel Roland wiederkam, sah man auch ihm seine Bestürzung an, er entschuldigte sich und bat uns, ein anderes Mal wiederzukommen, er müsse mit Renate eine Familienangelegenheit besprechen.

Die Nachricht, die die unverheiratete Bella ihnen am Telefon überbracht hatte, war ihre Schwangerschaft! Für Onkel Roland muss es der absolute Schock gewesen sein. Er, der noch bei der Hochzeit seiner ältesten Tochter Renatica stolz verkündigt hatte, dass sie jungfräulich in die Ehe ging, und mich wegen vorehelichen Geschlechtsverkehrs gnadenlos aus seiner Familie verstoßen hatte, erlebte nun, was er mir vorwarf, in seiner eigenen Familie. Ziemlich unfreiwillig hatte mich meine liebe Kusine Bella von seinen Vorhaltungen befreit. *Woe is me, Shame and Scandal in the Family.*

Nachdem ich etwas vorgegriffen habe, zurück nach Hamburg. Dort meldete ich mich bei der von Tante Renate vermittelten Wohnung. Sie lag in einem Neubau im Stadtteil Schnelsen. Ich wusste nur so viel, dass sie einem Kapitän gehörte, der auf mein Läuten die Tür aufmachte. Ziemlich zackig erklärte er mir alles Wissenswerte über seine Zweizimmerwohnung. Meinte noch, ich könnte die nächsten drei Monate hier wohnen. Er müsse jetzt zum Hafen, sein Schiff würde am Abend auslaufen, und in drei Monaten sei er wieder zurück. Bis dahin hätte ich ja bestimmt eine andere Wohnung gefunden. Er verzog sich kurz in sein Zimmer, kam dann in Kapitänsuniform und mit einem Rollkoffer wieder zum Vorschein, reichte mir die Hausschlüssel, gab mir einen Klaps auf die Schulter und verabschiedete sich mit einem „Halt die Ohren steif". Ich sollte ihn nie wiedersehen.

Obwohl die helle Wohnung ausreichend möbliert war, machte sie einen leeren, unbewohnten Eindruck. Es gab nichts, was etwas über den Besitzer hätte aussagen können. Das einzig Auffallende war ein riesiger holzgeschnitzter Adler, der mit seinen ausgebreiteten Flügeln das halbe Schlafzimmer einnahm. Er erwies sich als ganz praktisch, da man an seinen Flügelspitzen diverse Kleidungsstücke aufhängen konnte, bevor man abends zu Bett ging.

Heute komme ich nicht mehr darauf, wie ich auf die Idee verfallen bin, ein Buch über Venezuela zu verlegen. Vielleicht war die Beschäftigung mit dieser Idee auch nur eine Ausrede, um noch eine Zeit lang in Deutschland bleiben zu können. Da mein Wohnungsproblem gelöst war, begann ich an dem Projekt zu arbeiten. Christiane, die versucht hatte, mir so viel Bildmaterial wie möglich zu schicken, war auch ein paarmal mit meinen Freunden Henri und Guillermo unterwegs gewesen, um Fotos von Caracas und Umgebung zu machen. Mit Tante Emmy hatte ich ihre Dias von Venezuela durchgesehen und einige gute Aufnahmen von den Anden mit ihren Gletschern und schneebedeckten Gipfeln gefunden. Klaus, der nach seinem Abitur Venezuela besucht hatte, gab mir eine Auswahl seiner Fotos. Er hatte außerdem mehrere Autoren ausfindig gemacht, die einen Text über das Land verfassen könnten, doch schienen mir deren Honorare zu hoch. Vater, wiederrum hatte mit dem bekannten Botaniker und Ökologen Professor Volkmar Vareschi geredet und ihn gefragt, ob er uns bei dem Projekt helfen könnte. Vater meinte, Vareschis Signatur würde dem Buch zusätzliches Prestige verleihen. Der Professor zeigte sich hilfsbereit, und Vater schickte mir eine erste Textprobe.

Seit ich wieder in Hamburg war, hatte ich mich mehrmals mit Werner Zech getroffen, der damals weiterhin bei Rowohlt im Vertrieb beschäftigt war. Ich hatte ihm ausführlich von meinem Buchprojekt erzählt und zeigte ihm nun den Text von Professor Vareschi. Er überflog ihn schnell und schrie dann in seiner schrillen Art auf: „Also, diesen Text von deinem Professörchen, auf keinen Fall. Dreimal schreibt er ‚kreuz und quer in einem nicht enden wollenden Absatz! Hier, kreuz und quer durch die Anden, kreuz und quer wächst die Vegetation im Dschungel, und hier schon wieder kreuz und quer, also nein, diesen Text muss man kreuz und quer durchstreichen. Das Professörchen kann dich mal kreuz und quer!"

Obwohl ich selbst meine Zweifel an dem Text gehabt hatte, war Werners vernichtende Kritik doch ein Schock für mich. Schließlich war Professor Vareschi nicht nur in Venezuela eine Koryphäe in seinem Fach. Er hatte schon mehrere Bücher verfasst und genoss einen exzellenten Ruf. Ratlos fragte ich Werner, was ich nun machen sollte. Woher sollte ich einen Text nehmen? Darauf verblüffte er mich mit seiner Antwort: „Also Carsten, du hast das ganze Land bereist und kennst es. Du hast mir schon so oft davon erzählt, dass ich es am liebsten auch bereisen würde. Du setzt dich also auf dein Popöchen und schreibst selber einen Text. Ich bringe das Ganze dann in ein lesbares Deutsch!" Außerdem meinte er, dass sein aktueller Freund, der Engländer Michael Bull, es ins Englische übersetzen könnte. Michael müsse ich ein Honorar zahlen, ihm selbst würde es genügen, wenn ich ihn ein paarmal in ein schickes Lokal zum Abendessen einlud. So kaufte ich mir eine gebrauchte Schreibmaschine, fing an den Text zu schreiben, und als ich ein Kapitel abgeschlossen hatte, lud ich Werner zum Essen ein. Er korrigierte, und als wir den Text fertig hatten, bekam ich bald darauf auch die englische Übersetzung. Michael hatte ebenfalls auf sein Honorar verzichtet. Er beteiligte sich lieber an unseren Verabredungen in einem von Werner ausgesuchten netten Lokal. Ich hatte meine Zweifel, ob ich nicht finanziell besser weggekommen wäre, wenn ich statt der Spesen Honorare für die Texte bezahlt hätte. Doch war es um einiges amüsanter, mit den beiden ein paar Abende zu verbringen.

Edgar Friederichsen, mit dem ich auch über mein Buchprojekt gesprochen hatte, empfahl mir Herrn Janietz, einen Graphiker, mit dem ich einen ersten Layoutentwurf gestalten konnte. Und obwohl ich ziemliche Fortschritte machte, wusste ich doch, dass ich die Sache in Deutschland nicht zu Ende bringen könnte. Es fehlten noch die Übersetzung des Textes ins Spanische und auch einige Fotos mit bekannten Motiven, ohne die mir ein Buch über Venezuela nicht vollständig erschien.

Die drei Monate, die ich beim Kapitän wohnen konnte, waren abgelaufen und ich hätte mir eine neue Bleibe suchen müssen. Die Briefe von zu Hause enthielten besorgniserregende Nachrichten über den Gesundheitszustand meines Vaters, und alles zusammengenommen bekräftigte meinen Entschluss, Deutschland zu verlassen und nach Venezuela zurückzukehren.

Ich hatte mit Helga aber verabredet, dass wir vorher noch einen gemeinsamen Urlaub machen würden, und wir hatten uns für England entschieden. So zogen wir eines frühen Morgens per Anhalter los und erreichten ziemlich zügig Belgien. Hier ergatterten wir schnell eine neue Mitfahrgelegenheit und hatten das Glück, dass sie uns bis nach Calais brachte. So vermieden wir das Trampen in Frankreich, wo wir aus Erfahrung wussten, dass man dort per Anhalter nicht weiterkommt. In Calais mussten wir nicht lange auf die Fähre nach Dover warten, und von dort waren wir mit dem Zug bald darauf in London.

Hier trafen wir uns mit Dominique, mit der ich mich angefreundet hatte, als sie eine Volontariatzeit im Hotel Reichshof absolvierte. Sie brachte uns für die Nacht in der vornehmen Wohnung ihrer Eltern unter. Diese aber – er rund und rosig, sie piekfein – waren „not amused". Auch wir waren froh, als wir am nächsten Tag die steife Wohnung mit den teuren, schweren Möbeln und den dunklen Tapeten verlassen konnten. Dominique brachte uns nun bei einem Freund unter, dessen schmuddelige Wohnung ein Kontrastprogramm zu der ihrer Eltern darstellte. So lernten wir gleich zwei konträre Wohnstile des Landes kennen.

Helga und ich besichtigten in den folgenden Tagen die üblichen Sehenswürdigkeiten, die London zu bieten hat. Besonders der Hyde Park, in dem sich Leute auf Kisten stellten und nach meinem Verständnis abstruse Reden hielten, gefiel uns. Abends besuchten wir verschiedene Kneipen, in denen wir ein lauwarmes, bitteres Gesöff tranken, von welchem die Engländer behaupten, es sei Bier. An einem Abend kam der Kellner an unseren Tisch und sagte höflich: „Could you please leave, we have a bomb." Zuerst dachte ich, es handelte sich um ein Zeugnis des englischen Humors, doch als sich das Lokal ziemlich schnell leerte, gingen auch wir. Die Irisch-Republikanische Armee hatte beschlossen, ihren Konflikt mit England auch in London auszutragen. An meinem dreiundzwanzigsten Geburtstag, dem 17. Juli 1974, zündeten sie Bomben in den Houses of Parliament und im Tower of London. Die Explosionen verursachten erhebliche Sachschäden, aber es gab auch ein Todesopfer und 55 Verletzte.

Doch als wir dies erfuhren, hatten wir London schon verlassen und waren mit einem Mietwagen in den Norden gefahren. Dort aber gaben wir den Wagen wieder ab, da ich mit dem Linksverkehr nicht klarkam. Gleich am ersten Kreisverkehr stand ich plötzlich wie ein Geisterfahrer den anderen Verkehrsteilnehmern gegenüber. Ich war so verblüfft, dass ich den Motor abwürgte und nicht weiterwusste. Als ein Bobby an mein Wagenfenster klopfte, riet er: „I think you should try the opposite direction." Er war auch so nett, den Verkehr zu stoppen, damit ich wenden konnte. Aber immer wieder benutzte ich die rechte Fahrbahn und bemerkte meinen Fehler erst, wenn mir ein Wagen frontal entgegenkam.

Da mich das Autofahren ziemlich stresste, hielt ich auf einem Parkplatz an. Hier lasen wir auf einem Schild, dass wir uns am Fuß des Scafell Pike befanden, mit seinen 978 Meter der höchste Berg Englands. Helga fand Scafell Pike auf der Landkarte und meinte, wir seien im Lake District, laut Reiseführer eine der schönsten Ecken des Landes. Ich schlug vor, wir könnten, wenn wir schon mal hier wären, den Berg besteigen und uns damit rühmen, den höchsten Berg Englands bezwungen zu haben. 978 Meter seien ein Klacks, die Berge um Caracas seien um einiges höher und den Gipfel des Ávila könne man mühelos in drei bis vier Stunden erreichen. Helga fand die Idee nicht so toll, doch ließ sie sich überreden. Als wir nun bergan stiegen und auf Wanderer in voller alpiner Montur trafen, meinte sie, dass wir für meine Schnapsidee nicht richtig gekleidet seien. Doch antwortete ich, dass die Engländer sich für alles gern normkonform kleideten, sie solle sich mal keine Sorgen machen. Wir erreichten tatsächlich ziemlich ermüdet den mit Geröll bedeckten Gipfel und hatten eine hübsche Aussicht auf die umgebenden Berge, Täler und Seen. Plötzlich aber umhüllte uns dichter Nebel, und dann ging auch noch eiswürfelgroßer Hagel nieder. Wir konnten kaum zwei Schritte weit sehen, wollten aber so schnell wie möglich zurück zum Auto. Wir waren nur ein paar Minuten gegangen, als wir vor uns gerade noch rechtzeitig einen tiefen, steilen Abhang sahen, der uns zur Umkehr zwang. Wir irrten nun durch Nebel und Hagel. Endlich trafen wir auf zwei von den alpin gekleideten Engländern. Sie betrachteten uns mit hochgezogenen Brauen, als hätten sie noch nie dümmere Touristen als uns gesehen. Als ich meinte, wir wären „lost", als ob es dieser Erklärung bedurfte, antwortete einer von ihnen, dies sei „evident", und nach einem „follow us" rasten sie den Berg hinunter. Wir stolperten, soweit es unser für den fluchtartigen Abstieg ungeeignetes Schuhwerk zuließ, hinterher, um ihre roten Jacken im Nebel nicht aus den Augen zu verlieren. Als wir endlich wieder klare Sicht hatten und der Weg erkennbar war, machten wir eine Pause. Hier mussten wir feststellen, dass wir das Abenteuer der Besteigung von Englands höchstem Berg ziemlich lädiert und mit knapper Not überstanden hatten. Wir waren total durchnässt, unsere Hosen waren zerrissen und unsere Schuhe konnten wir auch entsorgen.

Die nächsten Tage aber erholten wir uns prima in einem hübschen Zimmer mit „bed and breakfast". Wir unternahmen angenehme Spaziergänge in der lieblichen Umgebung und aßen in netten Lokalen die etwas merkwürdigen, aber schmackhaften Gerichte. Da wir den Wagen abgegeben hatten, trampten wir nach London zurück, doch kamen wir nur langsam voran. Zwar mussten wir nie lange auf eine Mitfahrgelegenheit warten, aber man nahm uns immer nur bis ins nächste Dorf mit. Während wir dann wieder mit den Daumen winkten, bemerkten wir, dass uns ständig ein gelber VW Campingbus folgte. Als wir zum dritten Mal abgesetzt wurden, hielt er neben uns und lud uns ein einzusteigen. Uns kam es nicht ganz koscher vor, aber der Fahrer war ein älterer, nett aussehender, rosiger typischer Engländer, also stiegen wir ein. Ich erwähnte, dass wir ihn schon länger bemerkt hätten, und fragte ihn, warum er uns ständig hinterhergefahren sei. Daraufhin meinte er, dass er erst sicher sein wollte, dass wir keine üblen Zeitgenossen seien. Dann erzählte er, er sei seit ein paar Wochen in Rente, seine Frau halte es jedoch nicht aus, wenn er den ganzen Tag im Haus herumlungere. Deshalb habe er sich den Campingbus gekauft und würde ohne besonderes Ziel einfach herumreisen. So fuhren wir mit ihm kreuz und quer durch England. Es war, als hätten wir unsere eigene Sightseeing-Tour gebucht. Schließlich setzte er uns in London ab, und am nächsten Tag waren wir schon in Bochum. Hier freute ich mich auf ein Wiedersehen mit meinem Studienkollegen und Zimmernachbarn Manfred Beck-Ganz und seiner Frau Judith. Er leitete eine hübsch gelegene und eingerichtete akademische Buchhandlung, die unserem damaligen Soziologieprofessor an der Fachhochschule gehörte. Am nächsten Tag fuhren wir nach einem Abstecher zu Helgas Eltern in Schwarzenbek zurück nach Berlin.

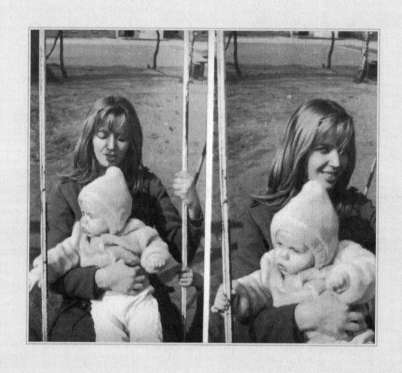

Uschi und Christoph.

*Wenn ein Reisender nach Hause zurückkehrt,
soll er nicht die Bräuche seiner Heimat
eintauschen gegen die des fremden Landes. Nur
einige Blumen von dem, was er in der Ferne
gelernt hat, kann er in die Gewohnheiten seines
eigenen Landes einpflanzen.*

Francis Bacon

Hier fuhr ich dann auch nach Ostberlin, zur neuen und hübsch eingerichteten Wohnung von Uschi, um mich von ihr, Berko und Christoph zu verabschieden. Nach einem etwas trübseligen Nachmittag, von dem wir ein paar Stunden in einem nahe gelegenen Park verbrachten, begleiteten sie mich bis zu der modernen Ausreisehalle der Grenzübergangsstelle Friedrichstraße. Am Eingang des im Volksmund treffend als Tränenpalast bezeichneten Gebäudes umarmten wir uns im Bewusstsein, dass wir uns nun für längere Zeit nicht wiedersehen würden, und auch unsere Augen blieben beim Abschied nicht trocken. Der Abschied von meinen Sohn fiel mir schwer. Ich hielt Christoph länger im Arm, seine kleine Hand hielt meinen Finger ganz fest. Er hatte hellblondes Haar und Uschis blaue Augen, war aber ansonsten mein Ebenbild. Ihn zu verlassen erfüllte mich mit tiefer Traurigkeit. Ich musste an mein Verhältnis zu meinem eigenen Vater denken der immer in meiner Nähe und immer für mich da war. Doch ich war Jung, meine Zukunft lag offen vor mir und ich wusste das sie nicht in Ost Berlin war. Uschi verstand mich, und ich bin ihr ewig dankbar das sie dafür gesorgt hat, dass wir trotz der Entfernung die uns trennte, sie selbstlos dafür sorgte, dass ich Christoph immer als meinen Sohn und er mich immer als seinen Vater empfand und wir noch Heute eine liebevolle Zuneigung für einander haben.

Während ich in der trostlosen Halle das Transitverfahren über mich ergehen ließ, dachte ich bei mir: Wenn nicht einmal die Deutschen einen halbwegs ertragbaren Sozialismus hinbekommen, wie soll er in anderen Gegenden der Welt gelingen?

Obwohl wir einen regen Briefverkehr pflegten, sollte sich ein Wiedersehen mit Uschi erst wieder ergeben, als sie schon mit Franz verheiratet und deren gemeinsame Tochter Fanny zwei Jahre alt war.

„Partir c'est mourir un peu", sagen die Franzosen, die ja für alles ein stimmiges Sprichwort haben. Mich von Helga zu verabschieden fühlte sich genau so an. Wir hatten zwar die letzten sechs Monate – ich in Frankfurt und Hamburg, sie in Berlin – getrennt voneinander verbracht, doch unsere Beziehung über diese und andere Hürden aufrechterhalten. Diesmal hatte unsere Trennung etwas Endgültigeres, und wie es mit uns weitergehen würde, darauf hatten wir keine Antwort. *Para adivino solo el Señor*, auf Deutsch: Wahrsagen kann nur Gott.

Aber auch in Westdeutschland sah ich keine Zukunft für mich. Es war ja alles schon gemacht. In Venezuela war meiner Meinung nach alles noch im Werden, und aus diesem verqueren Patriotismus heraus, den wir Süd- wie Nordamerikaner alle haben und der bei den Deutschen auf Befremden stößt, spürte ich, dass ich es meinem Land schuldig war, dorthin zurückzukehren, um an seiner Entwicklung mitzuarbeiten. So meinte ich, wie der Philosoph Briceño Guerrero in der Einleitung zu diesem Buch erklärt,

… dass die fundamentale Aufgabe dieser Generation die Weiterentwicklung ist, und – genau – unsere Pläne und unsere Ziele weichen in diesem Sinne kein Komma vom abendländischen Ideal ab. Der Entwicklungsabstand wird in der Familie geschlossen.

So befand ich mich wieder einmal in etwa zehn Kilometern Höhe im Flug über den Atlantik, um dann für die nächsten 45 Jahre in Venezuela meinen erlernten Beruf auszuüben.

Ich hatte einiges von Europa gesehen und gelernt, und Eugène Ionesco widersprach den Franzosen, als er meinte:

Weggehen heißt ein wenig leben.

Danksagung

An Xavier, der immer meinte, ich solle was ich ihm erzählte aufschreiben. An Karen, ohne ihre Hilfe und Ansporn hätte ich mich nie getraut weiterzuschreiben, und besonders Iris Konopik für ihre Korrekturen.

Zwei Welten
Erster Teil
Herkunft und Jugend

Die Chronik über meine Vorfahren beginnt 1835, als meine Urur-
großmutter Emma Vollmer nach Venezuela emigrierte und zur selben
Zeit mein Ururgroßvater Carsten Todtmann von Altenwerder nach
Hamburg Altona übersiedelte und endet 1968.

Sie beschreibt parallel das Leben und die geschichtlichen Ereignisse
während dieser Zeitspanne sowohl in Deutschland als auch in Venezuela.
Unter anderem Präsident Cipriano Castro und die Deutsche Blockade, die
Regierungszeit von Guzman Blanco, die es erlaubte, unsere Evangelische
Gemeinde und die Deutsche Schule in Caracas zu gründen, die Wirren
meiner Großeltern und Eltern während der zwei Weltkriege, die Gründung
der Deutschen Bücherstube und das Leben der Deutschen und Venezolaner in Caracas in den fünfziger und sechziger Jahren.

Wenn euch der Zweite Teil von Zwei Welten gefallen hat, würde es
mich sehr freuen, wenn ihr auch den Ersten lest.

Euer

Carsten Todtmann

todtmann@gmail.com

Bestelldaten:

Titel: Zwei Welten

240 Seiten mit Schwarzweiß Fotos

Bei Google, Amazon Books eingeben

Bei Amazon Books erscheint es unter eines

der folgenden Stichwörtern:

OT editores, Carsten Todtmann, Zwei Welten.

Beide Bände sind auch bei Amazon in spanischer Sprache erschienen.

Nun will ich Dir sehr dafür danken, dass Du mich auf Dein Buch Zwei Welten aufmerksam gemacht hast. Vivian hat es hier für mich bestellt und ich habe es mit viel Interesse, Genuss und auch Neugierde gelesen. Danke! Viele Zusammenhänge kannte ich gar nicht und verstehe sie jetzt besser!!

Arno Erdmann

Es ist Sonntag und ich sitze mit meinem Tee mit Milch und Zucker und genieße dein tolles Buch. Ich erinnere selber so vieles daraus, ich bin entzückt. Es ist amüsant und macht richtig Spaß. Nicht nur für die Todtmänner, sondern ich denke jeder würde Spaß beim Lesen haben. Auch Erik hat schon ein paar Seiten gelesen und wartet nun, dass ich endlich fertig bin.

Jeanette Gross

Ich habe übrigens mit heißen Backen Deine Erinnerungen zu Ende gelesen. Wie konnte es sein, dass sie Deinen Vater nach jedem Lazarettaufenthalt wieder in den Krieg geschickt haben? Und ich habe erst jetzt richtig kapiert, was für ein Moto Deine Mutter war. Beeindruckend. DANKE! Schreib weiter.

Klaus Humann

Ein schönes Buch, eine sehr interessante Geschichte, die Du zu erzählen hast, ich bin beeindruckt. Und hättest Du nicht den Karton gefunden mit den alten Sachen … ?

Johannes Sohlman

Die Lektüre ist Dank Deiner lockeren Erzählweise unterhaltsam -weshalb ich es bereits an Bekannte weiterempfohlen habe- auch wegen der Einbindung der persönlichen Themen in die jeweilige politische und geschichtliche Situation im Lande und der Welt.

Andreas Hoth

Caracas, Venezuela, 2020